TEOLOGÍA PENTECOSTAL
TOMO 2

EL
NUEVO
NACIMIENTO

DAVID K. BERNARD

EL NUEVO NACIMIENTO

Propiedad literaria registrada © 2001 por David K. Bernard

Tapa diseñada por Paul Povolni

Todos los derechos son reservados. Ninguna porción de esta publicación puede ser reproducida, guardada en un sistema electrónico o transmitida en cualquier forma o por cualquier medio, sea electrónico, mecánico, fotocopiado o grabado, ni por ninguna otra manera, sin el permiso previo de David K. Bernard. Se puedon usar citas breves en revisiones literarias.

Todas las citas de las Escrituras usadas en este libro son de la Reina Valera Versión 1960 de la Biblia a menos que por otra parte se indique.

Las Escrituras citadas de las abajo mencionadas versiones bíblicas son traducciones del ingles, para uso en esta obra literaria.
Escrituras tomadas de la BIBLIA AMPLIFICADA, Antiguo Testamento. Propiedad literaria registrada © 1962, 1964 por la Casa Editorial Zondervan. Usado por permiso.
Citas de las Escrituras del Nuevo Testamento de la BIBLIA AMPLIFICADA, © Lockman Foundation 1954, 1958, usadas por permiso.
Citas de las Escrituras tomadas de la SANTA BIBLIA NUEVA VERSION INTERNACIONAL: Propiedad literaria registrada © 1978 por la Sociedad Biblia Internacional de Nueva York; usada por permiso de la Casa Bíblica Editorial Zondervan.

Impreso en los Estados Unidos de América.

Impreso por

WORD AFLAME® PRESS
8855 DUNN ROAD
HAZELWOOD, MO 63042-2299

A Mamá y Papá,

Quienes me han dado un amor por la Palabra de Dios, un deseo para la excelencia, una apreciación del poder de la página impresa, una carga para comunicar la doctrina legítima a un mundo necesitado, y más que todo, un ejemplo vivo del verdadero cristianismo.

INDICE

Página

PREFACIO DEL AUTOR .13

1. UNA PREGUNTA HONESTA 15
La necesidad universal de la salvación. La salvación viene solamente por medio de la fe en Jesucristo. ¿Qué es la salvación? La relación entre la salvación pasada, presente y futura. La declaración del Señor a Nicodemo. El reino de Dios. La respuesta de Pedro en el día de Pentecostés. La respuesta de Pablo al carcelero filipense. Comparación de las tres respuestas. Entendiendo y obedeciendo el evangelio.

2. LA FE Y LA GRACIA 33
Una definición de la gracia. La salvación del hombre proviene de la gracia de Dios. La gracia y las obras. La gracia y la fe. La justificación por la fe. El origen de la fe. Una definición de la fe. Tres componentes de la fe salvadora. Unos ejemplos de una fe insuficiente. La fe y la obediencia. La fe y las obras. Una fe consistente. El objeto de la fe. La fe y el arrepentimiento. La fe y el bautismo en agua. La fe y el Espíritu Santo. El arrepentimiento, el bautismo en agua, y las obras. La confesión, la fe, y la salvación. Invocando el nombre del Señor. Un solo plan de la salvación. Una fe salvadora. Una analogía de la gracia y la fe. La gracia, la fe y el nuevo nacimiento.

3. EL EVANGELIO DE JESUCRISTO 69
¿Qué es el evangelio? La muerte. La sepultura. La resurrección. El mensaje de Juan el Bautista. El mensaje de Jesucristo. El mensaje de Pedro. El mensaje de

Felipe el Evangelista. El mensaje de Ananías. El mensaje de Pablo. El mensaje del libro a los Hebreos. El mensaje del apóstol Juan. El evangelio de los predicadores del Nuevo Testamento. El evangelio en la tipología. La fe salvadora y el evangelio.

**4. EL NACIMIENTO DE AGUA Y
 DEL ESPIRITU** 90
La doctrina del nacimiento nuevo. El nacimiento de agua. ¿Es el nacimiento natural? ¿Es idéntico al nacimiento del Espíritu? ¿Limpiado por la Palabra? El bautismo en agua. El nacimiento del Espíritu. El nuevo nacimiento por completo. Una comparación entre el primer y el segundo nacimiento. ¿Cuándo es pertinente la sangre? Unas características de los creyentes renacidos. Los santos del Antiguo Testamento no nacieron de nuevo en la misma manera que nosotros. Conclusión.

5. EL ARREPENTIMIENTO 108
Una definición del arrepentimiento. Dándose cuenta de los pecados. Confesando los pecados. La contrición a causa de los pecados. La decisión de dejar de pecar. La restitución. El arrepentimiento y la emoción. Unos ejemplos del arrepentimiento. El origen del arrepentimiento. El mandamiento de arrepentirse. ¿Qué pasa cuando uno se arrepiente? La relación entre el bautismo en agua y el bautismo del Espíritu. Unas pautas para ayudar en el altar. El arrepentimiento y el cristiano. La necesidad de enfatizar el arrepentimiento. Conclusión.

6. EL BAUTISMO EN AGUA 129
Una definición del bautismo en agua. El bautismo de Juan. El bautismo de Jesucristo. El bautismo de los discípulos primitivos. El mandamiento de Jesucristo.

El bautismo cristiano primitivo. El modo bautismal: por inmersión. ¿Es importante el modo bautismal? El perdón de los pecados en el bautismo. ¿La regeneración bautismal? Es una parte del nuevo nacimiento. La fe y el bautismo traen la salvación. El lavamiento de los pecados. Es una parte de la salvación. Sepultado con Cristo. El bautismo en Cristo. La circuncisión espiritual. El bautismo en la tipología. Más que una confesión pública. "Cristo no me envió a bautizar." El elemento humano en el bautismo. La remisión y el perdón. La fe es necesaria en el bautismo. Tanto el arrepentimiento como el bautismo son necesarios. El bautismo sin arrepentimiento anterior. El bautismo infantil. El bautismo para los muertos. Los pecados después del bautismo. ¿Por qué escogió Dios el bautismo? La distinción entre el bautismo en agua y el bautismo del Espíritu. ¿Es necesario el bautismo? El significado del bautismo en agua.

7. LA FORMULA BAUTISMAL: EN EL NOMBRE DE JESUS 164

El relato bíblico. La sepultura con Cristo. Una identificación con Cristo. Recibiendo el nombre familiar. El perdón de los pecados en el nombre. Poder y autoridad en el nombre. Que se haga todo en el nombre. Jesús es el Nombre más alto. Aceptando a Jesús como Salvador. Aceptando a Jesús como la plenitud de la Deidad. No es una fórmula mágica. Una investigación más extensa. Para todo el mundo. Invocación verbal del Nombre. Mateo 28:19. Una comparación entre los relatos de la Gran Comisión. El Nombre singular. El nombre del Hijo. El nombre del Padre. El nombre del Espíritu Santo. El contexto de Mateo 28:19. Jesús es el nombre de Dios en el Nuevo Testamento. La conclusión acerca de la fórmula bautismal. La doctrina de la trinidad. Mateo 28:19 enseña que Jesús es el nombre que se debe usar en el bautismo. El testimonio de la historia de la iglesia. ¿Realmente tiene importancia la fórmula bautismal? Conclusión.

8. EL BAUTISMO DEL ESPÍRITU SANTO 195
El Espíritu Santo. El bautismo del Espíritu. Terminología bíblica. Lleno del Espíritu. Una parte de la salvación. El fundamento de iglesia neotestamentaria. Una nueva experiencia para la iglesia nueva. Las profecías del Antiguo Testamento. Las promesas y los mandamientos del Nuevo Testamento. El cumplimento en la Iglesia Apostólica. El significado del libro de Los Hechos. El día de Pentecostés. Samaria. La conversión de Pablo. Los gentiles en Cesarea. Los discípulos de Juan en Efeso. La conclusión acerca del bautismo del Espíritu. Los relatos en los libros del evangelio de aquellos que recibieron la salvación. ¿Solo para la Iglesia Apostólica? ¿Salvación sin el Espíritu? *Cómo Recibir el Espíritu Santo*. La obra del Espíritu. Conclusión.

9. EL HABLAR EN LENGUAS 229
La definición del hablar en lenguas. Isaías 28:11-12. Marcos 16:17. El Día de Pentecostés. Cornelio habló en lenguas. Los efesios hablaron en lenguas. Los samaritanos hablaron en lenguas. Pablo habló en lenguas. Una comparación entre los relatos en el Libro de Los Hechos. Otras posibles referencias. ¿Es necesario el hablar en lenguas? Las razones para el hablar lenguas. No es una señal de que el Espíritu esté siempre morando. Después del bautismo del Espíritu. El don de lenguas. 1 Corintios 12. 1 Corintios 13. 1 Corintios 14. Unas conclusiones acerca de 1 Corintios 12-14. ¿Cómo ocurre el hablar en

lenguas? Unas objeciones. Los milagros existen hoy. El hablar en lenguas no ha cesado. ¿Recibiendo el Espíritu sin hablar en lenguas? Conclusión.

10. **EL TESTIGO EN LA HISTORIA DE LA IGLESIA: EL BAUTISMO** 268
Unos problemas al estudiar la historia de la iglesia. El arrepentimiento y el bautismo en agua. El bautismo en agua por inmersión. El bautismo en agua es una parte de la salvación. La fórmula más temprana. El primero y el segundo siglo. El tercer siglo. El cuarto siglo. La edad medieval. La Era de la Reforma y adelante. Creyentes de la Unicidad a lo largo de la historia. El siglo XX. Conclusión.

11. **EL TESTIGO EN LA HISTORIA DE LA IGLESIA: EL HABLAR EN LENGUAS** 294
El primero y el segundo siglo. El tercer siglo. El cuarto y el quinto siglo. La edad medieval. La Era de la Reforma y adelante. El siglo XX. Unas estadísticas de la iglesia pentecostal del día de hoy. Conclusión.

12. **¿EXISTEN EXCEPCIONES?** 317
Unos principios básicos. ¿No serán salvos los paganos? Las personas morales y sinceras. Aquellos que profesan a Cristo. Los que profesaban a Jesucristo en la historia de la iglesia. Especulaciones extrabíblicas. ¿Una segunda oportunidad después de la muerte? ¿Un nuevo nacimiento subnormal? El destino de los infantes. Grados de castigo. Conclusión.

13. **CUATRO ASPECTOS DE LA SALVACION** ..339
La justificación. La regeneración. La adopción. La santificación. El plan eterno de Dios de la salvación. Un resumen.

14. UNA RESPUESTA HONESTA 351

BIBLIOGRAFIA 355

INDICE DE REFERENCIA DE ESCRITURAS . .361

EL ÍNDICE DE TEMAS 369

TABLAS Y CUADROS

El Evangelio Según los Predicadores del Nuevo
 Testamento 82

Unos Pasajes que Enseñan el Bautismo en Agua
 y del Espíritu 82

Una Comparación entre el Primero y el Segundo
 Nacimiento 103

Unas Características de los Creyentes Renacidos ...104

Aphesis (Perdón) en el Nuevo Testamento 151

La Gran Comisión 181

Terminología Bíblica Para el Bautismo
 del Espíritu 197

El Bautismo del Espíritu y el Hablar en Lenguas ...244

Pentecostales De La Unicidad,
 EE.UU. (1970) 306

Los Campos Misioneros Más Grandes
 de Misiones Foráneas (1984) 308

Los Pentecostales del Nombre de Jesús,
 No-EE.UU., No-IPUI, ...308

Los Pentecostales Rusos 310

PROLOGO DEL AUTOR

Hoy en día en el movimiento apostólico hay una gran necesidad de unos libros comprensivos en las áreas doctrinales importantes. Es la esperanza del autor que El Nuevo Nacimiento ayude a satisfacer esta necesidad con respecto a la doctrina de la salvación. Este libro no cubre todos los conceptos tocantes a la salvación, sino pone énfasis en un aspecto: la experiencia de la conversión o, es decir, la regeneración. Este libro es el Segundo Tomo de la *Serie sobre la Teología Pentecostal*. El Tomo Número Uno, *La Unicidad De Dios*, fue publicado en 1983, y el Tomo Número Tres, *En Busca de la Santidad*, fue publicado en 1981.

El Nuevo Nacimiento intenta presentar la verdad bíblica en una manera entendible pero siempre erudita, no del punto de vista de una dogma sectaria sino del punto de vista de lo que la Biblia misma dice. Se han incluido numerosas referencias bíblicas para que el lector pueda escudriñar al fondo estas cosas para así llegar a sus propias conclusiones. Si el lector que busca la verdad estudia este asunto con la oración y con una actitud piadosa, estudiosa, y sincera (en lugar de estudiarlo con una actitud prejuiciada o incauta), Dios iluminará la verdad de Su Palabra como se relaciona a la salvación.

Todas las citas bíblicas son de la Santa Biblia Reina-Valera Versión 1960 a menos que por otra parte se indique. Las abreviaciones usadas son las siguientes: RVA para la Reina-Valera, NVI para la Nueva Versión Internacional, y LBA para *La Biblia Amplificada*. Se toman las definiciones de las palabras griegas de la Concordancia Exhaustiva Strong, si no se especifica al contrario.

Quiero expresar mi agradecimiento especial a mi madre, Loretta A. Bernard, por haber ofrecido unas numerosas sugerencias, en particular para los capítulos 3, 5, y 6. También, quiero expresar mi agradecimiento a mi padre, Elton D. Bernard, quien me dio la inspiración y el deseo de emprender este proyecto, y a mi esposa, Connie que me animó y me dio mucho apoyo.

El propósito de este libro no es de condenar a nadie que no está de acuerdo con lo que el libro enseña o que no lo ha experimentado, sino es de animar a todos para que reciban la plenitud de la salvación que Dios ha proporcionado en Jesucristo.

David K. Bernard

Jackson, Mississippi

1
UNA PREGUNTA HONESTA

"*Varones hermanos, ¿qué haremos?*" *(Hechos 2:37).*
"*Señores, ¿qué debo hacer para ser salvo?*" *(Hechos 16:30).*

Cada ser humano es pecador y necesita la salvación. A través de los siglos muchas personas han comprendido este hecho y han preguntado, "¿Cómo puedo ser salvo?" La cristiandad proclama que Dios ha provisto la salvación por medio de Jesucristo. Sin embargo, la pregunta siempre es, "¿Cómo puedo yo recibir la salvación que Jesucristo provee?"

Creemos que la Biblia proporciona la respuesta a esta sencilla mas vital pregunta. La meta de este libro es la de simplemente hallar la respuesta bíblica a la pregunta que acabamos de proponer, y de discutir los muchos asuntos que surgen de este asunto. Intentaremos poner a un lado las doctrinas de los hombres y de las denominaciones que los hombres han formado para que podamos ver lo que la Biblia misma enseña.

La Necesidad Universal de la Salvación

La Biblia declara enfáticamente que todos los seres humanos son pecadores. "¿Quién podrá decir: "Yo he limpiado mi corazón; limpio estoy de mi pecado"?" (Proverbios 20:9). "Si bien todos nosotros somos como suciedad, y todas nuestras justicias como trapos de inmundicia; y caímos todos nosotros como la hoja, y nuestras maldades nos llevaron como viento" (Isaías 64:6). "No hay hombre que no peque" (1 Reyes 8:46; 2 Crónicas 6:36).

Los primeros tres capítulos de Romanos afirman que ante Dios tanto los judíos como los gentiles están bajo condenación. Aquellos que no tenían la ley de Moisés son condenados por la conciencia, y aquellos que tenían la ley de Moisés eran condenados por la ley (Romanos 2:12-16). En resumen, toda la humanidad está bajo el pecado (Romanos 3:9). "No hay justo, ni aun uno" (Romanos 3:10; véase Salmo 14:1-3). Todo el mundo es culpable ante Dios (Romanos 3:19). "Por cuanto todos pecaron, y están destituidos de la gloria de Dios" (Romanos 3:23).

Debido a esto, toda la humanidad está bajo la sentencia de muerte. "Porque la paga del pecado es muerte" (Romanos 6:23). "El pecado, siendo consumado, da a luz la muerte" (Santiago 1:15).

La Salvación Viene Unicamente Por Medio de la Fe en Jesucristo

El hombre no solamente necesita la salvación, sino que no hay nada que el pueda hacer para salvarse. Ninguna cantidad de obras buenas u obediencia a la ley puede salvar a un hombre. Efesios 2:8-9 proclama,

"Porque por gracia sois salvos por medio de la fe; y esto no de vosotros, pues es don de Dios. No por obras, para que nadie se gloríe." Esto significa que la salvación es una dádiva gratuita de Dios. La muerte, la sepultura, y la resurrección de Jesucristo hicieron disponibles este don gratuito de la salvación, y la única manera en que alguien puede recibir la salvación es tener fe en Jesús y en la eficacia de Su sacrificio. Por supuesto, la fe salvadora en Cristo incluye la obediencia a Su evangelio y la aplicación de Su evangelio a nuestras vidas. (Véase el capítulo 2 para una discusión más extensa de la gracia y la fe.)

Debemos enfatizar que la salvación sólo puede venir por la fe, y aquella fe debe estar puesta en el Señor Jesucristo. Jesús afirmó, "Yo soy el camino, la verdad, y vida: nadie viene al Padre, sino por mí" (Juan 14:6). El también dijo que debemos creer que El es Dios, manifestado en la carne como nuestro Salvador. " Por eso dije que moriréis en vuestros pecados: porque si no creyereis que yo soy, en vuestros pecados moriréis." (Juan 8:24).

¿Por qué es absolutamente necesaria la fe en Cristo? Puesto que todos los hombres son pecadores, la santidad de Dios exigía que El se separara del hombre pecador y también requería la sentencia de la muerte como castigo para el hombre. Dios escogió obligarse al principio de muerte para el pecado. Sin el derramamiento de sangre (el sacrificio de una vida) no puede haber ningún perdón o libertad de este castigo (Hebreos 9:22) y ninguna restauración al compañerismo con el Dios santo. (Véase Efesios 2:13-17; Colosenses 1:19-22.) Puesto que el hombre es mayor a los animales en que El fue creado en la imagen espiritual, mental, y moral de Dios (Génesis 1:27), la muerte de animales no es suficiente para perdonar el pecado del hombre (Hebreos 10:4). Tampoco puede un hombre carnal servir como sacrificio sustitutivo para otro, puesto que todos merecen la muerte eterna para sus propios pecados.

Para proveer un sustituto aceptable, Dios se manifestó en la carne por medio del hombre Jesucristo. Cristo es el único hombre puro que ha existido, entonces El era el único que no merecía morir y que podría ser un sustituto perfecto. Por consiguiente, Su muerte llegó a ser una propiciación o una expiación, lo cual es la manera en que Dios puede perdonar los pecados sin violar Su santidad y Su justicia (Romanos 3:23-26). Dios no pasa por alto nuestros pecados, pero El ha trasladado la multa para esos pecados a Jesucristo, el hombre inocente. Cuando ponemos nuestra fe en Cristo y aplicamos Su evangelio a nuestras vidas, esta sustitución se hace válida para nosotros. Esto quiere decir que la muerte sustitutiva y expiatoria de Cristo se hizo necesaria por (1) la maldad del hombre, (2) la santidad de Dios, y (3) la ley de Dios que requiere la muerte como castigo para el pecado. Por eso no puede haber ninguna salvación fuera de Jesucristo.

¿Qué Es la Salvación?

En el principio, debemos establecer lo que realmente significa la palabra salvación. En general, la salvación puede referirse a cualquier clase de liberación o preservación. En un contexto teológico, significa la liberación "del poder y de los efectos del pecado." La Biblia hace muy claro que la salvación tiene los aspectos pasado, presente, y futuro. Podemos decir que fuimos salvados, dando a entender que en un punto pasado recibimos el perdón del pecado, la libertad del mando del pecado, y el poder para vivir para Dios. Por ejemplo, Pablo dijo, "Nos salvó . . . no por obras de justicia que nosotros hubiéramos hecho, sino por su misericordia" (Tito 3:5).

También podemos decir que somos salvos porque disfrutamos en el presente del perdón de los pecados, el poder de vivir para Dios, y la libertad del poder y los efectos del pecado. Por eso dijo Pablo, "Por gracia sois salvos" (Efesios 2:5). La resurrección y la vida de Cristo producen la salvación presente. Su muerte no solo compró la salvación pasada del pecado, sino Su vida proporciona la victoria presente sobre el pecado mediante Su Espíritu que mora en nosotros (Romanos 5:10; 1 Juan 4:4).

Sin embargo, en otro sentido de la palabra, la salvación es todavía futura. Aún no hemos recibido la liberación final y completa de toda la maldición del pecado. Siempre vivimos en este mundo pecador e imperfecto, tenemos los cuerpos mortales, tenemos la naturaleza pecaminosa dentro de nosotros, enfrentamos la tentación, y tenemos la capacidad de pecar. Nuestra salvación solo estará completa cuando recibimos los cuerpos inmortales y glorificados como el cuerpo resucitado de Jesús (Romanos 8:23; Filipenses 3:20-21). En ese entonces ya no estaremos sujetos a la enfermedad, el dolor, la tentación del pecar, o la posibilidad de muerte (1 Corintios 15:51-57). Esta última fase en el plan de salvación de Dios para nosotros se llama la glorificación (Romanos 8:30), y ocurrirá cuando Cristo regrese por Su iglesia (1 Tesalonicenses 4:14-17; 1 Juan 3:2). Entonces la Biblia habla a menudo de la salvación como un evento futuro: "Antes creemos que por la gracia del Señor Jesús seremos salvos" (Hechos 15:11). "Porque ahora está más cerca de nosotros nuestra salvación que cuando creímos" (Romanos 13:11). "Así también Cristo fue ofrecido una sola vez para llevar los pecados de muchos; y aparecerá por segunda vez, sin relación con el pecado, para salvar a los que le esperan." (Hebreos 9:28).

La Relación entre la Salvación Pasada, Presente y Futura

Obviamente, las tres etapas de la salvación están estrechamente relacionadas. La salvación futura solo vendrá a aquellos que han experimentado la salvación pasada y presente en esta vida. Aquellos que son salvos en el presente tienen la plena seguridad de la salvación en el futuro. Sin embargo, una sola experiencia en el pasado no garantiza automáticamente a la salvación futura. Tenemos la responsabilidad de guardar nuestra salvación hasta el fin. Tal como hemos recibido la salvación pasada por medio de la fe en Jesús, solo recibiremos la salvación futura si continuamos viviendo por la fe en Jesús. Podemos perder nuestra salvación presente y nuestra promesa de la salvación futura si volvemos voluntariamente al pecado y la incredulidad. La unión entre la salvación pasada y la salvación futura es la persistencia en la salvación presente.

Muchos pasajes de las Escrituras enfatizan esta verdad. Jesús enseñó la necesidad absoluta de morar en El y de guardar Sus mandamientos (Juan 15:1-14). El dijo, "El que persevere hasta el fin, Este será salvo" (Mateo 10:22). "Todo aquel que en El cree, no se pierda, mas tenga vida eterna" (Juan 3:16). En este último versículo, "cree" está en el tiempo presente, mientras da de entender que la fe presente y continua es necesaria.

De la misma manera, Pablo dijo que el evangelio de Cristo es el "poder de Dios para salvación a todo aquel que cree . . . Porque en el evangelio la justicia de Dios se revela por fe y para fe, como está escrito: Mas el justo por la fe vivirá" (Romanos 1:16-17). La salvación vendrá a aquellos que pasen de fe en fe, a aquellos que continúan viviendo por la fe.

Pablo también declaró, "ocupaos en vuestra salvación con temor y temblor" (Filipenses 2:12). Esto no significa que podemos salvarnos a nosotros por medio de nuestro propio plan o que podemos ganar nuestra propia salvación. Más bien, significa que debemos permanecer conscientemente en nuestra salvación y que debemos guardarla. Debemos considerar la salvación con una admiración reverente y respeto, siempre dándonos cuenta que podemos perderla si no la apreciamos. Debemos estar alertas a los trucos de Satanás y temerosos de hacer el mal.

Muchos otros versículos dan unas advertencias similares. "Ten cuidado de ti mismo y de la doctrina; persiste en ello, pues haciendo esto, te salvarás a ti mismo y a los que te oyeren" (1 Timoteo 4:16). "Mira, pues, la bondad y la severidad de Dios; la severidad ciertamente para con los que cayeron, pero la bondad para contigo, si permaneces en esa bondad; pues de otra manera tú también serás cortado." (Romanos 11:22). "Os declaro, hermanos, el evangelio . . . Por el cual asimismo, si retenéis la palabra que os he predicado, sois salvos, si no creísteis en vano" (1 Corintios 15:1-2). Muchos otros pasajes enseñan que podemos perder la salvación por medio de la incredulidad y la desobediencia. (Gálatas 5:4; 1 Timoteo 5:12; Hebreos 12:14-15; Santiago 5:19-20; 2 Pedro 1:10; 2:1; 2:20-21; Apocalipsis 3:5).

En resumen, hasta ahora no hemos recibido todos los beneficios eternos de la salvación, y por consiguiente nuestra salvación futura es siempre una esperanza. "En esperanza fuimos salvos," y tenemos "la esperanza de salvación" (Romanos 8:24; 1 Tesalonicenses 5:8). Sin embargo, la esperanza de la salvación futura es más que un simple deseo, porque tenemos la promesa y la convicción de la salvación si continuamos caminando en el evangelio. La única manera de obtener la salvación eterna es encontrar la salvación presente del pecado en esta vida.

Esto nos lleva a la pregunta: ¿Cómo podemos ser salvos del pecado en esta vida? Miremos a tres pasajes cruciales del Nuevo Testamento que se relacionan a este asunto. El primer pasaje que vamos a considerar viene del ministerio de Jesucristo. Los otros dos pasajes son los únicos dos lugares en la iglesia neotestamentaria dónde alguien preguntó cómo ser salvo.

La Declaración del Señor a Nicodemo

El capítulo 3 de Juan nos relata una conversación importante entre un líder religioso judío llamado Nicodemo y Jesús. Nicodemo vino a Jesús de noche y lo reconoció como un maestro de Dios. Jesús contestó, "De cierto, de cierto te digo, que el que no naciere de nuevo, no puede ver el reino de Dios" (Juan 3:3). Vemos que Nicodemo no entendió esto, porque le preguntó al Señor cómo un hombre pudiera nacer una segunda vez de la matriz de su madre. Jesús explicó, "De cierto, de cierto te digo, que el que no naciere de agua y del Espíritu, no puede entrar en el reino de Dios" (Juan 3:5). Jesús estaba hablando de una nueva edad en la cual el reino de Dios pronto sería revelado, y estaba diciendo que cada persona que deseaba entrar en aquel reino tendría que nacer de nuevo, es decir, nacer de agua y del Espíritu.

El Reino de Dios

¿Qué es el reino de Dios? ¿Cómo se relaciona a la salvación? Las palabras mismas expresan el dominio soberano de Dios en el universo. Al analizar este concepto más estrechamente, vemos que el reino de Dios tiene tanto el aspecto presente como el especto futuro, tal como los tiene la salvación. En el tiempo presente, el reino de Dios es el dominio de Dios en los corazones de los hombres. Jesús vino predicando que se había acercado el reino de Dios (Marcos 1:14-15). Una vez, los fariseos le preguntaron a Jesús cuando vendría el reino de Dios. El contestó, "El reino de Dios no vendrá con advertencia, ni dirán: Helo aquí, o helo allí; porque he aquí el reino de Dios está entre vosotros" (Lucas 17:20-21). Este aspecto del reino llegó a ser una realidad cuando Dios envió a Su Espíritu a morar en los corazones de los creyentes. Por eso dijo Pablo, "Porque el reino de Dios no es comida ni bebida, sino justicia, paz y gozo en el Espíritu Santo" (Romanos 14:17). El aspecto presente del reino de Dios actualmente consiste en las riquezas de Su reino eterno que han venido temporalmente a este mundo por medio del Espíritu (Efesios 1:13-14; Hebreos 6:4-5).

El reino de Dios también tiene un aspecto futuro en que un día Dios destruirá por completo a toda oposición a Su reino y exhibirá Su majestad en cada faceta del universo. Su reino llegará físicamente a esta tierra en el reino milenario de Jesucristo (Apocalipsis 20:4-6). Será establecido a lo largo de la eternidad por el juicio de todos los pecadores y por la creación de un nuevo cielo y una nueva tierra sin pecado. El pecado es la rebelión contra Dios, así que el reino de Dios solo hallará una expresión perfecta cuando todo pecado sea juzgado y eliminado.

El Libro de Apocalipsis describe el aspecto futuro del reino. "Los reinos de este mundo han venido a ser de nuestro Señor y de su Cristo: y El reinará por los siglos de los siglos" (Apocalipsis 11:15). En ese día, las voces proclamarán, "El Señor nuestro Dios Todopoderoso reina" (Apocalipsis 19:6). Jesús será el "Rey de reyes, y Señor de señores" y ocupará el trono por toda la eternidad (Apocalipsis 19:16; 22:1-3).

Aplicando las palabras de Cristo en Juan 3 al concepto del reino de Dios, encontramos que uno debe nacer de nuevo para poder compartir de su presente manifestación temporal o de su manifestación eterna. Nadie puede tener el reino espiritual de Dios en su vida hasta que haya nacido de agua y del Espíritu. Nadie puede tener gozo, paz, y justicia en el Espíritu hasta que haya nacido de agua y del Espíritu. Nadie en la edad presente puede entrar en el reino eterno de Dios—el cielo nuevo y la tierra nueva—a menos que haya nacido de agua y del Espíritu.

En resumen, las palabras del Señor a Nicodemo nos dicen cómo ser salvos. La salvación del presente consiste en la libertad del dominio del pecado y de su pena, y esto significa simplemente entrar en el aspecto presente del reino de Dios (someterse a Su dominio y recir Su justicia). La salvación futura consiste en vida eterna libre del pecado y de sus consecuencias, y esto significa simplemente entrar en el aspecto futuro del reino de Dios (el cielo nuevo y la tierra nueva que estarán libres de la rebelión contra el dominio de Dios). La pregunta, "¿Cómo puedo ser salvo?" tiene la misma respuesta como la pregunta, "¿Cómo puedo entrar en el reino de Dios?" La respuesta de Jesús mismo es, "Tienes que nacer de nuevo de agua y del Espíritu."

La Respuesta de Pedro en el Día de Pentecostés

En Hechos 1 Jesús les dio a sus discípulos unas instrucciones de último minuto justo antes de Su ascensión al cielo. Les dijo que fuesen a Jerusalén y esperasen la promesa del Padre, es decir, el bautismo del Espíritu Santo. Aproximadamente 120 discípulos le obedecieron y se reunieron en un aposento alto en Jerusalén.

Hechos 2 nos relata que en el día de la fiesta judía de Pentecostés vino el prometido bautismo del Espíritu. De pronto, muchas personas en la ciudad comenzaron a reunirse alrededor de los discípulos, atraídos por el sonido sobrenatural que había acompañado este primer derramamiento del Espíritu así como por los idiomas extranjeros que estaban hablando sobrenaturalmente aquellos que acababan de recibir el Espíritu.

Pedro se aprovechó de la oportunidad de predicar a la muchedumbre. Estando de pie con los otros once apóstoles, El comenzó a explicar lo que acababa de suceder y comenzó a predicar acerca de Jesús. El proclamó a la multitud que Jesús de Nazaret, a quien ellos habían crucificado, era tanto Señor como Cristo (el Mesías).

Cuando la multitud oyó esto, empezaron a sentir culpa y convicción del pecado, porque indudablemente muchos de ellos habían demandado la crucifixión de Jesús menos de dos meses antes. En consecuencia, ellos les preguntaron Pedro y al resto de los apóstoles, "Varones hermanos, ¿qué haremos?" (Hechos 2:37). Como demuestra el contexto, ellos estuvieron preguntando, "¿Cómo podemos recibir el perdón de nuestros pecados? ¿Cómo podemos corregir el mal que hemos cometido al rechazar a Jesús y al crucificarle? ¿Ahora cómo podemos aceptar a Jesús como el Señor y el Mesías?" La esencia de la salvación es recibir el perdón de los pecados por medio de la fe en Jesús, de modo que su pregunta simplemente significaba, "¿Qué tenemos que hacer para ser salvos?"

Esta es la respuesta que dio Pedro, con el apoyo de todos los apóstoles: "Arrepentíos, y bautícese cada uno de vosotros en el nombre de Jesucristo para perdón de los pecados; y recibiréis el don del Espíritu Santo" (Hechos 2:38). En nuestra búsqueda de una respuesta bíblica a la pregunta de cómo ser salvos, debemos atribuir mucha importancia a este versículo. Es una respuesta simple, sencilla, e inequívoca a una pregunta directa. Es una respuesta que gozaba del aval pleno de todos los apóstoles. Es el clímax del primer sermón de la iglesia neotestamentaria—el primer sermón predicado después del derramamiento del Espíritu. Como *El Comentario del Púlpito* declara, "Tenemos en este versículo corto el resumen de la doctrina cristiana tal como se relaciona al hombre y a Dios." En resumen, Hechos 2:38 es la respuesta autoritaria de la iglesia apostólica a la pregunta, "¿Qué es lo que tengo que hacer para ser salvo?"

La Respuesta de Pablo al Carcelero Filipense

Hallamos solo una otra ocasión en la iglesia neotestamentaria donde se formula directamente la pregunta, "¿Qué debo hacer para ser salvo?" Hechos 16 nos relata que los magistrados de Filipos, una ciudad en Macedonia, encarcelaron a Pablo y a Silas por predicar el evangelio. A la medianoche Pablo y Silas oraban y cantaban alabanzas a Dios. De repente, un terremoto agitó la prisión y abrió las puertas. Cuando el carcelero despertó y comprendió lo que había pasado, él asumió que todos los prisioneros habían escapado. Al parecer que estaba enfrentándose a la pena de la muerte por haber permitido que esto sucediera, decidió suicidarse. Cuando El había sacado su espada, Pablo gritó, "No te hagas ningún mal, pues todos estamos aquí" (Hechos 16:28). Al oír esto, el carcelero pidió una luz y fue a investigar por sí mismo. El vino temblando y se cayó a los pies de Pablo y Silas, dándose cuenta que ellos eran los responsables por el terremoto milagroso. El los sacó y los preguntó, "Señores, ¿qué debo hacer para ser salvo?"

Ellos contestaron, "Cree en el Señor Jesucristo, y serás salvo, tú y tu casa" (Hechos 16:30-31). La Biblia sigue diciendo, "Y le hablaron la palabra del Señor a El y a todos los que estaban en su casa. Y El, tomándolos en aquella misma hora de la noche, les lavó las heridas; Y enseguida se bautizó El con todos los suyos" (Hechos 16:32-34).

En este pasaje, Pablo y Silas le dijeron al carcelero que el camino a su salvación era por medio de la fe en el Señor Jesucristo. Probablemente el carcelero era un gentil y no sabía mucho acerca de Dios. Al opuesto de los judíos en el Día de Pentecostés, El probablemente no entendía términos tales como "arrepentimiento", "bautismo", y "Espíritu Santo". Además, esta era una situación crítica sin tiempo para un sermón largo o una explicación detallada; se le tenía que mostrar rápidamente la dirección correcta. Pablo y Silas le dijeron, de la manera más sencilla que era posible, cómo El podría recibir la salvación futura, a saber, por creer en Jesús en lugar de en los dioses paganos y los ídolos.

A esto, el carcelero los llevó a su casa y les dio la oportunidad de hablar a toda su casa. Ellos no se detuvieron con la declaración general citada arriba, sino que les predicaron detalladamente la Palabra del Señor. Como resultado de su mensaje, el carcelero se bautizó aquella misma hora y recibió una experiencia que le hizo regocijarse. Una traducción dice, "El brincó mucho a causa de la alegría y se regocijó" (Hechos 16:34, LBA). Todo esto sucedió cuando

El creyó en el Señor, y en la Palabra del Señor.

Es muy instructivo estudiar la palabra griega traducida *creer* en este pasaje. No denota meramente la comprensión mental y la aceptación, sino afirma una confianza absoluta y adhesión. (Véase el capítulo 2.) La definición bíblica de creer incluye la aceptación de la Palabra de Dios y la obediencia a ella. El prólogo del editor de *La Biblia Amplificada* explica que la frase "creer en el Señor Jesucristo" realmente significa "tener una absoluta confianza personal en el Señor Jesucristo como Salvador." Por consiguiente, la Biblia Amplificada traduce Hechos 16:31 como, "Y ellos contestaron, Cree en el Señor Jesucristo—es decir, entrégate a El, deja tu propio dominio y sométete a Su cuidado y serás salvo; [y esto te es pertinente a ti,] tú y tu casa también."

Para poder entender mejor este pasaje, debemos examinar la importancia que Pedro atribuía a la frase "creer en el Señor Jesucristo." En una ocasión El explicó que los gentiles habían recibido el Espíritu Santo igual que los judíos que habían creído en el Señor Jesucristo (Hechos 11:15-17). Así El unió la fe en Jesucristo con recibir el Espíritu. Pablo enseñó que el reino de Dios incluye el gozo en el Espíritu Santo (Romanos 14:17). Aunque no se declara específicamente en Hechos 16 que el carcelero Filipense recibió el Espíritu Santo, la referencia a su gozo puede indicar que sí recibió el bautismo del Espíritu Santo. (También véase Hechos 8:39.)

Una Comparación Entre las Tres Respuestas

Hemos discutido la respuesta bíblica a la pregunta, "¿Cómo puedo ser salvo?", a la luz de los tres pasajes más prominentes que hablan del asunto. La Biblia usa un lenguaje diferente en cada pasaje. Puesto que la Biblia es la Palabra de Dios inspirada e infalible, sabemos que no se contradice. Puesto que Dios quiere que todos hallen la salvación, sabemos que la Biblia tiene que ser clara e inequívoca en el asunto. Por consiguiente, a pesar de las diferencias en el lenguaje, los tres pasajes que hemos analizado no pueden ser contradictorios o confusos. En cambio, debemos creer que cada pasaje contesta correctamente la pregunta. En otras palabras, cada uno da la misma respuesta en términos diferentes, de puntos de vista diferentes, y en situaciones diferentes, pero de todas maneras es la misma respuesta. Permítanos demostrar brevemente cómo es esto.

Cuando Jesús le habló a Nicodemo, El no estaba contestando una pregunta directa acerca de la salvación. En cambio, estaba describiendo el plan de salvación de Dios para la futura iglesia neotestamentaria que estaba al punto de entrar en existencia. El Espíritu no se había dado todavía y no sería dado hasta después de la ascensión de Jesucristo (Juan 7:39; Hechos 1:4-5). El propósito de Jesucristo era de informarle a Nicodemo y de motivarle a creer en Su persona y en Su misión (Juan 3:16), y no de no impartirle el Espíritu en ese instante.

La situación en el Día de Pentecostés era diferente, en que Pedro dio una respuesta directa a una pregunta directa sobre la salvación. El Espíritu había sido derramado, así que Pedro si tuvo la intención de que su respuesta diese instrucciones explícitas y produjese un nuevo nacimiento inmediato. Sus oyentes eran judíos y los prosélito judíos, de los cuales la mayoría (si no todos) había oído sobre Jesús de Nazaret. Puesto que ellos eran bien familiarizados con los conceptos religiosos y terminología, Pedro pudo darles una respuesta precisa, completa en una sola declaración.

En Hechos capítulo 16, Pablo y Silas confrontaron a un hombre que conocía—a lo sumo—poco de Dios. El había apenas acabado de intentarse suicidar. S estaba recuperando del susto de un terremoto y estaba asombrado en la presencia de lo sobrenatural. Ellos contestaron su pregunta de una manera simple y general que sería comprensible y tranquilizante. Le hicieron saber que el camino de salvación es a través de Jesucristo. Enseguida, les explicaron el evangelio en detalle a El y su casa.

Las diferencias en estos tres pasajes provienen de las situaciones distintas, pero el contenido de cada uno es consistente con los otros. Dos pasajes hablan del bautismo en agua, y el tercero se refiere al nacimiento de agua. Dos pasajes hablan de la obra del Espíritu en la salvación, y el tercero describe una experiencia que produjo regocijo, que es lo que experimenta uno cuando recibe el Espíritu. Solo uno de los tres pasajes menciona específicamente el arrepentimiento y solo uno menciona específicamente la fe en Jesucristo, pero muchos otros versículos enseñan que la fe y el arrepentimiento son requisitos previos a la salvación.

Concluimos de estos tres pasajes que la salvación sólo viene por medio del arrepentimiento de los pecados y la fe en Jesucristo. El arrepentimiento y la fe conducirán al bautismo en el nombre de Jesús (el nacimiento de agua) y al bautismo del Espíritu (el nacimiento del Espíritu).

Otros versículos que mencionan la salvación apoyan esta conclusión. Por ejemplo, se declara que la salvación viene por medio de: (1) el nombre de Jesús (Hechos 4:12); (2) confesar a Jesús como Señor, la fe en Su resurrección, y la invocación de Su nombre (Romanos 10:9-13); (3) la gracia por medio de la fe (Efesios 2:8-9);

(4) el arrepentimiento (2 Corintios 7:10); (5) la santificación del Espíritu y la fe en la verdad (2 Tesalonicenses 2:13); y (6) la obediencia a Cristo (Hebreos 5:9).

Podemos contemplar la salvación desde dos puntos de idea que son complementarios pero no contradictorios: (1) La salvación tiene un requisito mínimo, y esto es el nuevo nacimiento; (2) La salvación es un proceso de apropiar progresivamente la gracia de Dios a lo largo de una vida consistente de fe y santidad. Si vamos a heredar la salvación eterna, ambos aspectos tienen que cumplirse en nuestras vidas.

Desde el principio hasta el fin, nuestra salvación se basa en la fe en Jesucristo. Si tenemos fe en El, nos arrepentiremos de nuestros pecados, nos bautizaremos en Su nombre y recibiremos Su Espíritu Santo, y por la fe viviremos continuamente una vida santa y cristiana. De esta manera recibiremos tanto la salvación presente del pecado como la salvación futura de todas las consecuencias eternas del pecado.

Entender y Obedecer al Evangelio

Los próximos pocos capítulos examinarán todos los elementos anteriores detalladamente. Si algunos ya han experimentado la salvación como la exploramos en este libro, esperamos que ellos entiendan la importancia y la necesidad de lo que ya han recibido. Deben aprender exactamente lo que les ha pasado, y por qué. Si algunos no se han bautizado en el nombre de Jesús o no han recibido el bautismo del Espíritu Santo, les pedimos que lean con una mente abierta, un corazón abierto, y una Biblia abierta. No deseamos minimizar ni negar lo que Dios ya puede haber hecho en sus vidas; sin embargo, queremos que se den cuanta de la importancia del nacimiento de agua y del Espíritu. Es bíblico, es para nosotros hoy en día, y Dios quiere que todos lo experimenten. El nuevo nacimiento no es algo extraño, ni es difícil de recibir de Dios. Más bien, es un privilegio que cada persona que cree la Biblia puede y debe disfrutar.

Todos debemos buscar acercarnos más en todo momento a Dios. Debemos buscar saber más de El y ser más obedientes a Su Palabra. Debemos dejar que Dios nos guíe más allá y más allá en la verdad de Su Palabra. Debemos esforzarnos a recibir todo lo que Dios nos tiene para el día de hoy.

En lugar de demorar tanto en la pregunta, "¿Tengo que recibir esto?", debemos preguntar, "¿Puedo recibir esto?" Si Dios nos tiene algo más que todavía no hemos recibido, o si la Palabra de Dios revela algo que todavía no hemos obedecido, entonces no debemos dejarnos distraer por un debate acerca de si es necesario u optativo. En cambio, debemos intentar recibir todo lo que Dios nos tiene y debemos esforzarnos a obedecer todo lo que la Palabra de Dios enseña. Esta es la actitud de uno que verdaderamente tiene fe en el Señor Jesucristo.

NOTAS

[1] *Tercer Nuevo Diccionario Internacional Webster del Idioma Inglés*, íntegro, Philip Gove et al, eds. (Springfield, Mass.: G. & C. Cía. Merriam, 1976), pág. 2006.

[2] H. D. M. Spence & Joseph Exell, eds., *El Comentario del Púlpito* (Rpt. Grand Rapids: Eerdmans, 1977), XVIII (Hechos), 54.

2
LA FE Y LA GRACIA

"Porque por gracia sois salvos por medio de la fe; y esto no de vosotros, pues es don de Dios; no por obras, para que nadie se gloríe" (Efesios 2:8-9).

Este capítulo establece un fundamento para toda discusión subsiguiente sobre de la salvación. Antes de proceder en analizar los varios aspectos de la salvación, debemos entender qué son la gracia y la fe y cómo están relacionadas.

Una Definición de Gracia

La gracia es el favor no merecido de Dios hacia el hombre. Es el don libre de Dios al hombre. Es la obra de Dios en el hombre. La palabra expresa que la salvación es una bendición no merecida y prepagada que Dios da libremente. Dios hace toda la obra involucrada en la salvación de un alma. El hombre no puede ayudar a Dios en obrar su propia salvación, ni puede contribuir a ella; El solo puede aceptar o rechazar la obra que Dios ha hecho y está deseoso de hacer a favor de la humanidad.

La Salvación del Hombre Proviene de la Gracia de Dios

Efesios 2:8-9 enfatiza que la salvación viene por la gracia de Dios y no por cualquier obra de parte del hombre. Específicamente, por medio de la muerte de Jesucristo Dios ha hecho que la salvación nos sea disponible. Somos "justificados gratuitamente por su gracia, mediante la redención que es en Jesucristo, a quien Dios puso como propiciación por medio de la fe en su sangre" (Romanos 3:24-25). No solo dio Dios a Su Hijo a morir por nosotros y a comprar nuestra salvación por medio de Su muerte, sino ahora nos extiende todo lo necesario para poder mantener nuestra salvación. Pablo hizo la pregunta, "El que no escatimó ni a su propio Hijo, sino que lo entregó por todos nosotros, ¿cómo no nos dará también con El todas las cosas?" (Romanos 8:32).

Filipenses 2:13 enseña que Dios obra en nosotros a fin de producir la salvación: "Porque Dios es el que en vosotros produce así el querer como el hacer." En Filipenses 2:12 Pablo nos amonestó a ocuparnos en nuestra salvación con temor, con reverencia, y con vigilancia. Enseguida, en el próximo versículo, El explicó que no podemos salvarnos ni podemos ayudarnos a nosotros mismos; en cambio, podemos o rechazar o someternos a la obra de Dios en nosotros. Si estamos dispuestos, Dios nos dará tanto el deseo (la buena gana) como el poder (la capacidad) de hacer Su voluntad.

Dios, quien compró para nosotros el derecho de ser salvos, ahora nos provee libremente todas las cosas que son necesarias para recibir y retener la salvación. Entonces, desde el principio hasta el fin, la salvación del hombre es un producto de la gracia de Dios. Por supuesto, la gracia no elimina nuestra opción. Dios nos ha dado la libertad o de rendirnos a El o de rechazarle, pero no podemos contribuir nada positivo a fin de ganar nuestra propia salvación.

La Gracia y las Obras

No somos salvos por las obras en el sentido de ganar, merecer, o comprar la salvación por medio de las obras buenas. Sin embargo, la gracia de Dios nos guiará a las buenas obras y a una vida santa. Efesios 2:8-9 enseña enfáticamente que la salvación viene por medio de la gracia y no por las obras, y el próximo versículo continúa, "Porque somos hechura suya, creados en Jesucristo para buenas obras, las cuales Dios preparó de antemano para que anduviésemos en ellas." Dios nos da la gracia expresamente para ayudarnos a producir buenas obras. "Y poderoso es Dios para hacer que abunde en vosotros toda gracia, a fin de que, teniendo siempre en todas las cosas todo lo suficiente, abundéis para toda buena obra" (2 Corintios 9:8). La gracia de Dios ha venido para enseñarnos cómo vivir vidas virtuosas y santas y para darnos el poder de hacerlo. "Porque la gracia de Dios se ha manifestado para salvación a todos los hombres, enseñándonos que, renunciando a la impiedad y a los deseos mundanos, vivamos en este siglo sobria, justa y piadosamente." (Tito 2:11-12).

La gracia no da licencia para pecar. "¿Perseveraremos en el pecado para que la gracia abunde? En ninguna manera" (Romanos 6:1-2). "¿Pecaremos, porque no estamos bajo la ley, sino bajo la gracia? En ninguna manera" (Romanos 6:15). Al contrario, la gracia pone a nuestra disposición el poder del Espíritu. Si seguimos la dirección del Espíritu, podremos cumplir toda la justicia que la ley de

Moisés exigía pero no podía proporcionar (Romanos 8:3-4).

En resumen, la gracia de Dios trae la salvación como una dádiva libre, incluso el poder de vivir una vida justa. Aunque no podemos ganar el don de la salvación, una vez que lo hayamos recibido, nuestras vidas cambiarán y como resultado empezaremos a hacer buenas obras. Si no manifestamos los atributos justos y piadosos, de hecho no estamos permitiendo que la gracia salvadora de Dios obre en nosotros. No podemos separar la gracia de una vida de devoción y de la obediencia a Cristo.

La Gracia y la Fe

Si la doctrina de la gracia enseña que Dios hace toda la obra en la salvación del hombre, ¿se salvan automáticamente todos los hombres? Esto no puede ser porque muchos van a recibir la condenación eterna en el juicio final (Apocalipsis 20:11-15). Si la doctrina de la gracia enseña que el hombre no puede ayudar a Dios a proporcionar la salvación, ¿escoge Dios sin condiciones a ciertas personas para salvarlas sin tomar en cuenta sus propias actitudes y reacciones? Esto no puede ser porque Dios no hace acepción de personas (Hechos 10:34). Si El escogiera a algunos sin condiciones, Su justicia le obligaría a escoger a todos. La doctrina de la fe nos ayuda a entender las respuestas a estas dos preguntas.

La fe es el medio por medio del cual el hombre acepta y recibe la gracia salvadora de Dios (Romanos 3:21-31; Efesios 2:8). El hombre no puede ayudar a Dios a proporcionar la salvación, pero el hombre sí tiene la responsabilidad de aceptar o rechazar lo que Dios ofrece. La reacción del hombre hacía Dios al aceptar Su obra de la salvación se llama *fe*. Entonces, la fe es el medio por medio del cual la gracia de Dios viene al hombre. Tanto la gracia de Dios como la fe del hombre son necesarias para la salvación. "Sin fe es imposible agradar a Dios" (Hebreos 11:6). Un autor protestante declaró, " El hecho de que el hombre debe hacer algo para aprovecharse de la provisión de Dios de la salvación por medio de Jesucristo, no hace ninguna violencia a la doctrina de la gracia. Teológicamente así como etimológicamente hay dos aspectos de *charis* (gracia): la provisión no merecida y la recepción agradecida."[1]

Sin embargo, no debemos decir que la salvación viene en parte del hombre. Cuando el hombre acepta la gracia, el crédito le pertenece totalmente a Dios y el poder de Su gracia, pero cuando el hombre rechaza la gracia, toda la culpa descansa sobre el hombre y su incredulidad. De modo que afirmamos tanto la salvación exclusivamente por la gracia como la responsabilidad del hombre de aceptar la salvación.

La Justificación por la Fe

Ser justificado significa ser contado o declarado justo por Dios. La Biblia enseña claramente la justificación por la fe: "El justo por la fe vivirá" (Habacuc 2:4; Romanos 1:17; Gálatas 3:11; Hebreos 10:38).

Pablo predicó esta doctrina: "Sabed, pues, esto, varones hermanos: que por medio de El se os anuncia perdón de pecados, y que de todo aquello de que por la ley de Moisés no pudisteis ser justificados, en El es justificado todo aquel que cree" (Hechos 13:38-39).

Pablo enfatizó en sus escrituras la justificación por la fe: "Ya que por las obras de la ley ningún ser humano será justificado . . . Pero ahora, aparte de la ley, se ha manifestado la justicia de Dios, testificada por la ley y por los profetas; la justicia de Dios por medio de la fe en Jesucristo, para todos los que creen en El . . . Siendo justificados gratuitamente por su gracia, mediante la redención que es en Jesucristo, a quien Dios como propiciación por medio de la fe en su sangre . . ." (Romanos 3:20-25). "Sabiendo que el hombre no es justificado por las obras de la ley, sino por la fe de Jesucristo, nosotros también hemos creído en Jesucristo, para ser justificados por la fe de Cristo y no por las obras de la ley, por cuanto por las obras de la ley nadie será justificado" (Gálatas 2:16). Romanos 4 y Gálatas 3 contienen muchas enseñanzas adicionales sobre este tema.

La conclusión es ésta: nadie puede ser justificado por observar la ley de Moisés o por hacer obras buenas. En cambio, el único camino a la salvación es por medio de la fe en Jesucristo y en Su sacrificio para nosotros. Habiendo establecido esto, debemos determinar qué es la verdadera fe en Cristo, y cómo recibirla. Para un comienzo, notamos las palabras de Benjamín Warfield: "La justificación por la fe no significa . . . la salvación por creer cosas en lugar de hacer justicia. Significa reclamar los méritos de Cristo ante el trono de la gracia en lugar de nuestros propios méritos."[2]

El Origen de la Fe

Antes de hablar en detalle acerca de la fe, debemos contestar la pregunta, "¿Qué es el origen de la fe?" Si el hombre fabrica su propia fe, aparentaría entonces que él sería su propio salvador, o a lo menos parcialmente. Esto negaría la doctrina de gracia. La respuesta es que la capacidad de poseer la fe proviene de la gracia de Dios.

Sin embargo, esto levanta un segundo problema. Si Dios da la fe potencial al todo el mundo, ¿serán salvos todos? Por otro lado, si Dios solo da la fe potencial a algunos, El condenaría arbitrariamente al resto al infierno sin darles ninguna capacidad de escoger. La respuesta es que Dios sí da la fe potencial a todo el mundo, pero da la oportunidad a cada individual a aceptar y a aplicar aquella fe a su vida. Otra manera de expresar esto es decir que Dios da a todos la capacidad de tener la fe en El. Cada ser humano tiene la capacidad de creer, pero no todos escogen creer en Dios; no obstante, todos creen o pueden creer en algo, sea Dios, el diablo, los dioses falsos, sí mismos, otras personas, o cosas materiales. En la creación, Dios dejó un claro testigo de Sí mismo para que todos tuviesen una oportunidad de creer en Dios y no tuviesen ninguna excusa de no hacerlo (Romanos 1:19-20).

Las Escrituras enseñan que Dios da a todos la capacidad de creer, y por consiguiente, El es la fuente de la fe de un cristiano. Dios ha repartido a cada uno una medida de fe (Romanos 12:3). Jesús es el autor y el consumador de nuestra fe (Hebreos 12:2). Aun después del nuevo nacimiento, el Espíritu sigue impartiendo la fe como una dádiva sobrenatural en los momentos de crisis y como un elemento de vida cristiana diaria (1 Corintios 12:9; Gálatas 5:22).

Debido a nuestras naturalezas pecaminosas, no podríamos buscar a Dios por nuestra propia cuenta sin que su poder nos atrajera (Juan 3:27; 6:44; Romanos 3:10-12). Nadie nunca tendría la fe si Dios no la concediera. Sin embargo, Cristo murió por el mundo entero para que pudiese extender la gracia a todos (Juan 3:16). Aunque el hombre por su propia cuenta es tan depravado y pecaminoso que no puede por su parte escoger a Dios, Dios le da a cada hombre la capacidad de buscarle y de responderle a El. Los teólogos llaman a esta gracia que precede la salvación y que se da a toda la humanidad, "la gracia preveniente universal."

La Biblia enseña que la gracia universal precede a la salvación, capacitando y animando a toda la humanidad a aceptar la obra de Dios de la salvación: "Porque la gracia de Dios se ha manifestado para salvación a todos los hombres" (Tito 2:11). Dios manda a todos los hombres en todo lugar que se arrepientan (Hechos 17:30), y El da la capacidad de hacer lo El requiere (Filipenses 2:13; 1 Juan 5:3). Dios quiere que todos se arrepientan, y les da a todos una oportunidad de hacerlo (2 Pedro 3:9). La bondad de Dios guía a los hombres al arrepentimiento (Romanos 2:4), así que El extiende a todo el mundo la bondad o la gracia que lleva al arrepentimiento. El llamamiento se extiende a todos (Mateo 11:28; Apocalipsis 22:17), pero solo aquellos que responden serán salvos. Muchos son llamados pero pocos son escogidos (Mateo 20:16; 22:14).

Hallamos también que la fe viene por la Palabra de Dios (Romanos 10:17). Hay muchos ejemplos en las Escrituras donde el oír la Palabra de Dios inspiró la fe. Así fue el caso de los samaritanos, de Cornelio y su casa, y de los Corintios (Hechos 8:12; 10:44; 18:8).

Así que, todos reciben una medida inicial de fe de Dios. Podemos aumentar nuestra fe por oír la Palabra de Dios y por la operación del Espíritu Santo. Somos responsables de permitir que Dios desarrolle la fe en nosotros y de usar la fe que El ha puesto en nuestros corazones.

Una Definición de la Fe

Ya hemos identificado la fe como la reacción positiva del hombre para con Dios y el medio por el cual el hombre acepta la gracia salvadora de Dios. Es el medio por el cual nos rendimos a Dios, obedecemos Su Palabra, y le permitimos realizar Su obra salvadora en nosotros. Esto declara con precisión la función de la fe, pero ahora intentaremos definir más precisamente qué es la fe. El *Diccionario Webster* define creer como "una actitud o hábito de mente por medio del cual se pone la confianza en alguna persona o cosa," y define la fe como "la obediencia al deber o a una persona; la lealtad . . . creer y confiar en Dios y lealtad a El . . . algo que se cree, sobre todo con una convicción fuerte."[3]

Cuando contemplamos el idioma griego, encontramos un significado aun más profundo. El prólogo del editor de *La Biblia Amplificada* contiene una discusión significativa de la palabra *creer*. Como esto señala, la mayoría de las personas creen en Cristo, en el significado común de la palabra castellana. Es decir, la mayoría de las personas creen que Cristo vivía, era el Hijo de Dios en algún sentido, y murió en la cruz para salvar a los pecadores. Sin embargo, según *La Biblia Amplificada*, ninguna sola palabra puede mostrar el propuesto significado de la palabra griega *pisteuo* que la mayoría de las traducciones traducen creer. Note la definición de *La Biblia Amplificada* de *pisteuo*: "significa 'adherirse a, confiar, tener fe en; tener confianza en.' Consecuentemente, las palabras, 'Cree en el Señor Jesucristo . . .' realmente significan tener una confianza personal absoluta en el Señor Jesucristo como el Salvador."[4]

W. E. Vine, en su libro *Un Diccionario Expositorio de Palabras del Nuevo Testamento*, define *pisteuo* de la siguiente manera: "creer, también ser persuadido de algo, y por consiguiente, poner la confianza en ello; confiar; significa, en este sentido de la palabra, confianza en algo, no la creencia únicamente."[5] La forma sustantiva *pisteuo* es *pistis*, y por lo general se traduce "fe."

Vine define *pistis* como "principalmente, la persuasión firme, una convicción basada en el oír."[6] El dice que *pisteuo* y *pistis* incluyen un reconocimiento total de la revelación de Dios, una rendición personal a El, y un estilo de vida inspirado por aquella rendición:

> "Los elementos principales de la fe en su relación al Dios invisible, como distinta a la fe en el hombre, se enfatizan sobre todo en el uso de este sutantivo y el verbo correspondiente, *pisteuo*; estos son (1) una convicción firme, produciendo un reconocimiento pleno de la revelación de Dios o de la verdad, por ejemplo, 2 Tesalonicenses 2:11, 12; (2) una entrega personal a El, Juan 1:12; (3) una conducta inspirada por tal entrega, 2 Corintios 5:7 . . . Todo estoqueda en contraste a la creencia en su ejercicio netamente natural, que consiste en una opinión guardada en buena fe, sin referencia necesaria a su prueba."[7]

El escritor Bíblico muy conocido, Charles Erdman, confirma que la fe bíblica abraza una relación personal a Cristo que se refleja en la confianza, la obediencia, y la conducta santa de una persona:

> "Si la fe denota el mero asentimiento no más a dogmas, o la repetición de un credo, sería entonces absurdo e injustoaceptar a uno como virtuoso, en idea de su fe; pero la fe describe una relación personal con Cristo. Para un creyente, significa una confianza en Cristo, la obediencia a Cristo, el amor para Cristo, y tal confianza, obediencia y amor resultan inevitablemente en la

pureza y la santidad y una vida de servicio altruista."[8]

El teólogo protestante Donald Bloesch hace varios comentarios que echan más luz con respecto a la fe bíblica. El habla de "la herejía de la gracia barata, por medio de la cual la salvación llegó a ser un pasaporte a los cielos que le era asegurado a uno simplemente por medio del bautismo, o una afirmación pública de fe, o por el nacimiento en la comunidad del pacto."[9] En oposición al concepto de la "gracia barata," él declara que "el don gratuito de la salvación demanda no simplemente un asentimiento intelectual exterior o una sumisión voluntaria al Evangelio, sino un compromiso total y un discipulado de toda la vida bajo la cruz."[10] Además, él presenta una definición de la fe como "un compromiso radical del hombre entero al Cristo viviente, un compromiso que trae consigo el conocimiento, la confianza, y la obediencia."[11]

Tres Componentes de la Fe Salvadora

En otras palabras, la fe salvadora significa mucho más que el conocimiento o el asentimiento mental. Es más, podemos identificar a tres componentes importantes de la fe salvadora: el conocimiento, el asentimiento, y la apropiación.[12]

Para que una persona pueda tener fe en algo, debe tener primeramente un cierto grado de conocimiento o comprensión mental. Debe saber lo que profesa creer. La fe salvadora no nos exige que entendamos todo lo de Dios o de la vida, pero sí exige que comprendamos nuestra necesidad de la salvación y que sepamos que Jesucristo es nuestro único Salvador.

En segundo lugar, para que una persona pueda tener fe debe haber un asentimiento o una aceptación mental. El conocimiento no es suficiente, porque una persona puede entender una cierta proposición y a la vez no creerla. Además del entendimiento, debe haber un reconocimiento que la profesión es correcta.

Finalmente, debe haber una apropiación de lo que se cree. En otras palabras, debe haber una aplicación práctica de la verdad. La única manera que podemos creer a otra persona es por aceptar y seguir su palabra. Entonces, la fe salvadora en Jesucristo involucra más que reconocerlo mentalmente como el Salvador. Debemos apropiar esta verdad y hacerla el principio que nos guía en nuestras vidas. Esto lo hacemos por obedecer el evangelio de Jesús, por identificarnos con Él, por establecer una relación de una fe total en Él, y por unirnos con Él y confiar en Él.

Nuestro estudio de las palabras griegas *pistis* y *pisteuo* enfatizaba este tercer componente. Sin ello, no hay fe salvadora. Muchos le reconocen a Jesús como Señor y Salvador y todavía confiesan que no han obedecido al evangelio. Aunque tienen el conocimiento y el asentimiento, no han apropiado el evangelio a sus vidas. No han actuado sobre la verdad. No se han entregado a Jesucristo, ni se han identificado con Él. En suma, la fe salvadora es una confianza activa en Dios y en Su Palabra. No podemos separarla de la confianza, la obediencia, y el compromiso.

Unos Ejemplos de una Fe Insuficiente

La Escritura da muchos ejemplos de personas que tenían algún grado de fe en Jesucristo pero que eran salvas. Esto demuestra que una persona puede tener una fe mental en Jesús como Señor y Salvador y todavía no obedecerlo, confiar en El, o entregarse a El hasta el punto de recibir la salvación.

Por ejemplo, muchas personas en Israel creyeron en Jesús cuando vieron los milagros que El hacía. Sin embargo, Jesús no se comprometió con ellos porque El conocía lo que había en sus corazones. Ellos no se habían comprometido totalmente a El como Señor de sus vidas (Juan 2:23-25).

Del mismo modo, muchos de los líderes religiosos judíos creyeron en Jesús pero no le confesaron porque temían ser expulsados de las sinagogas. Estos amaban la alabanza de los hombres más que la alabanza de Dios (Juan 12:42-43). Dios no los aceptó porque ellos no actuaron sobre su fe.

Según Jesús, algunas personas hacen grandes milagros en Su nombre, sin embargo, si rehúsan hacer la voluntad de Dios, no serán salvas (Mateo 7:21-27). Tendrán fe suficiente para hacer milagros pero no tendrán fe suficiente para obedecer la Palabra de Dios en todas las cosas. Tendrán fe, pero no fe salvadora.

Los samaritanos creyeron la predicación de Felipe y se bautizaron, mas no recibieron el Espíritu de Dios hasta que vinieron Pedro y Juan (Hechos 8:12-17). Simón el mago era uno que creyó y se bautizó, pero mas tarde intentó comprar el poder espiritual y las bendiciones con dinero (Hechos 8:18-19). Pedro lo reprendió y le dijo que se arrepintiera de su maldad, diciendo, "No tienes tú parte ni suerte en este asunto, porque tu corazón no es recto delante de Dios . . . Porque en hiel de amargura y en prisión de maldad veo que estás" (Hechos 8:21-23). El no fue salvo hasta este punto, aunque había creído hasta cierto grado.

Aún los demonios creen en un solo Dios (Santiago 2:19), que es más de lo que hacen algunos. No solo creen, sino confiesan que Jesús es el Hijo de Dios (Mateo 8:29). Sin embargo, a pesar de su fe y su confesión, no tienen fe salvadora.

En cada uno de estos casos, había una comprensión mental y una aceptación, pero había también una falta de compromiso total a Jesús y de obediencia a Su Palabra. Poseían un poco de fe pero no suficiente para producir la salvación. De modo que la fe salvadora está ligada inseparablemente a la obediencia.

La Fe y la Obediencia

Pablo enfatizó la justificación por la fe más que cualquier otro escritor, pero él insistía fuertemente que la fe salvadora está ligada inseparablemente a la obediencia. El enseñó que el misterio del plan redentor de Dios, la iglesia, ha sido "dado a conocer a todas las gentes para que obedezcan a la fe" (Romanos 16:26). La *Nueva Versión Internacional* traduce esta última frase como "lo hizo conocer . . . para que todas las naciones pudieran creer y obedecerle." La gracia de Dios trae "la obediencia a la fe" (Romanos 1:5). Jesucristo obró por medio de Pablo "para la obediencia de los gentiles" (Romanos 15:18). Del mismo modo, Lucas escribió que un gran número de sacerdotes "obedecían a la fe" (Hechos 6:7). La fe y la obediencia están tan estrechamente ligadas que una falta de obediencia a Dios es prueba de una falta de fe: "Mas no todos obedecieron al evangelio; pues Isaías dice: Señor, ¿quién ha creído a nuestro anuncio?" (Romanos 10:16).

Muchos otros pasajes reiteran el vínculo esencial

entre la obediencia y la salvación. Jesús dijo, "No todo el que me dice, Señor, Señor, entrará en el reino de los cielos, sino el que hace la voluntad de mi Padre que está en los cielos" (Mateo 7:21). Solo el hombre que ambos oye y hace la Palabra del Señor será salvo (Mateo 7:24-27). Jesús también dijo, "Si me amáis, guardad mis mandamientos" (Juan 14:15); "El que me ama, mi palabra guardará" (Juan 14:23).

El Señor castigará con destrucción eterna a aquellos que no "obedecen al evangelio de nuestro Señor Jesucristo" (2 Tesalonicenses 1:7-10). Jesucristo ha llegado a ser el "autor de eterna salvación para todos los que le obedecen" (Hebreos 5:9). Pedro dijo, "Porque es tiempo de que el juicio comience por la casa de Dios; y si primero comienza por nosotros, ¿cuál será el fin de aquellos que no obedecen al evangelio de Dios?" (1 Pedro 4:17).

Juan dio la siguiente prueba de un cristiano: "Y en esto sabemos que nosotros le conocemos, si guardamos sus mandamientos. El que dice: Yo le conozco, y no guarda sus mandamientos, el tal es mentiroso, y la verdad no está en El; pero el que guarda su palabra, en Este verdaderamente el amor de Dios se ha perfeccionado; por esto sabemos que estamos en El." (1 Juan 2:3-5). Conocemos a Dios, tenemos el amor perfecto de Dios en nosotros, y estamos en Dios solo cuando obedecemos a Dios. El verdadero creyente obedecerá los mandamientos de Dios y así sabrá que tiene amor (1 Juan 5:1-3).

Cuando Dios envió al ángel de la muerte a visitar cada casa en Egipto, los israelitas no fueron protegidos automática y simplemente a causa de su actitud mental. Ellos tenían que aplicar la sangre del cordero de la Pascua a los postes de sus puertas (Exodo 12). Estaban seguros solo cuando expresaron su fe por medio de la obediencia al mandamiento de Dios. "Por la fe [Moisés] celebró la pascua, y la aspersión de la sangre, para que el que destruía a los primogénitos no los tocase a ellos" (Hebreos 11:28). De la misma manera, la fe salvadora de hoy incluye la obediencia activa. Debemos aplicar la sangre del Cordero a nuestras vidas por medio de la obediencia a Su evangelio del arrepentimiento, del bautismo en agua en Su nombre, y del recibir Su Espíritu.

Alguien que realmente cree la Palabra de Dios la obedecerá. La Palabra de Dios enseña el bautismo en agua, así que el que cree a la Biblia se bautizará. La Palabra de Dios promete el don del Espíritu, por tanto el verdadero creyente esperará, buscará, y recibirá este don. Un escritor protestante ha declarado, "Los cristianos han afirmado históricamente que para disfrutar una relación con Dios que transforma la vida, una persona debe creer y debe obedecer al evangelio."[13] Otro teólogo protestante escribió, "El contenido de la fe de hecho puede ser captado en una sola declaración: Jesús es Señor (1 Corintios 12:3). . . . Por consiguiente, decir con fe que 'Jesús es Señor' también significa comprometerse a la obediencia. Creer el hecho es obedecer la citación implícita en el hecho; y solo en la obediencia se reconoce verdaderamente el hecho. . . . Para Pablo la obediencia es lo mismo que la fe, así como la falta de obediencia es una falta de fe."[14] El teólogo Dietrich Bonhoeffer dijo, *"Solo el que cree es obediente, y solo el que es obediente cree."*[15]

La Fe y las Obras

La Biblia enseña también que no se puede separar la fe de las buenas obras. "Palabra fiel es esta, y en estas cosas quiero que insistas con firmeza, para que los que creen en Dios procuren ocuparse en buenas obras" (Tito 3:8).

No hay fe aparte de obras ni sin ellas. Santiago escribió de la imposibilidad de separar la fe de las obras: "Hermanos míos, ¿de qué aprovechará si alguno dice que tiene fe, y no tiene obras? ¿Podrá la fe salvarle? . . . Así también, la fe, si no tiene obras, es muerta en sí misma. Pero alguno dirá: Tú tienes fe, y yo tengo obras. Muéstrame tu fe sin tus obras, y yo te mostraré mi fe por mis obras. Tú crees que Dios es uno; bien haces. También los demonios creen, y tiemblan. ¿Mas quieres saber, hombre vano, que la fe sin obras es muerta? ¿No fue justificado por las obras Abraham nuestro padre, cuando ofreció a su hijo Isaac sobre el altar? ¿No ves que la fe actuó juntamente con sus obras, y que la fe se perfeccionó por las obras? Y su cumplió la Escritura que dice: Abraham creyó a Dios, y le fue contado por justicia, y fue llamado amigo de Dios. Vosotros veis, pues, que el hombre es justificado por las obras, y no solamente por la fe . . . Porque como el cuerpo sin espíritu está muerto, así también la fe sin obras está muerta" (Santiago 2:14, 17-24, 26).

Algunos ven una contradicción en las enseñanzas de Pablo acerca de la fe y las enseñanzas de Santiago acerca de las obras. A Martín Lutero no le gustaba el Libro de Santiago—e incluso cuestionaba su lugar en la Biblia—porque el pensaba que contradecía a la justificación por la fe. Sin embargo, las epístolas de Pablo y la epístola de Santiago son igualmente parte de la Palabra de Dios, y la Palabra de Dios no se contradice. Las escrituras de Pablo y de Santiago se complementan y se encajan juntas en un todo armonioso.

Pablo enfatizó que somos salvos por la fe en Jesús, y

no por nuestras obras. Dios nos ha comprado la salvación y la aceptamos por la fe; no compramos la salvación con buenas obras. En particular, Pablo enfatizó que guardar la ley de Moisés no puede salvar a nadie porque las observancias ceremoniales no tienen el poder en ellos mismos para limpiar el pecado.

Santiago reconoció también que "toda buena dádiva y todo don perfecto desciende de lo alto" (Santiago 1:17), inclusive la salvación. El dijo que el tipo de fe que salva necesariamente producirá las obras. En otras palabras, no podemos demostrar la fe en teoría aparte de las obras; la única manera en que Dios o alguien más puede ver nuestra fe es por medio de nuestra reacción. La fe no es solamente una condición de la mente, sino es una fuerza que cambia la vida.

Pablo mencionó a Abraham como un ejemplo de la justificación por la fe (Génesis 15:6; Romanos 4:1-3). Santiago usó el mismo ejemplo para mostrar que la fe solo puede demostrarse por medio de las obras. Sin las obras, la fe de Abraham habría estado muerta. ¿Qué habría pasado si Abraham hubiera dicho, "Le creo a Dios" pero hubiera negado a ofrecer a Isaac? Según Santiago, él no habría tenido la fe verdadera y por eso no habría sido justificado. Después de que Abraham voluntariamente hubo ofrecido a Isaac, Dios mismo le dijo, " te bendeciré . . . por cuanto obedeciste a mi voz" (Génesis 22:16-18). La descripción de Pablo de la fe de Abraham lleva a la misma conclusión. En esperanza contra esperanza Abraham creyó. El no consideró las limitaciones humanas, no dudó de la promesa de Dios, era fuerte en fe, dio la gloria a Dios, y estaba plenamente convencido (Romanos 4:18-21). Este pasaje no describe el asentimiento mental aparte de las obras sino la fe activa que apoyaba a Abraham en su conducta a lo largo de muchos años—una fe que lo hizo confiar en Dios y entregarse totalmente a El.

Cualquier confusión restante se aclara cuando comprendemos que Pablo y Santiago usaron los mismos términos en unos contextos y maneras algo diferentes. En Romanos, *fe* significa la fe verdadera en Dios con todos sus significados; en Santiago quiere decir asentimiento mental que pudiera no afectar la conducta de uno, lo que no sería en absoluto la fe verdadera y viva. En Romanos, la palabra *obras* significa obras muertas que pueden hacerse aparte de la fe; en Santiago significa obras vivas que solo pueden hacerse a través de la fe, y esas atestarán a la existencia de la fe. En Romanos, ser *justificado* significa "declarado justo por Dios"; en Santiago significa "mostrado como justo." W. E. Vine hizo un comentario acerca de esta armonía entre Pablo y Santiago:

> "Hablando de la justificación por las obras, la llamada contradicción entre Santiago y el Apóstol Pablo solo aparenta serla. . . . Pablo estaba pensando de la actitud de Abraham hacia Dios, su aceptación de la palabra de Dios. . . . Santiago (2:21-26) está ocupado con el contraste entre la fe que es verdadera y la fe que es falsa, una fe estéril y muerta que actualmente no es fe."[16]

Es evidente que tanto Pablo como Santiago están de acuerdo que la fe salvadora producirá una confianza en Dios que cambiará la vida, y esto será evidenciado por las obras. Pablo enseñó que somos salvos por la fe; Santiago enseñó que la fe salvadora producirá obras y solo se ve por medio de las obras. Si las obras no acompañan a la fe de una persona, algo anda mal con su fe.

Hebreos 11 ilustra en una manera hermosa la

relación complementaria entre la fe y las obras. El propósito principal de este capítulo es mostrar cuán necesaria es la fe, y mostrar lo que la fe producirá. Nombra muchos héroes del Antiguo Testamento y hace nota de sus obras hechas "por la fe." Este pasaje demuestra que la fe siempre producirá obras y que solo se puede ver por medio de las obras. Cada vez que el escritor describió la fe de alguien, también nombró las acciones que la fe produjo.

Ciertamente, somos salvos por gracia por medio de la fe. Confiamos en la obra de Dios para traer la salvación, y no en nuestras propias obras. Sin embargo, esto no nos libra de nuestra responsabilidad de responderle a Dios, de obedecerle, y de actuar sobre nuestra fe. La fe salvadora es una fe viviente que obra.

La Fe Continua

La fe salvadora no es solamente una condición temporal sino es una relación continua con Jesucristo. No somos salvos por un solo hecho de fe. Más bien, "el justo por la fe vivirá" (Romanos 1:17; Gálatas 3:11; Habacuc 2:4). Colosenses 2:6 dice, "Por tanto, de la manera que habéis recibido al Señor Jesucristo, andad en El."

La Biblia habla a menudo de la fe en el tiempo presente, así indicando la fe continua. Por ejemplo, la palabra creer en Juan 3:16 indica la fe continua: "Porque de tal manera amó Dios al mundo, que ha dado su Hijo unigénito, para que todo aquel que en El cree, no se pierda, mas tenga vida eterna." La salvación no es solamente una experiencia en el pasado; es una relación en el tiempo presente que llevará a la salvación eterna. Debemos vivir diariamente por la fe para ser salvos al final. Es mucho más fácil ver la relación íntima entre la fe y las obras cuando comprendemos este hecho. La fe es progresiva; le lleva cada vez más allá en la voluntad de Dios.

El Objeto de la Fe

Tal como la fe no tiene mérito aparte de la respuesta, así también la fe no tiene mérito aparte del objeto de fe. La fe misma no tiene ningún valor. Si en sí misma la fe del hombre fuese meritoria, sería entonces la justificación por la fe simplemente una forma más por la cual el hombre se salva sí mismo.

El valor de la fe depende totalmente del objeto de la fe. Somos salvos por Aquel en quien hemos puesto nuestra fe, y no por el hecho de tener la fe. Cuando Pablo usó a Abraham como un ejemplo de justificación por la fe, él señaló que Abraham creyó a Dios, el Ser omnisciente y omnipotente que podía cumplir Sus promesas (Romanos 4:16-17). Pueda ser que los religiosos paganos tengan una gran fe, pero no son salvos, puesto que no tienen fe en Jesús. Ya que la salvación viene solamente por Jesús, es sumamente importante tener fe en El.

Esto significa también que debemos tener fe en Su Palabra. Muchas personas tienen una gran fe en cierto sistemas religiosos que profesan a Cristo, pero no son salvos porque su fe no está basado en la Palabra de Dios y el evangelio de Cristo. Tener fe en un sistema artificial y ser sincero en aquella creencia no es suficiente. Debemos adorar a Dios en verdad tanto como en espíritu (Juan 4:24). Jesús dijo, "El que cree en mí, como dice la Escritura, de su interior correrán ríos de agua viva" (Juan 7:38). Debemos creer de acuerdo con las enseñanzas de las Escrituras. No hay poder salvador en la fe mental del hombre aparte de la fe en Jesús y obediencia a y Su Palabra.

La Fe y el Arrepentimiento

Ahora déjenos analizar con más detalles exactamente lo que la fe en Jesús producirá. La fe y el arrepentimiento obran juntos en la salvación. Jesús predicó, "Arrepentíos, y creed en el evangelio" (Marcos 1:15). Una persona debe tener un poco de fe para arrepentirse. Nadie busca arrepentirse del pecado a menos que cree que el pecado es malo y que el arrepentimiento no solo es posible sino necesario también. La Palabra de Dios declara que todos perecerán sin el arrepentimiento, y que todos los hombres en todo lugar deben arrepentirse (Lucas 13:3; Hechos 17:30). Ciertamente, entonces, la fe en la Palabra de Dios conducirá al arrepentimiento.

Algunos debaten si el arrepentimiento precede o sigue a la fe. Los teólogos luteranos tradicionalmente han considerado el arrepentimiento como algo que precede a la fe, mientras Calvino lo describía como un producto de la fe. Todo depende del uso del término *fe*. Si, por ejemplo, una persona lo usa para denotar el momento de la salvación, entonces el arrepentimiento debe precederla porque el arrepentimiento es un requisito previo para recibir la salvación. Por otro lado, si uno considera la fe como un proceso continuo así también como un punto en el tiempo, entonces la fe puede preceder al arrepentimiento tanto como lo puede seguir. Este último punto de idea es apoyado por las Escrituras.

La fe puede tener su comienzo la primera vez que uno oye la Palabra de Dios aunque en aquel momento la fe no produzca la salvación. Hemos explorado los ejemplos bíblicos que demuestran que una persona puede tener algún grado de fe antes de recibir la experiencia de la salvación. Una persona no es salva el momento que la fe empieza, sino la salvación es experimentada mientras la fe madura, toma control de su corazón, y le lleva a una reacción positiva a Cristo y al evangelio, lo que le hace obedecer las Escrituras en el arrepentimiento, el bautismo en agua, y buscando y recibiendo el don del Espíritu.

El arrepentimiento, entonces, sigue al primer momento de la fe pero precede a la expresión llena de la fe salvadora (la experiencia del nuevo nacimiento). Quizás se puede describir mejor el arrepentimiento como la primera "reacción de fe" al evangelio, porque el arrepentimiento es el principio de una vida de fe y es el hecho inicial de fe.

La Fe y el Bautismo en Agua

La fe en Dios también conducirá en el bautismo en agua. Jesús dijo, "El que el creyere y fuere bautizado será salvo" (Marcos 16:16). Obviamente Él enseñó que la fe conduciría al bautismo, y la historia de la Iglesia primitiva afirma esta verdad. Después del sermón de Pedro en el Día de Pentecostés, "los que recibieron su palabra fueron bautizados" (Hechos 2:41). Cuando los samaritanos "creyeron a Felipe, que anunciaba el evangelio del reino de Dios y el nombre de Jesucristo, se bautizaban" (Hechos 8:12). El carcelero filipense creyó y se bautizó en la misma hora que Pablo lo amonestó a creer (Hechos 16:31-34). Cuando Pablo predicó en Corinto, muchas personas "creían y eran bautizados" (Hechos 18:8).

En muchas otras ocasiones personas fueron bautizadas cuando oyeron y aceptaron el evangelio (Hechos 8:36-38; 9:18; 10:47-48; 16:14-15; 19:5). Concluimos que el bautismo en agua es un hecho de fe—una reacción de fe hacía Dios. La verdadera fe en Dios y en Su Palabra hará que el creyente se someta en el bautismo en agua.

Un erudito bautista declaró, "Hay, de hecho, mucho que se puede decir acerca de la disputa, apoyado independientemente por los teólogos de varias escuelas, que en el Nuevo Testamento la fe y el bautismo se consideran como inseparables cuando se habla del asunto de la iniciación cristiana . . . El bautismo es . . . la cita divinamente fijada de la gracia para la fe. Es . . . la expresión externa indispensable y el momento principal del hecho de fe."[17]

La Fe y el Espíritu Santo

La fe también conducirá a uno a recibir el don del Espíritu Santo. Jesús dijo, "El que cree en mí, como dice la Escritura, de su interior correrán ríos de agua viva" (Juan 7:38). Juan explicó que Jesús hablaba del Espíritu Santo: "Esto dijo del Espíritu que habían de recibir los que creyesen en El; pues aún no había venido el Espíritu Santo, porque Jesús no había sido aún glorificado" (Juan 7:39).

Pedro enseñó que el don, o el bautismo, del Espíritu Santo viene a todos los que creen en el Señor Jesucristo. El identificó la experiencia de Cornelio como el bautismo pentecostal del Espíritu y preguntó, "Si Dios, pues, les concedió también el mismo don que a nosotros que hemos creído en el Señor Jesucristo, ¿quién era yo que pudiese estorbar a Dios?" (Hechos 11:15-17). En otras palabras, Pedro identificó al "creer en el Señor Jesucristo" con ser bautizado con el Espíritu.

Pablo también esperó que los creyentes recibieran el Espíritu Santo. Cuándo encontró a algunos discípulos de Juan el Bautista en Efeso, El preguntó, "¿Recibisteis el Espíritu Santo cuando creísteis?" (Hechos 19:2). Pablo enseñó más allá en sus epístolas que se recibe el Espíritu Santo por medio de la fe: "Para que en Jesucristo la bendición de Abraham alcanzase a los gentiles, a fin de que por la fe recibiésemos la promesa del Espíritu" (Gálatas 3:14). "Y habiendo creído en El [Cristo], fuisteis sellados con el Espíritu Santo de la promesa" (Efesios 1:13).

La conclusión inevitable es que la fe conducirá a la persona a recibir el Espíritu Santo. En otras palabras, el verdadero creyente recibirá el Espíritu Santo; se demuestra que su fe es genuina y completa cuando Dios le concede el don del Espíritu.

El Arrepentimiento, el Bautismo en Agua y las Obras

¿Se puede clasificar como obras al arrepentimiento y el bautismo en agua? No son obras en el sentido de cosas que el hombre hace para ayudarse ganar su salvación, sino son obras salvadoras de Dios. La fe salvadora se expresa necesariamente por medio del arrepentimiento, el bautismo en agua, y el recibir el Espíritu.

En sí mismo, el hombre no tiene el poder de volverse del pecado, pero Dios lo lleva al arrepentimiento y le da el poder de arrepentirse. Dios obra el arrepentimiento en el hombre, cambiando su mente y su dirección. De la misma manera, Dios perdona el pecado en el bautismo. Sin la obra de Dios y la fe en Su obra, el bautismo es un rito sin sentido. Finalmente, recibir el Espíritu Santo ciertamente no es una obra de parte del hombre; el Espíritu es una dádiva libre de Dios que la persona recibe por la fe.

El papel del hombre en todo esto es de simplemente creer el evangelio, buscar el arrepentimiento, someterse en el bautismo en agua, y permitir que Dios le llene con el Espíritu. Estos elementos son todos una parte de la apropiación, la reacción, el compromiso, la confianza, y la obediencia que la fe salvadora necesariamente incluye. Esta "reacción de fe" de parte del hombre ni gana ni compra la salvación, pero es una reacción necesaria para recibir la salvación.

Dios ofrece la salvación libremente a todos en base de la expiación de Cristo, pero solo aquellos que expresan fe en Dios reciben la salvación. O el hombre permite que Dios haga la obra de la salvación (por su fe y obediencia) o El niega que Dios obre (por la incredulidad y la desobediencia). Dios llama a una persona, guía a aquella persona a El, le cambia la mente y la dirección (el arrepentimiento) , le lava sus pecados (en el bautismo en agua), le bautiza con Su Espíritu, le guarda en Su gracia, y le da el poder de vivir una vida santa. Este acción de parte de Dios constituye Su salvación del hombre en la edad presente.

La Confesión, la Fe y la Salvación

¿Contradice a Romanos 10:8-10 esta conclusión acerca de la fe salvadora? Este pasaje dice, "Cerca de ti está la palabra, en tu boca y en tu corazón. Esta es la palabra de fe que predicamos: que si confesares con tu boca que Jesús es el Señor, y creyeres en tu corazón que Dios le levantó de los muertos, serás salvo. Porque con el corazón se cree para justicia, pero con la boca se confiesa para salvación."

Algunos creen que este pasaje significa que la salvación viene automáticamente si uno asiente mentalmente que Jesús resucitó de los muertos y confiesa verbalmente que El es Señor. Sin embargo, esta interpretación contradice la verdad que la fe salvadora incluye la apropiación y la obediencia. De acuerdo con esta idea, muchos serían salvos que ni sostienen que viven para Dios. Incluso los demonios se salvarían, porque ellos saben que Jesús está vivo, le confiesan verbalmente, y creen en un solo Dios (Mateo 8:29; Santiago 2:19). Claramente, tal comprensión superficial de Romanos 10:8-10 no es adecuada.

Al seguir la lectura de Romanos 10, esto se hace aun más claro. El versículo 13 dice, "Porque todo aquel que invocare el nombre del Señor, será salvo." ¿Significa esto que son salvos todos los que pronuncian verbalmente el nombre de Jesús? Ciertamente no; de otro modo, el nombre de Jesús sería meramente una fórmula mágica. Además, el versículo 16 enseña que una falta de obediencia indica una falta de fe: "Mas no todos obedecieron al evangelio; pues Isaías dice, Señor, ¿quién ha creído a nuestro anuncio?" Muchos confesarán verbalmente a Jesús como Señor y llamarán Su nombre, pero solamente aquellos que realmente hacen la voluntad de Dios serán salvos (Mateo 7:21-23). A pesar de la confesión verbal de fe de una persona, si niega a obedecer el evangelio, no tiene la fe salvadora.

Si esto es así, ¿cuál es la interpretación correcta de Romanos 10:8-10? En primer lugar, debemos comprender que Pablo estaba escribiendo a cristianos. Su propósito era recordarles de cuán accesible realmente es la salvación (versículo 8). El no tenía que explicar en detalle el nuevo nacimiento porque sus lectores ya lo habían experimentado. El simplemente estaba recordándoles que el fundamento de la salvación siempre es la fe en Jesucristo y en el evangelio, y en la confesión pública de aquella fe al mundo en que ellos vivían. Un comentarista, hablando del libro de Romanos, notó que Pablo en este pasaje hizo referencia a la fe que nos trajo a una relación apropiada con Cristo y a la confesión que es el medio por el cual mantenemos esa relación.

> "Si decimos que la salvación significa "seguridad", quizás tenemos el mejor equivalente. Recibimos la justicia por medio de la fe, y experimentamos aquella justicia como "seguridad" por la confesión incesante de Cristo como Señor . . . mientras creer en Cristo trae al hombre a una relación correcta con Dios, la confesión de fe le mantiene en aquella relación apropiada y le guarda continuamente seguro hasta la salvación final."[18]

En segundo lugar, debemos leer Deuteronomio 30:14, porque este es el versículo que Pablo citó en Romanos 10:8; "Porque muy cerca de ti está la palabra, en tu boca y en tu corazón, para que la cumplas." Este versículo demuestra que el confesar y el creer necesariamente incluyen la obediencia a la Palabra de Dios.

En tercer lugar, "confesar con la boca al Señor Jesús" significa dar una confesión verbal y verdadera que El es Señor. Sin embargo, para que esto sea verídico, tenemos que someter nuestras vidas a El como Señor y ser obedientes a El. ¿Cuándo Le confesamos primeramente a Jesús como Señor? La confesión verbal viene cuando invocamos Su nombre en el bautismo en agua (Hechos 22:16) y cuando hablamos en lenguas en el bautismo del Espíritu (Hechos 2:4). Después de todo, nadie puede confesar que Jesús es Señor sino por el Espíritu Santo

(1 Corintios 12:3).

En el sentido más exacto de este pasaje, nadie puede verdaderamente confesar a Jesús como Señor de su vida hasta que haya recibido el Espíritu y esté viviendo por el poder del Espíritu. Interesantemente, F. F. Bruce, *en Los Comentarios de Tyndale del Nuevo Testamento*,también unió este pasaje en Romanos 10 con 1 Corintios 12:3. También unió la confesión con el bautismo en agua: "Si vamos a pensar de una ocasión excelente para hacerse una confesión así, más probablemente debemos pensar en aquella primera confesión . . . hecha en el bautismo cristiano."[19]

En cuarto lugar, creer en el corazón que Dios ha levantado a Cristo de los muertos significa una verdadera fe que incluye la confianza. Debemos creer en la resurrección y debemos confiar en este evento sobrenatural para la salvación. Confiamos en la resurrección para hacer eficaz la muerte expiatoria de Jesucristo (Romanos 4:25) y para darnos nueva vida por medio del Espíritu del Cristo resucitado (Romanos 5:10; 6:4-5; 8:9-11). Por consiguiente, la verdadera fe en la resurrección de Jesucristo nos llevará a aplicar Su expiación a nuestras vidas y después a recibir Su Espíritu.

Invocar el Nombre del Señor

Cuando Romanos 10:13 dice, "porque todo aquel que invocare el nombre del Señor será salvo," quiere decir más de una mera invocación verbal del nombre de Jesús. De otro modo, la fe misma no sería necesaria. La fe salvadora es mas que una confesión verbal de Cristo, porque ese hecho sólo no es suficiente. (Véase a Mateo 7:21.) Obviamente Romanos 10:13 describe la expresión sincera del corazón de alguien que cree en Jesús. La confesión verbal es un paso en aquella dirección, pero se exigen la fe viviente y la obediencia para hacer válida aquella confesión.

El punto principal de Romanos 10:13 no es dar una fórmula para la salvación sino enseñar que la salvación es para todos. El énfasis está en *todo aquel*. Pablo citó este versículo para apoyar su declaración que "no hay diferencia entre judío y griego: pues el mismo que es Señor de todos, es rico para con todos los que le invocan" (Romanos 10:12). La cita aparece originalmente en Joel 2:32, que sigue la profecía de Joel acerca del derramamiento del Espíritu sobre toda carne en los últimos días (Joel 2:28-29) y el juicio de Dios del último día (versículos 30-31). Joel 2:32 explica que todos que invocan a Jehová serán librados de este juicio.

Pedro aplicó esta profecía al derramamiento del Espíritu en el día de Pentecostés (Hechos 2:21). Además, Ananías mandó a Pablo (el escritor del libro a los Romanos) a invocar el nombre del Señor en el bautismo en agua (Hechos 22:16).

En resumen, llegamos a dos conclusiones acerca de "invocar el nombre del Señor." Primeramente, no proclama una salvación de "creencia fácil", sino enseña que la salvación de Dios está libremente disponible a todos aquellos que le buscan y le invocan por fe. Segundo, si alguien realmente invoca al Señor, recibirá Su Espíritu e invocará Su nombre en el bautismo.

Un Sólo Plan de Salvación

Creemos que Dios siempre ha hecho disponible la salvación a la humanidad de acuerdo a un solo plan, a saber, por gracia por medio de la fe basada en la muerte expiatoria de Cristo. Dios ha tratado con el hombre en varias maneras a través de las edades, pero al fin y al cabo, todos Sus tratos descansan en este único plan. Aunque nuestra época ha visto la plenitud de la gracia de Dios hasta el punto que podemos llamarla la edad de gracia (Juan 1:17), la salvación en todas las épocas ha sido un producto de la gracia de Dios y no las obras del hombre. Si el hombre en algún momento pudiera haberse salvado, podría hacerlo todavía, pero la Palabra de Dios declara que no lo puede hacer.

De igual modo, el principio de la fe ha llegado a ser tan claro en esta edad que podemos llamarla la edad de la fe (Gálatas 3:23-25), pero Dios siempre ha requerido la fe. Abraham fue justificado por la fe (Gálatas 3:6). Aunque algunos judíos pensaban que su salvación descansaba en las obras de la ley, guardar la ley nunca era de ningún valor sin la fe (Mateo 23:23; Romanos 2:29; 4:11-16; 9:30-33).

Por supuesto, la fe siempre ha incluido la obediencia. Como parte de su fe en Dios, Abraham obedeció el mandamiento de dejar su patria, confió en las promesas de Dios, y ofreció a su hijo Isaac otra vez a Dios (Romanos 4:16-22; Hebreos 11:8-10, 17-18; Santiago 2:20-24). Como parte de su fe en Dios, los judíos se adhirieron a la ley de Dios como le fue revelada a Moisés, incluso el sistema de los sacrificios de sangre (Hebreos 11:28-29). Como parte de nuestra fe, obedecemos al evangelio de Jesucristo. Toda esta obediencia era y es necesaria, pero la salvación en cada edad ha venido por la fe, y no por las obras.

Finalmente, la salvación en cada edad ha descansado en la muerte expiatoria de Jesucristo. El era el único sacrificio que podía perdonar el pecado en todas las edades

(Hebreos 9:22; 10:1-18). La muerte de Cristo hizo expiación para los pecados de todo las edades. "A quien Dios puso como propiciación por medio de la fe en su sangre, para manifestar su justicia, a causa de haber pasado por alto, en su paciencia, los pecados pasados" (Romanos 3:25).

Los santos del Antiguo Testamento eran salvos por la fe en el plan futuro de Dios de la expiación. Ellos expresaron su fe (sin comprenderla totalmente) por obedecer el sistema de sacrificios que Dios había mandado. Los santos del Nuevo Testamento son salvos por la fe en el plan pasado de Dios de la expiación. Ellos expresan su fe por obedecer el evangelio de Jesucristo. Los requisitos de obediencia en el Antiguo Testamento, como la circuncisión y el sacrificio de sangre, eran consistentes con el principio de la justificación por la fe, y los requisitos de obediencia en elNuevo Testamento, como el arrepentimiento y bautismo en agua, también son consistentes con la justificación por la fe.

La Fe Salvadora

Basada en nuestra discusión en este capítulo, aquí presentamos nuestra definición de la fe salvadora en nuestra edad. La fe salvadora es la aceptación del evangelio de Jesucristo como el único medio de nuestra salvación, y la apropiación (la aplicación) de aquel evangelio a nuestras vidas por medio de la obediencia a sus requisitos. La fe salvadora *descansa* en Jesús, en Su muerte sacrificatoria en la cruz, en Su resurrección, y en las enseñanzas de Su Palabra. La fe salvadora se *expresa* por medio de nuestra obediencia al evangelio de Cristo y por nuestra identificación con El. Es una fe viviente que obra.

El evangelio de Jesucristo es Su muerte, sepultura y resurrección (1 Corintios 15:1-4). Aplicamos el evangelio a nuestras vidas—nos identificamos con Cristo y Su obra redentora—por el arrepentimiento, el bautismo en agua en el nombre de Jesús, y recibir el don del Espíritu Santo (Romanos 6:3-5). No importa cómo lo analicemos, la fe salvadora produce estos tres elementos, halla expresión por medio de ellos, nos lleva a ellos, los produce, y los incluye.

Una Analogía de la Gracia y la Fe

Aquí presentamos una analogía que puede ayudar a poner en su perspectiva lo que hemos aprendido. Supongamos que David le dice a Juan, "Espérame mañana por la mañana en el banco a las 10:00 horas y te daré un don de $1,000 [mil dólares americanos]." (Esta es una condición de recibir el don.) Si Juan realmente le cree a David, él aparecerá en el lugar designado y a la hora designada. (La fe necesariamente produce confianza, una reacción, y la dependencia). Si Juan aparece allí, ¿ha ganado el dinero por eso? Claro que no, porque el dinero es un don libre. Sin embargo, su apariencia es una condición necesaria que él debe satisfacer para poder recibir el don. (La gracia es de parte de David, la fe es de parte de Juan.) Si Juan no aparece, no recibirá el don y la responsabilidad por el fracaso descansará totalmente en él. (Demuestra una falta de fe en la promesa).

Del mismo modo, debemos responder a Dios con fe por buscar el arrepentimiento, el perdón de los pecados en el bautismo en agua y el bautismo del Espíritu. Si hacemos esto, Dios concederá bondadosamente nuestra petición, y recibiremos la salvación completamente como una dádiva libre y no como un derecho ganado. Si no respondemos en obediencia a la Palabra de Dios, no recibiremos la salvación, y la culpa descansará totalmente en nosotros.

La Gracia, la Fe y el Nuevo Nacimiento

Las doctrinas de la gracia y de la fe no eliminan la necesidad del nuevo nacimiento, sino explican cómo lo experimentamos. La doctrina de la gracia enseña que el nuevo nacimiento es una dádiva libre de Dios que ni ganamos ni merecemos. La doctrina de la fe enseña que recibimos el nuevo nacimiento dependiendo total y exclusivamente en Cristo y Su evangelio. La fe es el medio por el cual apropiamos la gracia de Dios, nos rendimos a El, y permitimos que El realice Su obra salvadora en nosotros.

La fe genuina en Dios siempre incluye la obediencia a Su Palabra. Si creemos en Jesús, obedeceremos Sus mandamientos de arrepentirnos y ser bautizados. Si tenemos fe en Cristo y en Su muerte expiatoria, El perdonará nuestros pecados en el bautismo en agua; de otro modo, simplemente nos mojamos en el bautismo. Si creemos en Jesús según las Escrituras, El nos llenará con Su Espíritu. Después de esto, la fe guardará al creyente renacido en una relación continua con Jesucristo que incluye la obediencia continua y la santidad de vida por medio del poder del Espíritu que mora en él. En resumen, la experiencia del nuevo nacimiento es una dádiva libre de Dios que recibimos por medio de la fe en Jesucristo.

NOTAS

[1]David Hesselgrave, *Comunicando a Cristo Entre Las Culturas* (Grand Rapids: Zondervan, 1978), pág. 106.

[2]Donald Bloesch, *Esenciales De La Teología Evangélica* (San Francisco: Harper & Row, 1978), 11, 250, citando a Benjamín Warfield, "*La Justificación Por La Fe*," *La Verdad Presente*, Tomo 4, No. 4 (Agosto de 1975), pág. 9.

[3]Webster, pág., 816.

[4]*La Biblia Amplificada* (Grand Rapids: Zondervan, 1965), prólogo del publicador.

[5]W E. Vine, *Un Diccionario Expositorio de Palabras del Nuevo Testamento* (Old Tappan, N.J.: Fleming H. Revell, 1940), pág. 118.

[6]Ibidem, pág. 411.

[7]Ibidem

[8]Charles Erdman, *La Epístola de Pablo a Los Romanos* (Filadelfia: Wesminster Press, 1966), pág. 77.

[9]Bloesch, 207.

[10]Ibidem

[11]Ibidem, pág. 224.

[12]William Evans, *Las Grandes Doctrinas de la Biblia* (Chicago: Moody Press, 1974), pág. 145.

[13]Bruce Demarest, "Cómo Conocer Al Dios Vivo," *Christianity Today*, 18 de marzo de1983, pág. 40.

[14]Lewis Smedes, *Unión con Cristo* (Grand Rapids: Eerdmans, 1983), pág. 147.

[15]Dietrich Bonhoeffer, *El Costo del Discipulado*, 2 ed., R. H. Fuller, trad. (Nueva York: Macmillan, 1959), pág. 69. El énfasis está en el original.

[16]Vine, págs. 625-26.

[17]G. R. Beasley-Murray, *El Bautismo en el Nuevo Testamento* (Grand Rapids: Eerdmans, 1974), pág. 272-74.

[18]W. H. Griffith Thomas, *La Epístola de Pablo a los Romanos* (Grand Rapids: Eerdmans, 1974), pág. 279.

[19] F. F. Bruce, *La Epístola de Pablo a los Romanos*, Tomo VI de *Los Comentarios Tyndale del Nuevo Testamento* (Grand Rapids: Eerdmans, 1963), pág. 205.

3

EL EVANGELIO DE JESUCRISTO

"Además os declaro, hermanos, el evangelio que os he predicado . . . Porque primeramente os he enseñado lo que asimismo recibí, Que Cristo murió por nuestros pecados, conforme a las Escrituras; y que fue sepultado, y que resucitó al tercer día, conforme a las Escrituras" (1 Corintios 15:1, 3-4).

¿Qué Es el Evangelio?

La palabra *evangelio* significa "buenas nuevas" "mensaje," y como tal es una traducción correcta de la palabra original griega *euangelion*.[1] 1 Corintios 15:1-4 nos da la definición bíblica básica del evangelio—la muerte, la sepultura y la resurrección de Jesucristo.

Por supuesto, para que estos hechos históricos tengan un significado hoy, es esencial entender su importancia doctrinal. Solamente predicar los eventos históricos sin explicar su significado no comunica lo que es bueno acerca de las buenas nuevas. El significado es que por estos hechos Cristo compró la salvación y la puso a disposición de todos los que creyeren en El. El murió por nuestros pecados, fue sepultado, y resucitó, y por medio de esto ganó la victoria sobre el pecado y la muerte y nos dio la potestad de recibir la vida eterna. W. E. Vine define el evangelio en la siguiente manera: "En el Nuevo Testamento el evangelio denota las buenas nuevas del Reino de Dios y de la salvación por medio de Cristo, la cual ha de ser recibida por la fe sobre la base de Su muerte expiatoria, Su sepultura, Su resurrección, y Su ascensión."[2]

Las buenas nuevas, entonces, son que la muerte, la sepultura, y la resurrección de Jesucristo traen la salvación a todos que responden por fe. Por definición la fe salvadora incluye la apropiación o la aplicación del evangelio a nuestras vidas.

En este capítulo hablaremos acerca de la respuesta específica a estas preguntas: ¿Cómo apropiamos o aplicamos el evangelio a nuestras vidas? ¿Cómo respondemos u obedecemos al evangelio? ¿Cómo nos identificamos personalmente con el evangelio? Pablo dio la respuesta a estas preguntas en Romanos 6:3-5, donde explicó cómo una persona realmente se identifica con la muerte, la sepultura, y la resurrección de Cristo.

La Muerte

En primer lugar, debemos identificarnos con la muerte de Jesucristo. Tal como Jesucristo fue crucificado en la cruz, así nuestro "viejo hombre" debe ser crucificado y muerto. El "viejo hombre" no es la capacidad de pecar, porque esto permanece con el creyente renacido. Tampoco erradica la naturaleza carnal nuestra experiencia de muerte con Cristo, porque el cristiano sigue luchando contra su naturaleza carnal (Gálatas 5:16-17). Lo que es muerto es el dominio y el control que la naturaleza pecaminosa tiene sobre los inconversos (Romanos 6:12-14). Cuando somos salvos, el dominio del pecado y de Satanás sobre nosotros es destruido. Puesto que el dominio del pecado sobre nosotros se pierde en nuestra muerte con Cristo, debemos tratar al pecado mismo como si estuviera muerto. El pecado ya no puede mandarnos ni puede dominarnos. Podemos superar las tentaciones e ignorar el poder del pecado. Aunque podemos pecar que si deseamos, no debemos someternos al pecado sino tratarlo como si ya no existiera.

Pablo explicó nuestra libertad del poder del pecado a los Romanos cuándo los recordó de lo que realmente ocurrió cuándo ellos fueron salvos: "¿Qué, pues, diremos? ¿Perseveraremos en el pecado para que la gracia abunde? En ninguna manera. Porque los que hemos muerto al pecado, ¿cómo viviremos aún en El? . . . Sabiendo esto, que nuestro viejo hombre fue crucificado juntamente con El [Cristo], para que el cuerpo del pecado sea destruido, a fin de que no sirvamos más al pecado. Porque el que ha muerto ha sido justificado del pecado. . . . Así también vosotros consideraos muertos al pecado, pero vivos para Dios en Jesucristo, Señor nuestro. No reine, pues, el pecado en vuestro cuerpo mortal, de modo que lo obedezcáis en sus concupiscencias. . . . Porque el pecado no se enseñoreará de vosotros" (Romanos 6:1-2, 6-7, 11-12, 14). Pedro también mencionó nuestra identificación con la muerte de Jesucristo. Hablando de Cristo, escribió, "Quien llevó El mismo nuestros pecados en su cuerpo sobre el madero, para que nosotros, estando muertos a los pecados, vivamos a la justicia" (1 Pedro 2:24).

Un estudio cuidadoso revelará que tanto Pablo como Pedro hicieron referencia a una experiencia específica y un tiempo específico en que ocurrió la muerte al pecado. La redacción griega en Romanos 6:2 indica la tal especificidad. Esta especificación se ve claramente en la frase "muerto al pecado" en la RV, que se traduce "nosotros morimos al pecado" en la NVI y "nosotros que morimos al pecado" en LBA.

¿Cuándo ocurrió esta muerte al pecado? La muerte de un individuo al pecado, o la muerte del hombre viejo, ocurre cuando se arrepiente del pecado. Esto se ve claramente de la misma definición del arrepentimiento, que es apartarse del pecado y acercarse a Dios. (Véase el capítulo 5.) En el arrepentimiento el hombre confiesa el pecado, decide apartarse de él, lo deja, y rehúsa aceptar su dominio. Muere a los deseos del hombre viejo y decide vivir para Dios. En ese momento, la muerte de Cristo en la cruz se hace eficaz para darle el poder de romper la esclavitud del pecado en su vida.

Por supuesto, la decisión de arrepentirse no está completa en sí misma, porque trae solamente un poder limitado y temporal para apartarse del pecado. La compleción del proceso de la salvación incluye la sepultura que ocurre en el bautismo en agua de los pecados pasados y la recepción del poder para permanecernos victoriosos sobre el pecado por medio del Espíritu Santo. Puesto que la muerte con Cristo no erradica la naturaleza pecaminosa en nosotros, debemos seguir haciendo morir los deseos de la carne (Romanos 8:13) y debemos morir a la carne a diario (1 Corintios 15:31); sin embargo, el momento crucial— la muerte del hombre viejo—ocurre en el arrepentimiento. Aplicamos la muerte de Jesús a nuestras vidas la primera vez cuando ejercemos suficiente fe para arrepentirnos de nuestros pecados.

La Sepultura

Luego nos identificamos con la sepultura de Jesucristo. De nuevo, Pablo explicó cómo esto ocurre: "¿O no sabéis que todos los que hemos sido bautizados en Jesucristo, hemos sido bautizados en su muerte? Porque somos sepultados juntamente con El para muerte por el bautismo" (Romanos 6:3-4). Pablo repitió esta verdad que los cristianos son "sepultados con El [Cristo] en el bautismo" en Colosenses 2:12. Por el bautismo en agua, entonces, nos identificamos con Cristo en el momento en que Su cuerpo estaba muerto y sepultado en la tumba.

Esto se hace aun más obvio cuando estudiamos el bautismo en agua en los capítulos 6 y 7. En nuestro estudio aprenderemos que el bautismo en agua es eficaz solamente después del arrepentimiento, que la inmersión es el modo bíblico, y que el nombre de Jesús es la fórmula bíblica. Puesto que el bautismo sigue al arrepentimiento, esto quiere decir que sí actualmente significa que la persona bautizada se identifica con el estado muerto de Cristo hombre . Puesto que el bautismo es una sumersión total, es verdaderamente una sepultura. Puesto que el bautismo se hace en el nombre de Jesús, es verdaderamente una identificación con El. Cuando uno recibe el bautismo en agua, significa que ha muerto al pecado y está sepultando a aquel pecado. Cuando sale del bautismo, su antiguo estilo de vida y sus pecados pasados quedan sepultados y olvidados para siempre. El bautismo en agua, entonces, aplica la sepultura de Cristo a nuestras vidas.

La Resurrección

Pablo también explicó cómo nos identificamos con la resurrección de Cristo: "A fin de que como Cristo resucitó de los muertos por la gloria del Padre, así también nosotros andemos en vida nueva. Porque si fuimos plantados juntamente con El en la semejanza de su muerte, así también lo seremos en la de su resurrección" (Romanos 6:4-5). Algunos limitarían esto a la futura resurrección corporal y a la vida eterna, pero el enfoque está en la nueva vida en este mundo presente. Debemos notar que Pablo escribió, "Así también vosotros consideraos muertos al pecado, pero vivos para Dios en Jesucristo, Señor nuestro" (Romanos 6:11).

El Espíritu Santo es el Espíritu de Cristo (Romanos 8:9), así que cuando recibimos el Espíritu Santo, Cristo literalmente viene a vivir en nosotros. El Espíritu Santo trae a nuestras vidas el mismo poder que levantó a Jesús de los muertos (Romanos 8:11). Aquellos que andan en el Espíritu tienen la vida en Cristo (Romanos 8:2). La "vida nueva" en Romanos 6:4 es nada menos que "el régimen nuevo del Espíritu" en Romanos 7:6. Este "régimen nuevo del Espíritu" no es solamente una renovación del espíritu humano, pero es el Espíritu de Dios morando en nosotros. Es "la nueva manera del Espíritu" (NVI), o "el Espíritu de la vida nueva" (LBA). El Espíritu produce un nuevo nacimiento (Juan 3:5) y dará nueva vida (2 Corintios 3:6). Así que, la resurrección de Jesucristo se hace eficaz para darnos vida nueva cuando recibimos el Espíritu Santo.

Ahora vamos a analizar los mensajes de unos predicadores prominentes del Nuevo Testamento para ver si su presentación del evangelio corresponde a 1 Corintios 15 y Romanos 6.

El Mensaje de Juan el Bautista

El ministerio de Juan era esencialmente una de preparación para la llegada futura del Mesías. Su mensaje era el arrepentimiento y el bautismo en agua para perdón de los pecados: "Bautizaba Juan en el desierto, y predicaba el bautismo de arrepentimiento para perdón de pecados" (Marcos 1:4). "Haced, pues, frutos dignos de arrepentimiento" (Lucas 3:8). El también hablo del bautismo del Espíritu: " Yo a la verdad os bautizo en agua para arrepentimiento; pero el que viene tras mí, cuyo calzado yo no soy digno de llevar, es más poderoso que yo; El os bautizará en Espíritu Santo y fuego" (Mateo 3:11). Entonces, podemos discernir tres elementos prominentes del mensaje de Juan que son: (1) arrepentirse y mostrar evidencia del arrepentimiento; (2) después del arrepentimiento, bautizarse en agua para señalar su arrepentimiento; (3) esperar al que bautizará con el Espíritu Santo y fuego.

El Mensaje de Cristo

Los cuatro Evangelios relatan tantas enseñanzas de Jesús que no podemos reproducirlas todas aquí. Sin embargo, permítanos identificar Sus enseñanzas y mandamientos básicos que se relacionan con la salvación. Tres de aquellos pasajes sobresalen debido al énfasis fuerte que Jesús mismo puso en ellos. Uno concierne a Su deidad: "Porque si no creéis que yo soy, en vuestros pecados moriréis" (Juan 8:24). El segundo trata con Sus comentarios a los judíos: " Os digo: No; antes sin no os arrepentís, todos pereceréis igualmente" (Lucas 13:3, 5). El tercero relata Sus palabras a Nicodemo: "El que no naciere de agua y del Espíritu, no puede entrar en el reino de Dios" (Juan 3:5).

Los relatos en los Evangelios de las últimas instrucciones de Jesús a Sus discípulos antes de Su ascensión también merecen nuestra atención especial. Mateo 28:19-20 anota Sus siguientes mandamientos y promesas: (1) váyanse y hagan discípulos a todas las naciones; (2) bauticen a los que creen; (3) estaré con ustedes para siempre. Esta última declaración es una referencia a Su Espíritu que mora en nosotros (Juan 14:16-18). Marcos 16:15-18 anota estos elementos: (1) váyanse y prediquen el evangelio a toda criatura; (2) el que creyere y fuere bautizado será salvo; (3) muchas señales milagrosas, incluyendo el hablar en lenguas, seguirán a los creyentes. Esta última promesa es una referencia al poder que acompaña al bautismo del Espíritu (Hechos 1:8; 2:4). El relato de Lucas de las últimas palabras de Cristo contiene estos puntos básicos: (1) son testigos de mi muerte y mi resurrección; (2) prediquen el arrepentimiento y el perdón de los pecados entre todas las naciones (por supuesto, el perdón de los pecados incluye el bautismo en agua [Hechos 2:38]); (3) esperen hasta que reciban poder de lo alto, la promesa del Padre, es decir, el bautismo del Espíritu Santo (Lucas 24:46-49; Hechos 1:4-5). De los Evangelios podemos hacer un resumen de los mandamientos de Jesucristo tocante a la experiencia de salvación en la siguiente manera: (1) creer en Su deidad; (2) arrepentirse; (3) nacer de agua y del Espíritu. Este último mandamiento corresponde a Su mandamiento de ser bautizados y esperar el bautismo del Espíritu Santo.

El Mensaje de Pedro

Pedro era el portavoz para los discípulos y la iglesia

primitiva en muchas ocasiones. Cuando él confesó que Jesús era el Cristo y el Hijo de Dios, Jesús le dio las llaves del reino de los cielos así como el poder para atar y soltar cosas en la tierra y en los cielos (Mateo 16:19). Jesús les dio el poder de atar y de soltar a todos Sus discípulos (Mateo 18:18) y esto es el poder de recibir las respuestas a la oración (Mateo 18:19; Juan 14:12-14) y el poder de extender la salvación a otros, el poder que acompaña a toda predicación del evangelio.

Sin embargo, cuando El habló de las llaves del reino, estuvo haciendo referencia al poder de abrir el reino de Dios al mundo por medio de la predicación. Al darle las llaves a Pedro, Jesús reconoció que Pedro poseería el verdadero mensaje de la salvación. Por este mensaje, la gente podría entrar en el reino de Dios. Al parecer, el nombramiento específico de Pedro significaba el papel vital que Pedro jugaría al presentar el evangelio a toda clase de persona. En el día de Pentecostés, El predicó el primer sermón de la iglesia neotestamentaria y abrió la puerta a los judíos (Hechos 2:14-40). Luego, él fue instrumental en ayudar a los samaritanos (las personas de linaje ambos judío y gentil) a recibir el Espíritu Santo por primera vez (Hechos 8:14-17). Finalmente, él fue el primero en predicar el evangelio al los gentiles (Hechos 10:34-48). Los judíos, los samaritanos y los gentiles representaban todas las razas y nacionalidades del mundo.

¿Qué mensaje usó Pedro para abrir la puerta de la iglesia neotestamentaria a los judíos, samaritanos, y gentiles? En el día de Pentecostés, él proclamó, "Arrepentíos, y bautícese cada uno de vosotros en el nombre de Jesucristo para perdón de los pecados; y recibiréis el don del Espíritu Santo" (Hechos 2:38). Si un predicador del día de hoy tuviera la oportunidad de predicar el primer el sermón a un grupo de personas, ¿predicaría esto? Si unos pecadores compungidos de corazón le preguntaran lo que debieran hacer, ¿contestaría en esta manera? Pedro lo hizo.

En Hechos 3:19 Pedro predicó, "Así que, arrepentíos y convertíos, para que sean borrados vuestros pecados; para que vengan de la presencia del Señor tiempos de refrigerio." El bautismo en agua incluye borrar los pecados (Hechos 2:38; 22:16), y "tiempos de refrigerio" se refiere al recibir el Espíritu Santo el hablar en lenguas (Isaías 28:11-12).

En Hechos 10, los gentiles recibieron el Espíritu Santo mientras Pedro estuvo predicando a ellos. Luego, les mandó que fuesen bautizados en el nombre de Jesús (Hechos 10:44-48). Cuando él informó a los cristianos judíos acerca de esto, éstos se regocijaron de que Dios había concedido a los gentiles "el arrepentimiento para vida" (Hechos 11:16-18).

El Mensaje del Evangelista Felipe

Felipe predicó el evangelio a los samaritanos. La Biblia simplemente dice que Felipe "predicaba a Cristo" y "el evangelio del reino de Dios, y el nombre de Jesucristo" (Hechos 8:5, 12). Sabemos que su mensaje incluyó el bautismo en agua porque cuando las personas creyeron lo que Felipe estaba predicando, fueron bautizados. Además, sabemos que la predicación acerca de Jesucristo y el reino de Dios incluye el bautismo del Espíritu porque los samaritanos buscaron este don específicamente y finalmente lo recibieron. Pedro y Juan "oraron por ellos para que recibiesen el Espíritu Santo; porque aún no había descendido sobre ninguno de ellos, sino que solamente habían sido bautizados en el nombre de Jesús. Entonces les imponían las manos, y recibían el Espíritu Santo" (Hechos 8:15-17).

El Mensaje de Ananías

Dios usó a Ananías de Damasco para predicar el evangelio a Saulo de Tarso, quien llegó a ser conocido como el Apóstol Pablo. ¿Qué es lo que Ananías le mandó hacer a Pablo? "El Señor Jesús, que se te apareció en el camino por donde venías, me ha enviado para que recibas la vista y seas lleno del Espíritu Santo" (Hechos 9:17). "Y ahora, ¿por qué te detienes? Levántate y bautízate, y lava tus pecados, invocando su nombre" (Hechos 22:16).

El Mensaje de Pablo

Pablo se adhirió al mensaje que recibió de Ananías. Cuándo se encontró con doce discípulos de Juan el Bautista y oyó que ellos eran "creyentes," hizo dos preguntas: (1) "¿Recibisteis el Espíritu Santo cuando creísteis?" (Hechos 19:2); (2) "¿En qué, pues, fuisteis bautizados?" (Hechos 19:3). Si un predicador del día de hoy se enfrentara con unos que profesaban ser cristianos,¿les formularía estas dos preguntas? Pablo lo hizo. Cuando él halló que ellos no sabían que ya se había dado el Espíritu Santo y que solo se habían bautizado para arrepentimiento, los bautizó de nuevo, pero esta vez en el nombre de Jesús (Hechos 19:5). Luego puso sus manos sobre ellos y recibieron el Espíritu Santo (Hechos 19:6).

En varias otras de sus epístolas, Pablo recordó a sus lectores, como en Romanos 6:3-4, que habían sido salvos por medio del arrepentimiento, el bautismo en agua en el nombre de Jesús, y el bautismo del Espíritu Santo. Les dijo a los Corintios, "Mas ya habéis sido lavados, ya habéis sido santificados, ya habéis sido justificados en el nombre del Señor Jesús, y por el Espíritu de nuestro Dios" (1 Corintios 6:11). El describió la obra de Dios en la salvación de la siguiente manera: "Nos salvó, no por obras de justicia que nosotros hubiéramos hecho, sino por su misericordia, por el lavamiento de la regeneración y por la renovación en el Espíritu Santo" (Tito 3:5).

El Mensaje de la Epístola a los Hebreos

El Libro de Hebreos no identifica a su autor, aunque la tradición le nombra a Pablo. Hebreos 6:1-2 nombra las doctrinas básicas de la iglesia. El escritor deseaba que sus lectores fueran más allá de la infancia espiritual y que aprendieran más de estas doctrinas fundamentales: "Por tanto, dejemos las enseñanzas elementales sobre Cristo y prosigamos a la madurez, no echando otra vez el fundamento . . ." (Hebreos 6:1, NVI). En otras palabras, las doctrinas nombradas aquí son las verdades fundamentales que aun los cristianos recién nacidos deben entender. Entre las doctrinas en esta categoría son "el arrepentimiento de obras muertas," "la fe hacia Dios," y "bautismos" (plural).

El Libro de Hebreos también enseña que el Espíritu Santo es testigo del nuevo pacto (Hebreos 10:15-16). Unos versículos después, nos amonesta que debemos acercarnos a Dios, "purificados los corazones de mala conciencia, y lavados los cuerpos con agua pura" (Hebreos 10:22) Esta es una referencia a nuestro previo arrepentimiento y nuestro bautismo en agua.

El Mensaje del Apóstol Juan

El libro primero de Juan contiene una referencia importante al mensaje de la salvación: "¿Quién es el que vence al mundo, sino el que cree que Jesús es el Hijo de Dios? Este es Jesucristo, que vino mediante agua y sangre; no mediante agua solamente, sino mediante agua y sangre. Y el Espíritu es el que da testimonio; porque el Espíritu es al verdad . . . Y tres son los que dan testimonio en la tierra: el Espíritu, el agua y la sangre; y estos tres concuerdan. . . . El que cree en el Hijo de Dios, tiene el testimonio en sí mismo" (1 Juan 5:5-6, 8, 10).

Juan identificó a tres elementos inseparables que testifican de la salvación y que concuerdan (trabajan juntos) en el único propósito de la salvación—el Espíritu, el agua, y la sangre. Los que creen en el Hijo de Dios tendrán este testigo en ellos mismos. En otras palabras, la sangre de Cristo será aplicada a la vida del verdadero creyente en el bautismo en agua y en el bautismo del Espíritu.

El Evangelio Según los Predicadores del Nuevo Testamento

Todo los escritores y predicadores del Nuevo

Testamento enseñaban el mismo mensaje de salvación en respuesta a la pregunta de lo que una persona debe hacer para ser salva. Los elementos que tienen parte en apropiar la salvación, con la excepción de la fe, son nombrados en la tabla que sigue.

Predicador	Arrepentimiento	Bautismo En Agua	Bautismo del Espíritu
Juan el Bautista	Mateo 3:2, 8; Lucas 3:8	Mateo 3:6; Marcos 1:8; Lucas 3:3	Mateo 3:11; Marcos 1:8; Lucas 3:16
Jesucristo	Mateo 4:17; Marcos 1:15; Lucas 13:3-5	Mateo 28:19; Marcos 16:16; Juan 3:5; 4:1	Lucas 11:13; Juan 3:5; 7:38-39; 20:22; Hechos 1:4-8
Pedro	Hechos 2:38; 3:19	Hechos 2:38; 10:48	Hechos 2:38; 11:15-17
Felipe		Hechos 8:12, 16,	Hechos 8:15-16
Ananías		Hechos 22:16	Hechos 9:17
Pablo	Hechos 17:30	Hechos 19:3-5	Hechos 19:2, 6,
El autor de Hebreos	Hebreos 6:1	Hebreos 6:1; 10:22	Hebreos 6:1; 10:15
Juan el El apóstol		1 Juan 5:8-10	1 Juan 5:8-10

Unos Pasajes Que Enseñan el Bautismo en Agua y el Bautismo del Espíritu

Pasaje	Comentarios
Mateo 3:11	Palabras de Juan el Bautista.
Marcos 1:8	Palabras de Juan el Bautista.
Marcos 16:15-17	Palabras de Jesús. El bautismo del Espíritu se da de entender en Hechos 1:8; 2:4.

Lucas 3:16	Palabras de Juan el Bautista.
Lucas 24:46-49	Palabras de Jesús. El bautismo en agua se da de entender en Hechos 2:38.
Juan 3:5	Palabras de Jesús. Véase el capítulo 4 para una discusión completa.
Hechos 1:4-8	Palabras de Jesús.
Hechos 2:38	Palabras de Pedro.
Hechos 3:19	Palabras de Pedro. Los bautismos se dan de entender en Isaías 28:11-12 y Hechos 2:38.
Hechos 8:15-17	La conversión de los samaritanos.
Hechos 8:36-39	La conversión del eunuco etíope. El bautismo del espíritu se da de entender en Romanos 14:17.
Hechos 9:17-18	La conversión de Pablo. Véase también Hechos 22:16.
Hechos 10:44-48	La conversión de Cornelio y otros gentiles.
Hechos 11:15-18	El informe de Pedro acerca de la conversión de Cornelio.
Hechos 16:31-34	La conversión del carcelero Filipense. El bautismo del espíritu se da de entender en Hechos 11:17 y Romanos 14:17.
Hechos 19:1-6	La conversión de los discípulos de Juan el Bautista.
Romanos 6:34	El bautismo del Espíritu se da de entender en Romanos 7:6 y 8:9-11.
1 Corintios 6:11	El bautismo en agua se da de entender en Hechos 22:16.
1 Corintios 10:1-2	La tipología de la jornada por el desierto.
Tito 3:5	Véase el capítulo 4 para una discusión completa.
Hebreos 6:1-2	Las doctrinas fundamentales.
Hebreos 10:15-23	El Espíritu, purificación del corazón (sangre), agua.
1 Juan 5:8-10	La sangre, el agua, y el Espíritu son Inseparables.

El Evangelio en la Tipología

Puesto que estamos viviendo bajo el nuevo pacto, hemos establecido el mensaje del evangelio de pasajes del Nuevo Testamento. Sin embargo, el Antiguo

Testamento es un ayo para llevarnos a Cristo (Gálatas 3:24) y contiene muchos tipos, sombras, y figuras de nuestra salvación (Colosenses 2:17; Hebreos 10:1). Permítanos mencionar brevemente algunas sombras veterotestamentarias del Evangelio del Nuevo Testamento.

(1) La liberación de los israelitas de Egipto representa nuestra liberación de la esclavitud del pecado. Hallamos tres elementos importantes en su liberación: la sangre del cordero de la Pascua, el agua del Mar Rojo, y la nube de la presencia del Señor que los guiaba (Exodo 12-14). Dios usó la sangre para salvarlos de la plaga que persuadió al Faraón a soltar a los israelitas, tal como la sangre de Jesucristo nos salva. Dios usó el agua para destruir los ejércitos del Faraón pero la usó para librar a los israelitas, tal como El usa el bautismo en agua para destruir el poder del pecado al mismo tiempo que nos libra a nosotros. Dios usó la nube para representar Su presencia y su dirección, lo que el bautismo del Espíritu nos imparte a nosotros en nuestro día. Pablo enseñó esta tipología, diciendo que los israelitas "todos en Moisés fueron bautizados en la nube y en el mar" (1 Corintios 10:1-2).

(2) Justo antes de que Dios diese los Diez Mandamientos a Israel en el Monte Sinaí, les exigió que se santificaran (apartarse a El) y que lavaran su ropa con agua y después prometió que descendería y los visitaría (Exodo 19:10-11). Inmediatamente después de que Dios dio la ley, Moisés ratificó el pacto rociando al pueblo con sangre y agua (Hebreos 9:18-20). El pacto antiguo se inauguró por la separación, la sangre, el agua, y la manifestación de la presencia de Dios.

(3) El Tabernáculo en el Desierto también representa nuestra salvación (Hebreos 9:8-9). El primer mueble en el atrio era un altar hecho de bronce y era usado para los sacrificios de los animales (Exodo 27:1-8; 40:6). El altar

era un lugar del derramamiento de sangre y de muerte. Nos habla de la muerte de Jesucristo, quien llegó a ser nuestro sacrificio supremo por el pecado, y a nuestro arrepentimiento, en el cual morimos al pecado y aplicamos la muerte de Cristo a nuestras vidas.

El siguiente mueble en el atrio era un lavadero o fuente de bronce que contenía agua (Exodo 30:17-21; 40:7). Este era un lugar de lavarse y de hacer un examen propio de conciencia. Después que el sacerdote sacrificaba sobre el altar, se lavaba de la sangre, las cenizas y cualquier otra impureza. Esto nos habla del bautismo en agua, porque después de que nos morimos en el arrepentimiento, procedemos al bautismo en agua para lavar nuestros pecados. Tito 3:5 habla del "lavamiento de la regeneración" o "el lavatorio de regeneración" (Conybeare). Muchos ven esto como una referencia de tipología al lavadero en el Tabernáculo.[3] Puesto que muchos comentaristas están de acuerdo que Tito 3:5 describe el bautismo en agua (capítulo 4), podemos concluir que hay un vínculo entre el lavadero como el tipo y el bautismo como el antitipo.

El Tabernáculo mismo consistía de dos cuartos separados por un velo (Exodo 26:33-35), y ningún sacerdote podría entrar allí hasta que hubiera sacrificado en el altar y hubiera lavado en el lavadero. El primer cuarto, o el Lugar Santo, contenía un candelero de oro, una mesa para el pan de la proposición ("el pan de la presencia" NVI), y un altar de incienso (Exodo 25:23-40; 30:1-10). El candelero significa la luz de Dios en este mundo que hoy viene por Jesucristo por medio de Su pueblo (Juan 8:12; Mateo 5:14). El pan de la proposición significa la nutrición espiritual que encontramos en Cristo, Quien es el Pan de Vida, y en la Palabra de Dios (Juan 6:51; Lucas 4:4). El altar de incienso representa las oraciones del pueblo de Dios (Apocalipsis 5:8; 8:3). Por consiguiente, el cuarto entero enfatizaba la comunicación entre Dios y Su pueblo.

El cuarto detrás del velo, el Lugar Santísimo, contenía el arca del pacto, que a su vez contenía los Diez Mandamientos, una olla de maná, y la vara de Aarón (Exodo 25:10-22; Hebreos 9:1-5). El arca era el testigo del acuerdo mutuo entre Dios e Israel y su contenido simbolizaba el deber de Israel a Dios, la provisión de Dios para Israel, y el poder y la autoridad delegada de Dios. El sumo sacerdote entraba una vez al año en este cuarto para rociar sangre sobre el propiciatorio (la tapa del arca) como una expiación para los pecados de la nación (Hebreos 9:7). Este cuarto, entonces, representaba el compañerismo y la comunión más altas con Dios como era posible bajo la Ley (Exodo 25:22).

Cuando Moisés erigió el Tabernáculo, los sacerdotes ofrecieron los sacrificios de sangre en el altar de bronce y se lavaron en lavadero, después de lo cual una nube cubrió el Tabernáculo y la gloria de Dios lo llenó (Exodo 40:17-35). De allí en adelante, Dios mostró Su presencia y dirección permanente por medio de una nube de día y una columna de fuego de noche que descansaban sobre del Tabernáculo (Exodo 40:36-38).

El edificio del Tabernáculo, y especialmente el Lugar Santísimo, nos hablan del bautismo del Espíritu. En nuestro día la presencia de Dios, Su dirección, la comunicación con El, y la comunión con El vienen por medio del Espíritu (Romanos 8). El Espíritu es el sello, la garantía, y el testigo del nuevo pacto (Efesios 1:13-14; Hebreos 10:15-16).

(4) La consagración de los sacerdotes requería un sacrificio de sangre, el lavamiento con agua, y la unción con aceite (Exodo 29:1-7). Hoy en día, ser ungido con

aceite es simbólico de la unción del Espíritu. (Compare a 1 Juan 2:20, 27 con Juan 14:16-17, 26.)

(5) Cuando los israelitas sacrificaban un buey, una oveja, o una cabra, el sacerdote mataba al animal, rociaba su sangre en el altar, lo lavaba con agua, y después lo quemaba con fuego (Levítico 1:1-13). En el monte Carmelo Elías saturó el sacrificio de sangre con doce cántaros de agua, y Dios consumió el sacrificio con fuego del cielo (1 Reyes 18:33-39). El fuego es otro símbolo de la presencia de Dios (Hebreos 12:29), particularmente la obra del Espíritu Santo (Mateo 3:11; Hechos 2:3-4).

(6) Una persona que era curada de la lepra tenía que ser purificada por una ceremonia que incluía sangre, agua, y aceite antes de que pudiera unirse a la congregación (Levítico 14). Después de que el sacerdote le rociara siete veces con la sangre de un pajarillo mezclada con agua, él (el leproso sanado) se lavaba con agua, y entonces el sacerdote le aplicaba la sangre y el aceite y ofrecía los sacrificios. Antes de esto, el leproso estaba separado de cualquier contacto físico con la sociedad, inclusive su propia familia. Su existencia era una especie de muerte viva. De la misma manera, el pecador está separado de Dios y de Su pueblo; está físicamente vivo pero muerto espiritualmente hasta que la sangre, el agua, y el Espíritu le pongan en comunión espiritual con Dios y la iglesia.

(7) Bajo la ley de Moisés, una persona que llegaba a ser inmunda (lo cual representa al pecado) tenía que someterse a una ceremonia de purificación que incluía sangre, agua, y fuego (Números 19). El sacerdote mataba a una vaca roja, rociaba un poco de su sangre frente al Tabernáculo, y quemaba el sacrificio con fuego. Después de esto alguien mezclaba las cenizas con agua y aplicaba esta agua de purificación a la persona inmunda.

(8) Dios mandó a los israelitas que hicieran guerra

contra los Madianitas porque ellos eran la causa de que muchos israelitas pecaran (Números 31:1-18). Luego, El exigió esta ceremonia de purificación para los despojos de guerra y la ropa de los soldados: todo tenía que ser lavado con agua y todo lo que podía pasar por fuego tenía que ser purificado con fuego (Números 31:21-24).

(9) En el día de Noé, Dios usó el agua para destruir el pecado en la tierra y al mismo tiempo El salvó a Su pueblo. Pedro enseñó que esto era un tipo del bautismo (1 Pedro 3:20-21). Dios va a purificar la tierra una segunda vez antes de la creación de una nueva tierra, pero en aquella vez lo hará con fuego (2 Pedro 3:5-7). De la misma manera, somos purificados en las aguas del bautismo y por el fuego del Espíritu antes de llegar a ser nuevas criaturas en Jesucristo.

La Fe Salvadora y el Evangelio

El capítulo 2 define la fe salvadora como la aceptación del evangelio de Jesús como el único medio de nuestra salvación y la apropiación de ese evangelio a nuestras vidas. En este capítulo hemos aprendido que el evangelio es la muerte, la sepultura, y la resurrección de Jesucristo. Apropiamos o aplicamos ese evangelio a nuestras vidas por medio del arrepentimiento (la muerte al pecado), el bautismo en agua (la sepultura), y el bautismo del Espíritu (la nueva vida en Cristo), y en esa manera nos identificamos personalmente con la obra redentora de Jesucristo. Al cumplir estos mandamientos, obedecemos el evangelio. El Antiguo Testamento prefiguraba a este único mensaje y todos los predicadores del Nuevo Testamento lo proclamaban.

Al estudiar cada componente de este mensaje en los

capítulos subsiguientes, aprenderemos que el evangelio presenta un remedio comprensivo para cada consecuencia del pecado del hombre. Podemos decir con el Apóstol Pablo, " no me avergüenzo del evangelio de Cristo: porque es poder de Dios para salvación a todo aquel que cree" (Romanos 1:16).

NOTAS

[1] Vine, pág., 507.
[2] Ibidem
[3] Robert Laurin, "*Interpretación Tipológica del Antiguo Testamento*," en Bernard Ramm et al, *La Hermenéutica* (Grand Rapids: Panadero, 1967).

4

EL NACIMIENTO DE AGUA Y DEL ESPIRITU

"Respondió Jesús, De cierto, de cierto te digo, que el que no naciere de agua y del Espíritu, no puede entrar en el reino de Dios" (Juan 3:5).

La Doctrina del Nuevo Nacimiento

Jesús introdujo la doctrina del nuevo nacimiento en Juan 3:5. Muchos pasajes subsiguientes usan esta enseñanza como una base cuando hablan de la regeneración o la nueva vida en Jesucristo. Como mencionamos en el capítulo 1, el nuevo nacimiento es lo mismo que la experiencia de salvación en el sentido pasado. En esta época de la iglesia neotestamentaria, el nuevo nacimiento es una parte indispensable de recibir la salvación eterna.

Cuando Nicodemo vino a Jesús, el Señor le dijo, "El que no naciere de nuevo, no puede ver el reino de Dios" (Juan 3:3). Las palabras que Jesucristo usó aquí también pueden significar "nacer de arriba," pero en este caso el significado primario es "nacer de nuevo."[1] Como W. E. Vine notó, "Nicodemo no se confundió en cuanto al nacimiento de los cielos; lo que le dejó perplejo era que una persona debe nacer una segunda vez."[2] Nicodemo le preguntó a Jesús cómo un hombre pudiera entrar en el vientre de su madre una segunda vez y nacer de nuevo. Entonces Jesús explicó que estuvo hablando del nacimiento de agua y del Espíritu, es decir, no estuvo hablando de un segundo nacimiento físico sino de una experiencia que impartiría espiritualmente una nueva vida. Nicodemo tampoco entendió esta declaración, porque él preguntó, "Cómo puede hacerse esto?" (Juan 3:9). Entonces Jesús expresó el asombro que un erudito religioso y un líder como Nicodemo no entendiera lo que él quiso decir.

La doctrina de Jesucristo acerca del nuevo nacimiento no debe de haber sido totalmente extraña a los judíos. El usó como base la promesa de Ezequiel 36:25-26: "Esparciré sobre vosotros agua limpia, y seréis limpiados de todas vuestras inmundicias. Os daré corazón nuevo, y pondré espíritu nuevo dentro de vosotros; y quitaré de vuestra carne el corazón de piedra, y os daré un corazón de carne."

Puesto que Jesús dividió el nuevo nacimiento en dos componentes para explicarlo, haremos lo mismo aquí. Debemos entender que el nuevo nacimiento es una sola experiencia que consiste en dos partes; una parte es incompleta sin la otra. Hay un solo nacimiento, no dos.

El Nacimiento de Agua

Los teólogos han propagado muchas teorías sobre el significado de esta frase. Las interpretaciones más prominentes son: (1) se refiere al nacimiento natural que es acompañado por un flujo de fluido amniótico acuoso; (2) es idéntico al nacimiento del Espíritu; (3) se refiere a la limpieza espiritual realizada por la Palabra de Dios; (4) es el bautismo en agua; no meramente la ceremonia humana, sino la obra que Dios realiza cuando El perdona los pecados en el bautismo en agua. Permítanos analizar cada una de estas ideas.

¿Es El Nacimiento Natural?

Esta interpretación es sumamente improbable por varias razones: (1) Sería una manera muy extraña de describir el nacimiento natural, especialmente puesto que este uso no aparece en otra parte en las Escrituras ni en el discurso ordinario; (2) Jesús informó específicamente a Nicodemo que el nuevo nacimiento era un nacimiento de agua y Espíritu, y no un nacimiento natural. Una comparación entre los versículos 3 y 5 muestra que "nacer de nuevo" es equivalente a "nacer de agua y del Espíritu"; (3) Si el nacer de agua significa el nacimiento natural, entonces Jesús o le dijo a Nicodemo que hiciera algo que ya había hecho o que hiciera algo que era físicamente imposible. Si esto fuera el caso, la pregunta de Nicodemo era válida y Jesús no le habría corregido; (4) parece innecesario decir que debemos nacer en este mundo puesto que todo el mundo obviamente ya ha nacido así; (5) Si el nacimiento de agua realmente es el nacimiento natural, ¿por qué indicó Jesús que el nuevo nacimiento tiene dos componentes? Puede haber un paralelo entre el agua en el nacimiento natural y en el nuevo nacimiento, pero el contexto de Juan 3 establece que el nacimiento de agua no es el nacimiento natural.

¿Es Idéntico al Nacimiento del Espíritu?

De acuerdo a esta idea, Jesús realmente quiso decir, "Tú debes nacer de agua, es decir, del Espíritu." Por supuesto, unos pasajes asemejan al Espíritu con el agua (Juan 4:14; 7:38). Sin embargo hay varias dificultades si tratamos de aplicar este simbolismo a Juan 3:5: (1) La lectura natural y ordinaria de este versículo hace una distinción entre el agua y Espíritu, y todas las traducciones importantes mantienen esta distinción; (2) Muchos otros pasajes indican que el agua y el Espíritu son dos distintos aspectos del mensaje del evangelio. (Véase el capítulo 3.); (3) En sus escrituras posteriores, Juan mantenía la distinción entre el agua y Espíritu como se relacionan a la salvación. "Y tres son los que dan testimonio en la tierra: el Espíritu, el agua y la sangre; y estos tres concuerdan" (1 Juan 5:8). Si Juan 3:5 realmente iguala el agua y el Espíritu, Juan no habría hecho una distinción tan clara entre estos dos elementos en 1 Juan 5:8, especialmente puesto que ambos versículos hablan del mismo asunto (la salvación).

¿Somos Limpios por la Palabra?

Esta idea depende mucho en Efesios 5:26 que dice que la iglesia es santificada y purificada "en el lavamiento del agua por la palabra." Sin embargo, puede ser que este versículo esté hablando de ambas cosas. Si Juan 3:5 se refiere al bautismo, entonces Efesios 5:26 podría referirse al bautismo en agua administrado de acuerdo con la Palabra de Dios. De todos modos, no hay necesariamente ninguna relación entre los dos pasajes; no es necesario que uno proporcione una interpretación para el otro.

F. F. Bruce declaró que la frase de Efesios 5:26 pudiera decir "lavamiento por agua y por la palabra" o, como él lo amplificó más allá, "purificado en el lavamiento del agua acompañado por la palabra hablada."[3] El continuó: "La palabra acompañante' (griego: *rhema*) probablemente no significa aquí las Sagradas Escritura sino la palabra de confesión o invocación hablada por el converso, como en las palabras hablabas por Ananías a Pablo: 'Levántate y bautízate, y lava tus pecados, invocando su nombre ' (Hechos 22:16)."[4]

Hay varias objeciones serias a la idea que el agua de Juan 3:5 realmente es la Palabra.

(1) ignora el significado literal de la palabra *agua* y escoge un significado simbólico sin el apoyo del contexto. Esto a su vez levanta otros problemas. ¿Por qué escogería Jesús un símbolo tan oscuro para explicar un asunto tan vital? Cuando Nicodemo le preguntó más, ¿por qué no le explicaría este simbolismo? ¿Por qué no simbolizó el Espíritu también? ¿Por qué describiría un aspecto del nuevo nacimiento literalmente y otro aspecto simbólicamente?

(2) Este simbolismo no ocurre ni en ninguna parte del Antiguo Testamento ni en las enseñanzas de Jesús, ¿entonces, cómo podría Jesús esperar que Nicodemo lo entendiera? Puesto que el agua nunca había sido usada para simbolizar la Palabra de Dios ni en el tiempo de Nicodemo ni antes, ¿por qué le corregiría Jesús a Nicodemo por su falta de comprensión? Como Dwight Pentecost observó, "Interpretar el agua como un símbolo no más de la Palabra de Dios . . . sería rendir incomprensible la respuesta de nuestro Señor a Nicodemo."[5]

(3) No debemos acudir a una interpretación simbólica cuando el contexto no indica una. Esto es especialmente el caso aquí, dónde el contexto, la gramática, y el

uso posterior ofrecen una buena rendición literal. (Véase la próxima sección.)

(4) Hablando teológicamente, es más apropiado describir la Palabra de Dios como el agente de concepción mas que una parte del propio nuevo nacimiento. "Siendo renacidos, no de simiente corruptible, sino de incorruptible, por la palabra de Dios que vive y permanece para siempre" (1 Pedro 1:23). "Ustedes han sido regenerados—renacidos—no de un origen mortal (la simiente, la esperma) sino de uno que es inmortal por la Palabra de Dios que es siempre viva y duradera" (LBA). En uno de las parábolas de Jesucristo, un sembrador sembró semilla en cuatro tipos de tierra, pero solo uno de ellos dio fruta (Lucas 8:4-15). Cuando Jesús interpretó la parábola, El dijo, "La semilla es la palabra de Dios" (Lucas 8:11). Los cuatro tipos de tierra representaron cuatro tipos de personas. Aunque Dios trató de sembrar Su Palabra en todos los cuatro, solamente tres dieron resultados iniciales y solo uno dio resultados duraderos. En resumen, la Palabra de Dios es el origen de la salvación; es la semilla que producirá la concepción. Sin embargo, el propio nuevo nacimiento consiste en el agua y el Espíritu y ocurre cuando creemos, obedecemos, y aplicamos la Palabra.

El Bautismo en Agua

Creemos que esta última idea es correcta, a saber, que el nacimiento de agua ocurre cuando Dios perdona los pecados en el bautismo en agua. Muchos teólogos a lo largo de la historia de la iglesia han apoyado esta interpretación, en particular los líderes de la iglesia primitiva y los Luteranos.[6] Aceptamos esta idea por varias razones buenas.

(1) Esto es el resultado de una lectura sincera y literal del texto. El bautismo es el único uso significante de agua en la iglesia neotestamentaria, de manera que *agua* indica el bautismo en agua si la interpretamos literalmente. Por lo general, la iglesia primitiva usaba *agua* para significar el bautismo en agua. Por ejemplo, Pedro preguntó con respecto a Cornelio y su casa, "Puede acaso alguno impedir el agua, para que no sean bautizados estos. . . ?" (Hechos 10:47). Juan mismo empleó *agua* en una manera literal cuando dijo que el Espíritu, el agua, y la sangre concuerdan en el único propósito de la salvación (1 Juan 5:8); si el Espíritu y la sangre son literales, entonces *agua* es literal. *El Comentario del Púlpito* está concuerda que 1 Juan 5:6-8 se refiere al bautismo en agua.[7] El teólogo bautista Beasley-Murray ha comentado que Juan 3:5 se refiere al bautismo en agua: "En un tiempo cuando el empleo del agua para limpieza en vista del último día había tomado la forma específica del bautismo, es difícil aceptar seriamente cualquier otra referencia fuera del bautismo."[8]

(2) El contexto de Juan 3:5 sugiere fuertemente el bautismo en agua. Juan 1:25-34 y 3:23 hablan del ministerio bautismal de Juan el Bautista. Juan 3:22 y Juan 4:1-2 describen los bautismos administrados por los discípulos de Cristo y en Su autoridad. En este contexto, la comprensión más natural acerca de *agua* es el bautismo en agua. Esta idea es apoyada por *Los Comentarios Tyndale del Nuevo Testamento*: "A la luz de la referencia a la práctica por Jesús del bautismo en agua en el versículo 22, es difícil no traducir conjuntamente las palabras *de agua y del Espíritu*, y no pensar de ellas como una descripción del bautismo cristiano en que la limpieza y la dotación son ambas elementos esenciales."[9]

(3) Este es el único significado que se podría esper-

ar que Nicodemo entendiera. Como un líder religioso judío, Nicodemo conocía las limpiezas ceremoniales del Antiguo Testamento así como el bautismo del prosélito judío. Más importante, él tenía el testimonio de Juan el Bautista, porque todos los líderes religiosos judíos de su día conocían muy bien el bautismo de Juan (Lucas 20:1-7). Tanto el bautismo del prosélito judío como el bautismo de Juan eran parte de la conversión y el arrepentimiento, entonces Nicodemo no se debe de haber confundido cuando Jesús habló del agua como una parte de hacer un nuevo esfuerzo hacía Dios. De hecho, puede ser que Jesús ya había autorizado a Sus discípulos a bautizar, como se ve solo unos versículos después (Juan 3:22; 4:1-2).

(4) El nacimiento del Espíritu significa el bautismo del Espíritu (véase sección posterior); entonces, hablando gramaticalmente el nacimiento de agua debe significar el bautismo en agua.

(5) Hay un solo bautismo (Efesios 4:5), pero la Biblia enseña claramente tanto el bautismo en agua como el bautismo del Espíritu. Podemos reconciliar esta aparente contradicción por reconocer que el bautismo en agua y el bautismo del Espíritu son dos partes de una sola cosa y que una parte es incompleta sin la otra. Hablando doctrinalmente, si uno es parte del nuevo nacimiento, el otro también debe ser parte.

(6) Dios perdona los pecados en el bautismo en agua. (Véase el capítulo 6). Por tanto, el bautismo debe ser parte del nuevo nacimiento, porque ¿cómo podría haber una nueva vida espiritual hasta que la vida vieja del pecado se haya borrada? Hasta que los pecados sean lavados y su castigo puesto lejos, no puede haber ninguna vida eterna en el reino de Dios.

(7) Tito 3:5 es un versículo que acompaña a Juan 3:5,

y al parecer se refiere al bautismo en agua. "Nos salvó, no por obras de justicia que nosotros hubiéramos hecho, sino por su misericordia, por el lavamiento de la regeneración y por la renovación en el Espíritu Santo." *La regeneración* simplemente significa el nuevo nacimiento, así que aquí vemos un segundo pasaje que identifica el agua y el Espíritu con el nuevo nacimiento. La redacción de este versículo se refiere al bautismo en agua en lugar de las otras alternativas. Describe un hecho específico de lavamiento que es una obra distinta a la del Espíritu.

Muchas traducciones enfatizan la connotación de un hecho específico: "el lavatorio de la regeneración" (Conybeare), "el baño del nuevo nacimiento" (Rotherham), "el baño de la regeneración" (Weymouth), y "el agua del renacimiento" (la Nueva Biblia Inglesa). Este hecho de lavamiento es una limpieza del pecado, y esto nos recuerda de las instrucciones de Ananías a Pablo: "Levántate y bautízate, y lava tus pecados, invocando su nombre" (Hechos 22:16). Pablo recontó la historia en Hechos 22 y escribió las palabras en Tito 3, entonces probablemente El estaba consciente del pensamiento paralelo.

La conclusión es ineludible: "el lavamiento de la regeneración," que significa "el nuevo nacimiento de agua," es el lavamiento de los pecados en el bautismo en agua. De hecho, según Bloesch, "los eruditos bíblicos generalmente están de acuerdo que el lavado de regeneración se refiere al rito del bautismo."[10]

(8) Muchos otros pasajes juntan el bautismo en agua y el bautismo del Espíritu en el mensaje de la salvación (Véase el capítulo 3) y enfatizan el papel importante del bautismo en la salvación (Véasc el capítulo 6).

Los que se oponen a esta idea por lo general protestan que hace que la salvación sea dependiente del bautismo en agua, y de ese modo niega la salvación que viene solo por la gracia y la fe. Por supuesto, sin el arrepentimiento del pecado y fe en el sacrificio de Jesucristo, el bautismo en agua no tiene valor. No hay poder salvador ni en el agua misma ni en las acciones del hombre en el bautismo en agua. El nacimiento de agua no es el hecho humano sino el hecho de Dios en perdonar los pecados. El bautismo en agua en sí mismo no es un hecho salvador, y el nacimiento de agua depende totalmente en la gracia de Dios. Tito 3:5 demuestra que se puede dar todo el crédito a Dios por la salvación y a la vez enfatizar el papel del bautismo en agua en el nuevo nacimiento.

A lo largo de la historia de la salvación, Dios ha requerido siempre la obediencia a Su Palabra como una parte de la fe, y esto no contradice Su plan de salvación por gracia por la fe. (Véase el capítulo 2.) Al identificar al nacimiento de agua como la obra de Dios en el bautismo en agua, no detraemos de Su gracia o de Su posición como nuestro único Salvador.

Una segunda objeción es que los santos del Antiguo Testamento no se bautizaban en agua como los creyentes del día de hoy. No obstante, tampoco recibían el Espíritu como los creyentes del día de hoy (Juan 7:38-39). (Véase también el capítulo 8). Los santos del Antiguo Testamento no nacían de nuevo en el sentido que Jesús describió y estableció para la iglesia neotestamentaria. (Véase la sección posterior.)

El Nacimiento del Espíritu

El nacimiento del Espíritu es la operación del Espíritu Santo en la salvación del hombre. Esta es la lectura literal de Juan 3:5-8, y nadie disputa seriamente esto. Aunque algunos están de acuerdo que el nacimiento del Espíritu significa la recepción el Espíritu de Dios para morar en la vida de uno, hay alguna diferencia de opinión acerca de si esto es idéntico al bautismo del Espíritu o no. La mayoría de los protestantes identifica la recepción del Espíritu Santo con el bautismo del Espíritu Santo, aunque ellos por lo general rechazan la señal de hablar en lenguas. Por eso Bloesch declaró, "insistimos que el bautismo del Espíritu no debe distinguirse del nuevo nacimiento."[11] Adam Clarke también igualó el nacimiento del Espíritu con el bautismo del Espíritu.[12] En la iglesia neotestamentaria, el nacimiento del Espíritu, el don del Espíritu, recibir el Espíritu, y el bautismo del Espíritu son todos el uno y el mismo, como explicamos más abajo.

(1) En base de las profecías del Antiguo Testamento acerca del derramamiento del Espíritu, Jesús indudablemente esperaba que Nicodemo entendiera lo que El quiso decir acerca del nacimiento del Espíritu. (Véase el capítulo 8.) En particular, Nicodemo debió de haber conocido la profecía de Joel que Pedro aplicó al bautismo del Espíritu en el Día de Pentecostés (Hechos 2:16-18).

(2) Juan el Bautista prometió explícitamente el bautismo del Espíritu (Marcos 1:8). Sin duda, Nicodemo conocía el ministerio de Juan y debe de haber estado esperando su cumplimiento.

(3) El Libro de los Hechos enseña que recibimos el Espíritu cuando somos bautizamos con el Espíritu. Jesús les mandó a los discípulos que esperasen la promesa del Padre. El describió esto como ser "bautizados con el Espíritu Santo" (Hechos 1:4-8). Los discípulos recibieron esta promesa en el Día de Pentecostés cuando fueron "llenos del Espíritu Santo" (Hechos 2:4). Pedro prometió esta misma experiencia que él llamó "el don del Espíritu

Santo," a los espectadores arrepentidos en aquel día (Hechos 2:38-39). Cuando Cornelio y su casa recibieron la misma experiencia, la Biblia lo describe de varias maneras: "el Espíritu Santo cayó sobre todos," sobre ellos "se derramó el don del Espíritu Santo," y ellos "recibieron el Espíritu Santo" (Hechos 10:44-48). Pedro lo identificó como el don y el bautismo del Espíritu Santo (Hechos 11:15-17). En resumen, el Libro de los Hechos iguala todas las descripciones de la obra salvadora del Espíritu con el bautismo del Espíritu Santo. (Véase el capítulo 8 para una mesa que resume estos resultados.)

(4) Algunos dicen que el nacimiento del Espíritu se refiere al Espíritu que mora en los creyentes sin el bautismo del Espíritu. Sin embargo, es una contradicción de términos decir que el Espíritu mora en alguien aunque no haya recibido el Espíritu. Si algo significan las palabras, la morada del Espíritu debe empezar con recibir—ser lleno con—el Espíritu, o ser bautizado con el Espíritu.

(5) 1 Corintios 12:13 demuestra que la obra del Espíritu en la salvación es el bautismo del Espíritu: "Porque por un solo Espíritu somos bautizados en un solo cuerpo."

(6) Muchos otros pasajes enfatizan la necesidad del bautismo del Espíritu y lo relacionan con el bautismo en agua como una parte del mensaje de la salvación. (Véase el capítulo 3.)

El Nuevo Nacimiento Como Una Sola Cosa

Debemos enfatizar que el nuevo nacimiento es una sola cosa. Uno o nace de nuevo o no; no existe cosa como nacer a medias. Aunque Jesús identificó a dos componentes—el agua y el Espíritu—no obstante El habló de un solo nuevo nacimiento. El Espíritu, el agua y la sangre todos concuerdan en uno (1 Juan 5:8). Hay un solo bautismo (Efesios 4:5) y consiste del agua y del Espíritu. Las Escrituras abarcan tanto el bautismo en agua como el bautismo del Espíritu cuando enseñan que somos sepultados con Cristo en el bautismo para ser resucitados en una nueva vida (Romanos 6:3-4), que somos bautizados en Cristo (Gálatas 3:27), y que recibimos la circuncisión espiritual por el bautismo (Colosenses 2:11-13). A pesar de lo que el arrepentimiento, el bautismo en agua, y el bautismo del Espíritu logran individualmente, siempre debemos recordar que la obra total de la salvación se completa en la unión de las tres cosas. Nunca debemos poner tanta importancia en un solo elemento que lleguemos a juzgar que los otros no son necesarios.

El modelo bíblico es experimentar todos los tres—el arrepentimiento, el bautismo en agua, y el don del Espíritu Santo(Hechos 2:38). Aunque los samaritanos se habían bautizado en el nombre de Jesús, siempre era necesario que recibiesen el Espíritu (Hechos 8:15-17). Aunque Cornelio ya había recibido el Espíritu, Pedro le mandó que se bautizase en el nombre de Jesús (Hechos 10:44-48).

En el mejor de los casos, todos los tres deben ocurrir casi simultáneamente o en una sucesión rápida. Hechos 2:38 promete que cuando las personas se arrepienten y se bautizan, recibirán el Espíritu Santo, sin necesidad de que haya espera entre los tres componentes.

En particular, si las personas ejerzan la fe, recibirán el Espíritu Santo tan pronto como se arrepientan y se bautizan. Esto es exactamente lo que pasó con los discípulos de Juan en Efeso (Hechos 19:1-6). El eunuco etíope y el carcelero filipense recibieron una experiencia gozosa después de que ellos se bautizaron, qué al parecer fue el bautismo del Espíritu (Hechos 8:36-39; 16:31-34). Dios lo ha diseñado para que el proceso entero del nuevo nacimiento pueda ocurrir de una vez.

Una Comparación entre el Primer y Segundo Nacimientos

Una comparación al nacimiento natural ilustrará la unidad del nuevo nacimiento. Podemos ver cada uno de los nacimientos como un solo evento, pero cada uno también es un proceso que consiste en varios componentes. Un escritor ha comparado los dos como sigue:[13]

El Nacimiento Natural	El Nuevo Nacimiento
1. La concepción.	1. El oír el evangelio; el comienzo de la fe.
2. El bebé deja la matriz.	2. El bautismo en agua.
3. El bebé respira la primera vez.	3. El bautismo del Espíritu Santo

¿Cuándo Se Aplica la Sangre?

Puesto que el nuevo nacimiento es una sola cosa indivisible, creemos que la sangre de Jesucristo es aplicada a lo largo del proceso. La sangre no es una sustancia mágica a ser untada en nuestras almas. Cuando la Biblia habla de la sangre de Jesús, habla de la muerte sustitutiva de Jesucristo que satisfizo la justicia de Dios y nos hizo disponible la misericordia de Dios. La sangre de Jesús compra nuestra salvación. Sin la expiación de

Cristo, no podríamos buscar a Dios, no podríamos arrepentirnos efectivamente, no podríamos recibir el perdón de nuestros pecados en el bautismo en agua, ni podríamos recibir el Espíritu Santo. En otras palabras, la muerte sustitutiva de Jesús hace tanto disponibles como eficaces el arrepentimiento, el bautismo en agua, y el bautismo del Espíritu.

Usando la terminología de la sangre, la sangre es aplicada a nuestros corazones la primera vez que oímos el evangelio, con el fin de permitirnos a buscar a Dios. Es aplicada a nuestros corazones en el arrepentimiento con el fin de permitirnos a volvernos del pecado a Dios. Es aplicada a nuestros corazones en el bautismo en agua para perdonar el pecado, y en el bautismo del Espíritu para permitirnos a recibir el Espíritu de Dios. Después del nuevo nacimiento, seguimos viviendo una vida victoriosa y santa por el poder de la sangre. Así, la sangre no es aplicada en un solo momento de tiempo, sino a lo largo del proceso de la salvación, desde la primera vez que oímos la Palabra hasta el retorno de Jesucristo para Su iglesia.

Unas Características de los Creyentes Renacidos

La Primera Epístola de Juan habla del nuevo nacimiento del punto de vista de aquellos que ya lo han experimentado. Juan no escribió su epístola para enseñar a los pecadores cómo ser salvos, sino para enseñar a los creyentes que habían sido bautizados y llenos del Espíritu cómo tener la seguridad presente en su estado de renacidos, y cómo vivir como cristianos renacidos. Nada en esta epístola de Juan revoca la necesidad del nacimiento de agua y del Espíritu como está registrado en el evangelio de Juan. Primera de Juan nos da las siguientes características que exhibirá la persona renacida si obedece la dirección de su naturaleza regenerada.

El Creyente Renacido...	Versículos en 1 Juan
1. Confiesa que Jesús vino en la carne.	4:2
2. Tiene amor.	4:7
3. Confiesa que Jesús es el Hijo de Dios.	4:15
4. Cree que Jesús es el Cristo.	5:1
5. Vence al mundo.	5:4
6. No sigue pecando.	3:9; 5:18
7. Guarda los mandamientos de Dios.	3:24
8. Tiene el Espíritu Santo.	3:24; 4:13
9. Tiene el testigo del Espíritu, el agua y la sangre.	5:8-10

Así que, el creyente ha sido bautizado en agua y del Espíritu y la sangre de Jesucristo ha sido aplicada. Tiene la seguridad de la salvación siempre en cuanto sigue confesando, amando, creyendo, venciendo al pecado y al mundo, y sometiéndose a Dios.

Los Santos del Antiguo Testamento No Nacían de Nuevo Como Nosotros

Bajo el antiguo pacto, los santos no eran regenerados en el sentido que Jesús enseñó, porque la regeneración es una experiencia del nuevo pacto. Es una parte del nuevo pacto Dios prometió escribir Su ley en los corazones de Su pueblo (Jeremías 31:31-34) y darles un nuevo espíritu (Ezequiel 11:19). El antiguo pacto reveló la ley moral de

Dios pero no dio el poder espiritual para vencer sobre la naturaleza pecaminosa y para cumplir la ley (Romanos 7:7-25; 8:3). Sin embargo, bajo el nuevo pacto el pueblo de Dios recibe una nueva naturaleza—el Espíritu de Dios—lo que supersede la ley e imparte el poder sobre el pecado a diario (Romanos 8:2-4; Gálatas 5:16-18). Como resultado, servimos a Dios ahora en "vida nueva" en lugar del " viejo régimen de la ley" (Romanos 7:6).

No había perdón permanente del pecado bajo la ley, sino solamente una postergación del pecado hasta el futuro, es decir, finalmente hasta la muerte de Cristo (Romanos 3:25). Los sacrificios de sangre tenían que ser ofrecidos continuamente para mover hacia adelante por un tiempo la multa del pecado, pero el sacrificio de Jesucristo hizo del perdón de los pecados una realidad eterna en el nuevo pacto (Hebreos 10:1-18). Solo bajo el nuevo pacto podemos recibir inmediatamente el perdón permanente de los pecados (Jeremías 31:31-34; Hebreos 10:14-18).

En resumen, los santos del Antiguo Testamento no nacieron de nuevo en el sentido neotestamentario porque ni (1) el perdón permanente de los pecados ni (2) la nueva naturaleza en la forma del Espíritu que mora en nosotros permanentemente estaba disponible para ellos. Esto corresponde al hecho de que ni (1) el bautismo en el nombre de Jesús para el perdón de los pecados ni (2) el bautismo del Espíritu Santo existía en el Antiguo Testamento.

Conclusión

De nuestra discusión en este capítulo concluimos que nacer de nuevo significa ser bautizado en agua y con el Espíritu Santo. Esto paralela exactamente nuestra conclusión en los primeros tres capítulos de este libro. El capítulo 1 preguntó, "¿Cómo puedo ser salvo?" El capítulo 2 preguntó, "¿Qué es la fe salvadora?" El capítulo 3 preguntó, "¿Qué es el evangelio de Jesucristo? Y ¿cómo puedo aplicarlo a mí vida?" El capítulo 4 preguntó, "¿Qué es el nuevo nacimiento?" En cada caso la respuesta ha sido la misma.

De nuestro estudio de los cuatro grandes conceptos de la cristiandad—la salvación, la fe, el evangelio, y el nuevo nacimiento—aprendemos que el evangelio completo es el arrepentimiento, el bautismo en agua en el nombre de Jesús, y recibir el bautismo del Espíritu Santo.

NOTAS

[1] Vine, pág., 43.

[2] Ibidem

[3] F. F. Bruce, *Respuestas a Preguntas* (Exeter, R. U.: Paternóster Press, 1972), pág. 108.

[4] Ibidem Enfasis en el original.

[5] J. Dwight Pentecost. *Las Palabras y Obras de Jesucristo* (Grand Rapids: Zondervan, 1981), pág. 125.

[6] Juan Pedro Lange, *Comentario sobre las Sagradas Escrituras* (Grand Rapids: Zondervan, 1960), IX, 126-27; *The Interpreter´s Bible* (Nashville: Abingdon, 1956), VIII, 505.

[7] *Comentario del Púlpito*, XXII (1 Juan), 140.

[8] Beasley-Murray, pág. 228.

[9] R. V. G. Tasker, *El Evangelio según Juan*, Tomo IV de *Comentarios Tyndale del Nuevo Testamento* (Grand Rapids: Eerdmans, 1960), pág. 71.

[10] Bloesch, II, 12.

[11] Ibidem, pág. 22.

[12] Adam Clarke, *Comentario sobre la Biblia*, abr. por Ralph Earle (Grand Rapids: Baker Book House, 1967), pág. 904.

[13] Ralph Reynolds, *La Verdad Triunfará* (Hazelwood, Mo.: Word Aflame Press, 1965), pág. 40.

5
EL ARREPENTIMIENTO

"Os digo, No; antes si no os arrepentís, todos pereceréis igualmente (Lucas 13:3)."
"Pedro les dijo, Arrepentíos . . ." (Hechos 2:38).

En el capítulo 3 describimos al arrepentimiento como la muerte al pecado y a la naturaleza vieja. En el capítulo 4 explicamos que el arrepentimiento es una parte necesaria del nuevo nacimiento y que debe acompañar el bautismo en agua y el don del Espíritu (Hechos 2:38). Debe haber una muerte antes de que pueda haber un nuevo nacimiento. Esto confirma tanto nuestra identificación del arrepentimiento con la muerte como nuestra identificación del nuevo nacimiento con el agua y Espíritu.

Una Definición del Arrepentimiento

Según el Diccionario Webster, arrepentirse significa "dejar el pecado y dedicarse a la corrección de la vida de uno; sentir remordimiento o contrición; cambiar de actitud."[1] La palabra griega es *metanoeo*, que significa literalmente "percibir después" y "de modo que significa cambiar la actitud o el propósito de uno."[2] En el Nuevo Testamento esta palabra siempre indica un cambio para lo mejor.

Muchos teólogos nombran tres aspectos necesarios del arrepentimiento: un cambio intelectual (cambio de ideas), un cambio emocional (cambio de sentimientos), y un cambio volitivo (cambio voluntario de propósito).[3] Esto corresponde al mandamiento de la Biblia de amar a Dios con todo nuestro corazón, nuestra alma, nuestra mente, y nuestras fuerzas (Marcos 12:30). Básicamente, entonces, el arrepentimiento es un cambio de mente, de corazón y de dirección.

Muchas referencias de la Biblia afirman esto. Dios escogió a Pablo como un predicador a los gentiles "para que abras sus ojos, para que se conviertan de las tinieblas a la luz, y de la potestad de Satanás a Dios" (Hechos 26:18). Pablo cumplió esto por predicar que todos "se arrepintiesen y se convirtiesen a Dios, haciendo obras dignas de arrepentimiento" (Hechos 26:20). Una de las doctrinas fundamentales de la iglesia es "el arrepentimiento de obras muertas" (Hebreos 6:1). En el contexto de la predicación bíblica, entonces, el arrepentimiento es una vuelta del pecado hacia Dios.

En un sentido amplio, el arrepentimiento puede significar todo lo que acontece cuando el hombre deja el pecado y vuelve a Dios, y esto incluye el bautismo en agua y el don del Espíritu Santo. Por ejemplo, al oír que Cornelio y su casa habían recibido el Espíritu Santo y se habían bautizado en el nombre de Jesús, los cristianos judíos "glorificaron a Dios diciendo: ¡De manera que también a los gentiles ha dado Dios arrepentimiento para vida!" (Hechos 11:18). La mayoría de los pasajes, sin embargo, usan la palabra en una manera más restringida para significar el primer paso en dejar del pecado y volverse a Dios antes del bautismo en agua y el don del Espíritu (Hechos 2:38). Esta es la definición que usaremos en este capítulo.

En este sentido, el arrepentimiento es una transformación radical de mente, actitud, convicción y dirección. Es un hecho voluntario del hombre al responder a la llamada de Dios. Denota una vuelta activa y no solo un sentir de remordimiento, o una disculpa. Es más que una resolución o reforma moral; es una decisión espiritual y un cambio espiritual.

El arrepentimiento es el primer hecho de fe, e incluye varios elementos importantes: el reconocimiento del pecado, la confesión del pecado, la contrición por el pecado, y una decisión de dejar el pecado.

Por supuesto, la palabra *arrepentirse* puede tener usanzas que no tienen que ver con la salvación. Aquí hay algunos ejemplos: (1) Dios se arrepintió que había creado al hombre (Génesis 6:6). Aquí la palabra significa dolor, pesar, o remordimiento. (Véase NVI y LBA.) (2) Dios se arrepintió del juicio que había planeado para Nínive (Jonás 3:10). Dios cambió Su plan porque los de Nínive cambiaron su conducta mala y se volvieron a El. (3) Dios prometió que nunca se arrepentiría de Su decisión de hacer al hombre Cristo un sacerdote según del orden de Melquisedec (Salmo 110:4). El prometió no cambiar de actitud. (4) Esaú procuró con lágrimas una oportunidad de arrepentirse, pero lo hizo en vano (Hebreos 12:16-17). Sin éxito, Esaú trató de cambiar la actitud de su padre sobre la primogenitura y la bendición dada a Jacob (Génesis 27:34-38). Ninguno de estos pasajes se refiere a la sal-

vación, sino demuestran que el arrepentimiento puede
referirse a otras situaciones.

Reconocimiento del Pecado

Antes que alguien puede arrepentirse del pecado,
primeramente debe comprender que es un pecador. Jesús
dijo, "No he venido a llamar a justos, sino a pecadores al
arrepentimiento" (Marcos 2:17; Lucas 5:32). Todos han
pecado, de manera que Jesús realmente vino para el
mundo entero. Sin embargo, El declara que salvará solamente a aquellos que reconocen sus pecados.

"Bienaventurados los pobres en espíritu, porque de
ellos es el reino de los cielos" (Mateo 5:3). Sin Dios todos
nosotros somos pobres espirituales, pero solamente los
que reconocen su pobreza buscarán a Dios y hallarán las
riquezas celestiales. Muchas personas que son buenas
moralmente y muy religiosas lo encuentran difícil
arrepentirse y recibir el Espíritu Santo, porque no se dan
cuenta de su gran necesidad y no desarrollan un sentido
de urgencia. Puede haber arrepentimiento solamente
cuando el hombre reconoce sus pecados y reconoce su
necesidad de Dios.

Confesión de los Pecados

Una vez que alguien comprende que es de hecho un
pecador, debe confesarlo a Dios. Dios ya sabe todo, pero
El requiere la confesión honesta a uno mismo y a El de
lo que uno es. "El que encubre sus pecados no prosperará; Mas el que los confiesa y se aparta alcanzará misericordia" (Proverbios 28:13). Cuando la gente recibió "el

bautismo para arrepentimiento" de Juan, entraban en el agua "confesando sus pecados" (Marcos 1:4-5). Si uno peca después la conversión, la confesión es todavía parte del arrepentimiento (1 Juan 1:9).

Confesamos nuestros pecados directamente a Dios, porque El es el único que puede perdonarnos nuestros pecados (Isaías 43:25; Marcos 2:7). No tenemos necesidad de un mediador terrenal porque el hombre Jesús es nuestro mediador y el sumo sacerdote (1 Timoteo 2:5; Hebreos 4:15-16). Es apropiado que alguien confiese su arrepentimiento públicamente (Hechos 19:18). Además, hay momentos cuando debemos confesar nuestros pecados los unos a los otros, por ejemplo, cuando buscamos la oración para nosotros mismos o cuando hemos hecho mal a alguien y buscamos su perdón (Lucas 17:3-4; Santiago 5:16).

La confesión debe ser tan pública como el pecado. La confesión no necesariamente significa nombrar cada pecado que uno haya cometido a lo largo de vida, aunque uno sí debe pedirle a Dios que perdone todos los pecados que El pueda recordar. Sin embargo, la esencia de la confesión es hacer saber a uno mismo y a Dios que es un pecador, pidiendo el perdón de Dios, y pidiendo la ayuda de Dios para vencer el pecado en el futuro.

Contrición por el Pecado

Junto a la confesión, debe haber contrición, es decir, una tristeza genuina para los pecados cometidos. El pecador debe sentir remordimiento por las cosas males que ha hechos, y su corazón debe estar quebrantado a causa de sus pecados. "Los sacrificios de Dios son el espíritu quebrantado; Al corazón contrito y humillado no despreciarás tú, O Dios" (Salmo 51:17). El pecador debe sentir en sí mismo un poco del desagrado de Dios, y no solamente un dolor o remordimiento humano. "Porque la tristeza que es según Dios produce arrepentimiento para salvación, de que no hay que arrepentirse: pero la tristeza del mundo produce muerte" (2 Corintios 7:10).

Muchas personas sienten pena por sus pecados pero no se han arrepentido en una manera auténtica. Sienten pena por las consecuencias del pecado, pero no dejan de pecar. A veces el pecado los pone en situaciones terribles y sienten pena por el hecho de haber caído en aquellas situaciones. Sin embargo, cuando tienen una oportunidad de escaparse de aquellas situaciones, continúan viviendo en el pecado.

A veces la gente llora en el altar porque siente pena por sí misma y está disgustada acerca de su dificultad, pero no desea entregar sus vida totalmente a Dios. Estos son ejemplos de la tristeza mundana que no puede traer el arrepentimiento. El verdadero arrepentimiento surge de la tristeza que es según Dios, la cual hará que una persona sienta remordimiento por sus pecados, que tome una decisión de cambiar su estilo pecaminoso de vivir, y que no sienta pena de haber hecho el cambio.

La Decisión de Dejar al Pecado

Proverbios 28:13 dice que debemos confesar los pecados y apartarnos de ellos para obtener misericordia. Debemos actualmente dejar el pecado y volvernos a Dios. El arrepentimiento es más que sentir dolor a causa de los pecados; también incluye una determinación de hacer algo con de aquellos pecados. El arrepentimiento es más de una confesión de los pecados; incluye también el abandono de los pecados con la ayuda de Dios.

Juan el Bautista enfatizó este elemento del arrepentimiento. Cuando las multitudes llegaron para ser bautizadas, El les dijo, "¿O generación de víboras! ¿Quién os enseñó a huir de la ira venidera? Haced, pues, frutos dignos de arrepentimiento" (Lucas 3:7-8). El rehusó bautizar a muchos que se le acercaron hasta que primeramente mostrasen una evidencia del arrepentimiento. Para él, el arrepentimiento era mucho más que una decisión mental; era una decisión espiritual que provocaba un cambio de vida. Así como Juan, Pablo predicó que los hombres "se arrepintiesen y se convirtiesen a Dios, haciendo obras dignas de arrepentimiento" (Hechos 26:20). El verdadero arrepentimiento produce un cambio verdadero en las acciones de uno.

Esto no significa que el arrepentimiento requiere un cierto período de tiempo para que se pruebe ante Dios. Dios sabe al instante si alguien ha decidido de veras desechar al pecado, así que uno puede arrepentirse y recibir el Espíritu en un corto momento. Desgraciadamente, algunos posteriormente reniegan en este compromiso, pero el momento en que recibieron el Espíritu, verdaderamente habían decidido dejar el pecado.

La Restitución

Como una parte de dejar el pecado, la persona verdaderamente arrepentida hará un esfuerzo de corregir a la magnitud posible el impacto de sus pecados contra otros. Esto se llama la restitución. Por ejemplo, si ha robado algún dinero, lo reembolsará (Lucas 19:8). Si ha ofendido a otros, buscará su perdón. Si ha hecho daño a alguien por medio de una mentira o un chisme, hará un esfuerzo de reparar el daño hecho y de corregir el registro.

Jesús enseñó, "Por tanto, si traes tu ofrenda al altar, y allí te acuerdas que tu hermano tiene algo contra ti, deja allí tu ofrenda delante del altar, y anda, reconcíliate primero con tu hermano, y entonces ven y presenta tu ofrenda" (Mateo 5:23-24). El plan de Dios para el perdón no permite que nadie siga disfrutando los beneficios terrenales de su pecado sin la restitución, ni elimina la necesidad de buscar el perdón de alguien contra quién ha hecho mal.

El Arrepentimiento y las Emociones

El arrepentimiento afectará a la parte emocional del hombre, puesto que incluye la tristeza divina y el remordimiento. Por lo general producirá unas lágrimas y otras demostraciones físicas de esta emoción. Sin embargo, una muestra de emoción no puede servir como sustituto para el arrepentimiento. Algunos lloran porque sienten por sí mismos pero no porque sienten tristeza divina. Algunos responden a la presencia de Dios, pero no proceden al arrepentimiento completo. A veces Dios les permite sentir Su presencia como un medio de atraerlos al arrepentimiento, pero no debemos cometer el error de pensar que esto es el verdadero arrepentimiento.

Cuando alguien se arrepiente, sentirá alegría porque está siendo restaurado a la comunión con Dios. También hallará alivio por haber tomado su decisión y ya no tener que enfrentar al pecado solo. Sin embargo, no debe permitir que este gozo y este alivio le estorben de seguir adelante, porque Dios le tiene mucho más. Dios quiere resolver para siempre el problema de sus pecados pasados por medio del bautismo en agua, y quiere darle el Espíritu Santo. Algunas personas se detienen cuando sienten el gozo del arrepentimiento, pero deben proceder al bautismo en agua, lo cual es otra experiencia jubilosa. Entonces, por medio de las alabanzas a Dios, recibirán el Espíritu.

Unos Ejemplos del Arrepentimiento

La parábola del hijo pródigo ilustra todos los elementos del arrepentimiento (Lucas 15:11-32). En la historia, el hijo errante llegó a un reconocimiento de su pecado y de su condición desesperada: "El, volviendo en sí" (Lucas 15:17). Entonces hizo una decisión de volver a su hogar y de buscar el perdón: " Me levantaré e iré a mi padre, y le diré: Padre, he pecado contra el cielo y contra ti. Ya no soy digno de ser llamado tu hijo; hazme como uno de tus jornaleros" (Lucas 15:18-19). Al final, él actualmente dejó el lugar donde estaba, regresó al hogar de su padre, y confesó su pecado con contrición (Lucas 15:20-21).

Otra parábola muestra la actitud apropiada al arrepentirse (Lucas 18:9-14). Un fariseo, parado en el Templo, oró y dio gracias a Dios porque él no cometía pecados, y se jactó ante Dios de sus obras buenas. Un recaudador de impuestos también vino a orar. El se acercó Dios con humildad y golpeó su pecho en una expresión emotiva y sincera de contrición. El oró, "Dios, sé propicio a mí, pecador." Jesús condenó al fariseo, pero encomió al recaudador de los impuestos, quien era franco y arrepentido.

La oración de David después de haber cometido adulterio con Betsabé es un hermoso cjemplo para un hijo de Dios que ha pecado, y el espíritu de su oración es característico de todo verdadero arrepentimiento. "Ten piedad de mí, oh Dios, conforme a tu misericordia; conforme a la multitud de tus piedades borra mis rebeliones. Lávame más y más de mi maldad, y límpiame de mi pecado. Porque yo reconozco mis rebeliones, y mi pecado está siempre delante de mí. Contra ti, contra ti solo he pecado, y he hecho lo malo delante de tus ojos . . . Purifícame con hisopo, y seré limpio; lávame, y seré más blanco que la nieve . . . Esconde tu rostro de mis pecados, y borra todas mis maldades. Crea en mí, oh Dios, un corazón limpio, y renueva un espíritu recto dentro de mí. No me eches de delante de ti, y no quites de mí tu santo Espíritu. Vuélveme el gozo de tu salvación, y espíritu noble me sustente" (Salmo 51:1-4, 7, 9-12).

La Fuente del Arrepentimiento

El arrepentimiento es parte de la salvación, de modo que la oportunidad y la capacidad de arrepentirse provienen de la gracia de Dios. La bondad de Dios lleva a los hombres al arrepentimiento (Romanos 2:4). El arrepentimiento para vida es una dádiva que Dios proporciona (Hechos 11:18; 2 Timoteo 2:25). Solo Dios puede dar la tristeza que produce el arrepentimiento (2 Corintios 7:10). Cuando alguien se arrepiente, simplemente responde al llamado universal de Dios y voluntariamente acepta la obra salvadora de Dios.

El arrepentimiento no gana la salvación, pero le califica a uno para recibirla, y da inicio a la obra de la salvación. El arrepentimiento, entonces, viene por la gracia de Dios a través de la fe. Los hombres llegan al arrepentimiento en medio de situaciones que enfatizan la presencia de Dios, Su Palabra, y la fe en El.

Se requiere el Espíritu de Dios para llevar los hombres al arrepentimiento. Jesús dijo, "Y cuando El [el

Espíritu Santo] venga, convencerá al mundo de pecado, de justicia y de juicio" (Juan 16:8). Los trucos psicológicos no producirán el verdadero arrepentimiento; se requiere el poder del Espíritu de Dios para producir la convicción del pecado.

En lugar de enfatizar el oratorio, técnicas persuasivas, o tácticas de susto, debemos concentrarnos en preparar un ambiente espiritual. La persuasión verbal y las advertencias tienen su lugar, pero nuestra mayor preocupación debe ser permitir que el Espíritu tenga perfecta libertad, porque solo Dios puede atraer a los hombres a Sí mismo (Juan 6:44).

La Palabra de Dios tiene el poder de llevar a los hombres al arrepentimiento mientras el Espíritu lo aplica a los corazones. La Palabra predicada trae a los hombres a un reconocimiento de sus pecados y de su necesidad de Dios. El sermón de Pedro en el Día de Pentecostés trajo convicción y un deseo de arrepentirse: "Al oír esto, se compungieron de corazón, y dijeron a Pedro y a los otros apóstoles: Varones hermanos, ¿qué haremos?" (Hechos 2:37). La predicación de Jonás trajo a la ciudad entera de Nínive al arrepentimiento. Otra vez, nuestro énfasis no debe ser ni en ideas artificiales ni en técnicas sino en la pura Palabra de Dios.

Los ministros deben predicar contra el pecado y deben definirlo para que el pecador pueda darse cuenta de su pecado. Natán nombró explícitamente el pecado de David, y Juan el Bautista nombró el pecado de Herodes. Juan les dijo a los cobradores de los impuestos, "No exijáis más de lo que os está ordenado" y les dijo a los soldados, "No hagáis extorsión a nadie, ni calumniéis; y contentaos con vuestro salario" (Lucas 3:12-14).

En nuestro día se habla demasiado en términos generales al proclamar la Palabra de Dios. Donde la Palabra revela el pecado, debemos ser específicos. Si predicamos la Palabra, Dios la aplicará a los corazones individuales. El oír la Palabra de Dios produce fe (Romanos 10:17), y la fe hará que el hombre obedezca el mandamiento de arrepentirse.

El arrepentimiento viene como una reacción al poder del Espíritu de Dios que atrae al oyente y produce la convicción, viene como una reacción de oír la Palabra de Dios, y viene como una reacción al impulso de una fe que va despertando en Dios. Del punto de vista de Dios, es una dádiva que El da para ayudar al hombre a hallar la salvación; del punto de vista del hombre es su primer hecho voluntario de fe en Dios.

El Mandamiento de Arrepentirnos

El arrepentimiento es absolutamente necesario para la salvación; la Biblia manda a todos que se arrepientan. Cuando Adán pecó, Dios le entrevistó y esperó una confesión (Génesis 3:9-13). En el día de Noé, Dios destruyó a todos menos ocho almas porque la humanidad no se arrepentía. El no destruyó la ciudad mala de Nínive solo porque sus habitantes se arrepintieron en reacción a la predicación de Jonás. En Ezequiel, Dios le rogó a Israel que se arrepintiera: "Por tanto, yo os juzgare a cada uno según sus caminos, oh casa de Israel, dice Jehová el Señor. Convertíos, y apartaos de todas vuestras transgresiones, y no os será la iniquidad causa de ruina. Echad de vosotros todas vuestras transgresiones con que habéis pecado, y haceos un corazón nuevo y un espíritu nuevo. ¿Por qué moriréis, casa de Israel? Porque no quiero la muerte del que muere, dice Jehová el Señor; convertíos, pues, y viviréis" (Ezequiel 18:30-32). "Diles: Vivo yo, dice Jehová el Señor, que no quiero la muerte del impío, sino que se vuelva el impío de su camino, y que viva. Volveos, volveos de vuestros malos caminos; ¿por qué moriréis, oh casa de Israel?" (Ezequiel 33:11). Estos pasajes muestran la compasión de Dios, la necesidad del arrepentimiento, y la definición del arrepentimiento como una vuelta del pecado hacia Dios.

Juan el Bautista predicó con fuerza el mensaje del arrepentimiento (Mateo 3:1-11; Marcos 1:4-5; Lucas 3:3-9), y también lo hizo Jesús. Jesús proclamó, "Arrepentíos, porque el reino de los cielos se ha acercado" (Mateo 4:17). "Arrepentíos, y creed en el evangelio" (Marcos 1:15). "Os digo, No; antes si no os arrepentís, todos pereceréis igualmente" (Lucas 13:3, 5). Mientras Cristo estaba en la tierra, Él envió a Sus discípulos a predicar el arrepentimiento (Marcos 6:12), y justo antes de Su ascensión, otra vez los comisionó a predicar el arrepentimiento (Lucas 24:47). Pedro predicó el arrepentimiento (Hechos 2:38; 3:19), y también lo hizo Pablo (Hechos 26:20).

Pablo dijo a los de Atenas, "Pero Dios, habiendo pasado por alto los tiempos de esta ignorancia, ahora manda a todos los hombres en todo lugar, que se arrepientan." (Hechos 17:30). En los tiempos del Antiguo Testamento, Dios no exigía a los gentiles a obedecer cada mandamiento en la ley de Moisés porque eran ignorantes de la ley. Sin embargo, Dios los juzgó por la norma de conciencia y por la ley natural y los halló culpables aún en esa base (Romanos 2:12-16). En estos tiempos del Nuevo Testamento, los judíos y los gentiles están en una base igual; todos oyen el misma llamada a arrepentirse. Dios no quiere "que ninguno perezca, sino que todos procedan al arrepentimiento" (2 Pedro 3:9).

¿Qué Pasa Cuando Alguien Se Arrepiente?

Cuando alguien se arrepiente, quiere decir que empieza a permitir que Dios obre en su vida. Decide dejar el pecado y volverse a Dios, y deja que Dios vuelva hacia El. Como parte de dejar el pecado, Dios le ayuda a romper el dominio de los hábitos y deseos pecaminosos. Como parte de la vuelta hacia El, Dios le permite que empiece una relación personal con El.

Desde el momento del pecado de Adán y Eva, el pecado ha separado al hombre de Dios, porque el hombre pecador no puede tener comunión con un Dios santo. Cuando el hombre se arrepiente del pecado, El puede empezar a disfrutar la comunión con Dios en base de la muerte sustitutiva de Jesucristo. El arrepentimiento quita la barrera que el pecado erigió y hace posible que el hombre y Dios empiecen una relación personal. Entonces el arrepentimiento le califica a una persona para el bautismo en agua y para recibir el bautismo del Espíritu Santo.

Cómo Se Relaciona el Arrepentimiento con el Bautismo en Agua y el Bautismo del Espíritu

Como un primer paso hacia Dios, el arrepentimiento no sólo no trae todo el poder de la salvación, aunque sí trae sentimientos emocionales positivos y una fuerza limitada y temporal para romper el dominio del pecado. Tanto el bautismo en agua como el bautismo del Espíritu son necesarios para completar la obra que el arrepentimiento empieza.

El arrepentimiento y el bautismo en agua juntos producen la obra completa del perdón. En el bautismo Dios lava los pecados completamente por quitar el registro eterno y la pena del pecado. (Véase el capítulo 6.)

Algunos dicen que Dios perdona el pecado en el arrepentimiento y remite el pecado en el bautismo en agua. Las dos palabras, *perdonar* y *remitir*, vienen de la misma palabra griega, *aphesis*. (Véase el capítulo 6.) Hablando teológicamente, entonces, el perdón y la remisión son condiciones equivalentes, y el perdón (o remisión) viene con la combinación del arrepentimiento y bautismo en agua. No debemos separar las dos experiencias.

Unicamente para propósitos de estudio, quizás podríamos hacer la siguiente distinción: en el arrepentimiento, Dios destruye el dominio presente del pecado en la vida de una persona, y quita la barrera que previene una relación personal con El. En el bautismo en agua, Dios quita el registro legal del pecado y borra la pena para aquel pecado, es decir, la muerte. Dios trata con las consecuencias presentes del pecado en el arrepentimiento y con las consecuencias futuras del pecado en el bautismo en agua. Ambos son necesarios para recibir el perdón. Por eso Pedro dijo, "Arrepentíos, y bautícese cada uno de vosotros en el nombre de Jesucristo para perdón de los pecados" (Hechos 2:38). (La *Nueva Versión Internacional* es más enfática: "Arrepiéntanse y bautícense cada uno de ustedes en el nombre de Jesucristo, para que sus pecados puedan ser perdonados.")

El arrepentimiento no es suficiente sin el bautismo del Espíritu Santo. El arrepentimiento solo trae un poder temporal y limitado sobre el pecado, pero el poder permanente e ilimitado solo viene después del bautismo del Espíritu (Hechos 1:8). Los santos del Antiguo Testamento se arrepintieron, pero esto no les dio una naturaleza regenerada con el poder permanente vencedor. (Véase el capítulo 8.) Ni la Ley de Moisés ni la mente humana puede dar el poder sobre el pecado (Romanos

7:15-25). Solo el Espíritu imparte el poder sobre el pecado y el poder de cumplir la justicia que la Ley enseñaba pero no podía impartir (Romanos 8:2-4). En el arrepentimiento Dios da la capacidad inicial de romper el dominio del pecado, pero el Espíritu que mora en los creyentes hace posible la realidad de una nueva vida en Cristo a diario (Romanos 8:10, 13).

Jesús enseñó que cuando un espíritu inmundo sale de un hombre, va a otras partes buscando reposo (Lucas 11:24-26). Cuando no encuentra ningún otro lugar a donde ir, regresa a su casa anterior (el hombre). Si la encuentra vacía, barrida y adornada (puesta en orden), toma otros siete demonios consigo y vuelve a entrar en la casa. Esta historia contiene un principio pertinente a nuestra discusión. A saber, meramente dejar el mal no es suficiente; uno debe reemplazar el mal con el bien. Limpiar la vida no más y ponerla en orden una vez no es suficiente; uno debe recibir el poder para mantenerla así.

El hombre que solamente se arrepiente llegará a ser víctima de un ciclo interminable y frustrante del arrepentimiento y el fracaso, y eventualmente será peor que nunca. Este es un gran problema en la cristiandad hoy en día. Muchos grupos proclaman la necesidad del arrepentimiento y de la moralidad pero no predican el bautismo del Espíritu que da el poder de hacer que la cristiandad sea un éxito en vez de un fracaso. El Espíritu llenará la vida vacía, la guardará limpia y dará el poder de resistir el diablo cuando él vuelva.

Unas Pautas Para Ayudar en el Altar

Es importante que tengan una comprensión correcta del arrepentimiento aquellos que ayudan en el altar a las personas que están orando para recibir el Bautismo del Espíritu Santo. Abajo citamos algunas pautas prácticas basadas en nuestra discusión.

(1) Debemos enfatizar el mover del Espíritu de Dios, no trucos o técnicas. Las frases o los movimientos especiales no pueden sustituir al arrepentimiento.

(2) Debemos hacer el esfuerzo de discernir dónde está espiritualmente la persona que está orando para recibir el Bautismo del Espíritu Santo. Si no se ha arrepentido totalmente, no debemos obligarle prematuramente a expresar gozo y a orar para recibir el Espíritu. Una vez que se haya arrepentido, podemos animarle a alabar a Dios y a creer para recibir el Espíritu.

(3) Podemos ponernos a nosotros mismos en la posición del que está orando para recibir el Bautismo del Espíritu Santo y podemos orar con él. Esto le mostrará cómo debe orar y nos ayudará a orar con una carga.

(4) Si la persona que está orando para recibir el Bautismo del Espíritu Santo no parece estar progresando, puede ser que haya varios problemas, cada uno de los cuales requiere un tratamiento diferente. El problema puede ser que no entiende qué es el arrepentimiento, una falta de rendir todo a Dios, una falta de deseo (hambre, desesperación, sentido de urgencia), una falta de tristeza divina, o una falta de fe.

(5) No debemos tratar de enseñarle a hablar en lenguas. Esta señal vendrá como el Espíritu dé la pronunciación. En vez de enfatizar que él debe ceder el control de su lengua a Dios, debemos enfatizarle que debe ceder su mente y vida entera a Dios. Cuando la persona que está orando para recibir el Bautismo del Espíritu Santo entregue todo a Dios, se concentre totalmente en El, y ejerza la fe, podrá ceder su lengua a Dios.

(6) Debemos evitar las prácticas que distraen, como

sacudir a la persona que está orando para recibir el Bautismo del Espíritu Santo, golpearle, obligarle a hacer ciertas cosas, darle consejos contradictorios, o incomodarle en otras maneras. A veces la gente se arrepiente y recibe el Espíritu a pesar de los obreros del altar y no debido a ellos.

Si la persona que está orando para recibir el Bautismo del Espíritu Santo es sincera y está dispuesta a arrepentirse, recibirá el Espíritu en un tiempo corto. Si no lo recibe en un tiempo corto, hay algo que le falta en su arrepentimiento o en su fe. En tal caso, los obreros del altar deben ser sensibles espiritualmente y tener el conocimiento adecuado para poder ayudarle a superar estas dificultades.

El Arrepentimiento y el Cristiano

Si pecamos después de haber renacido, todavía tenemos una avenida de perdón por medio de la confesión del pecado a Jesucristo (1 Juan 1:9; 2:1). No hay ninguna necesidad de ser bautizados de nuevo, porque hay solo un bautismo y es eficaz para todos los pecados de los cuales nos hemos arrepentido, aunque los hubiéramos cometido o antes o después del bautismo en agua. El perdón de Dios no tiene ningún límite en esta vida siempre en cuanto nos arrepintamos de veras. Dios espera que nosotros perdonemos al verdaderamente arrepentido sin límite, y El hará nada menos para nosotros (Mateo 18:21-22; Lucas 17:3-4). La cosa importante es que sintamos sinceramente el remordimiento por nuestros pecados y que determinemos honestamente portarnos mejor, con la ayuda de Dios.

Por supuesto, el primer principio para un creyente

renacido es, "No peques" (1 Juan 2:1). Si pecamos, debemos confesarlo, obtener perdón, y no aceptar ninguna condenación (Romanos 8:1). Sin embargo, no debemos siempre necesitar arrepentirnos de las mismas cosas puesto que el Espíritu da la fuerza para vencer. El arrepentimiento es una doctrina fundamental, pero no debe ser necesario que nos quedemos en esta fase fundamental todo el tiempo. "Por tanto, dejando ya los rudimentos de la doctrina de Cristo, vamos adelante a la perfección; no echando otra vez el fundamento del arrepentimiento de obras muertas . . ." (Hebreos 6:1). El arrepentimiento siempre está disponible para un cristiano, pero habrá un momento cuando El debe madurar hasta donde la necesidad de arrepentirse del pecado llegue a ser la excepción en vez de la regla.

La Necesidad de Enfatizar el Arrepentimiento

Muchas iglesias hoy en día han descuidado la doctrina y la práctica del arrepentimiento. Si esperamos que los inconversos sean salvos, debemos predicar y enseñar el arrepentimiento con la unción del Espíritu. Los predicadores deben nombrar el pecado y deben ser específicos en explicar el arrepentimiento. Los ministros deben aconsejarles a aquellos que desean ser bautizados para estar seguros que ellos realmente se han arrepentido, porque sin el arrepentimiento el bautismo llega a ser un símbolo vacío. Los que ayudan en el altar deben guiar a la persona que está orando para recibir el Bautismo del Espíritu Santo primeramente al arrepentimiento, porque sin el verdadero arrepentimiento nunca habrá un bautismo del Espíritu.

Los métodos que no están de acuerdo con las Escrituras no traen el bautismo del Espíritu. Primeramente, debe haber un verdadero arrepentimiento. Por supuesto, una persona puede y debe recibir el Espíritu Santo sin demora, pero debe arrepentirse primeramente. El Espíritu Santo ni entrará ni morará en un templo espiritualmente sucio (2 Corintios 6:17-7:1). Es imposible volverse a Dios sin dejar primeramente el pecado.

¿Podría ser que la cristiandad está llena de gente que profesa a Cristo pero a la vez no se ha arrepentido? ¿Podría ser que muchos buscan las bendiciones, los milagros, y las experiencias sensacionales sin el arrepentimiento? Muchas figuras públicas y celebridades dicen que son renacidas, pero continúan participando en actividades sucias e impías. No obstante, sus declaraciones y confesiones no son válidas. De algún modo debemos comprender que sin el arrepentimiento y la santidad, todas las experiencias espirituales son sin valor.

Los que ignoran el arrepentimiento están sustituyendo su propio plan para el plan de Dios, tal como hizo Caín cuando El ofreció verduras en vez de un sacrificio de sangre. Puede ser que ellos disfruten de las bendiciones temporales, pero como el hombre en la fiesta de bodas que no tenía su vestido de boda, serán expulsados cuando venga el rey (Mateo 22:11-14).

Algunos parecen disfrutar las bendiciones de Dios y siempre vivir vidas impías, inmundas y mundanas. Debido a que Dios no ejecuta el juicio rápidamente, piensan que se han escapado (Eclesiastés 8:11) y no comprenden que Dios les extiende bondad, longanimidad y paciencia para que puedan tener tiempo para arrepentirse (Romanos 2:4; 2 Pedro 3:9). Es indispensable arrepentirse y vivir una vida arrepentida.

Conclusión

El arrepentimiento es volverse del pecado y hacia Dios. Es la primera reacción de fe a la llamada de Dios. El arrepentimiento incluye el darse cuenta del pecado, la confesión del pecado, la contrición por el pecado, y una decisión de dejar el pecado. Es la muerte al pecado, y abre la posibilidad de una relación permanente con Dios.

El arrepentimiento por sí sólo no es la obra completa de la salvación. El bautismo en agua hace que sea permanente la renuncia al pecado por sepultar al hombre viejo, y el bautismo del Espíritu hace que sea permanente la vuelta hacia Dios por impartir una nueva naturaleza con el poder de vencer a diario sobre el pecado. Sin el arrepentimiento, el bautismo en agua no tiene ningún valor, y sin el arrepentimiento uno no puede recibir el bautismo del Espíritu.

Si deseamos retener el Espíritu de Dios en nuestras vidas, debemos vivir una vida arrepentida. Si deseamos ver la salvación de otros, debemos predicar y enseñar el verdadero arrepentimiento.

NOTAS

[1] Webster, pág. 1924.
[2] Vine, págs. 961-62.
[3] Henry Thiessen, *Conferencias sobre la Teología Sistemática* (Grand Rapids: Eerdmans, 1979), pág. 265.

6
EL BAUTISMO EN AGUA

"El que creyere y fuere bautizado será salvo" (Marcos 16:16).

"Pedro les dijo, Arrepentíos, y bautícese cada uno de vosotros en el nombre de Jesucristo para perdón de los pecados . . ." (Hechos 2:38).

Una Definición del Bautismo en Agua

El bautismo cristiano en agua es una ceremonia en la cuál la persona que se ha arrepentido de sus pecados se sumerge en agua en el nombre de Jesús para el perdón de sus pecados. Es un hecho de fe en Jesucristo.

En este capítulo estudiaremos los bautismos en la Biblia, estableceremos que Dios manda que todos los seguidores de Cristo sean bautizados, y analizaremos cada parte de esta definición.

El Bautismo de Juan

Juan el Bautista, a quien Dios envió a preparar el camino del Señor, predicó y administró el bautismo del arrepentimiento para perdón de los pecados (Marcos 1:2-4; Lucas 3:3-4). El vino bautizando para manifestarle a Cristo a Israel (Juan 1:31). Su bautismo era transitorio y fue diseñado para preparar al pueblo judío para el mensaje de Cristo y el bautismo cristiano. Juan no hizo ningún esfuerzo por abolir la ley judía, sino la complementó, y esperaba que sus conversos vivieran una vida arrepentida y moral como la ley la definía, y que ellos esperasen al que los bautizaría con el Espíritu Santo. El bautismo de Juan era precristiano, porque la iglesia neotestamentaria todavía no se había fundada. (Véase el capítulo 8.) De hecho, los discípulos de Juan fueron bautizados de nuevo en el nombre de Jesús después del Día de Pentecostés (Hechos 19:1-5).

El bautismo de Juan era para arrepentimiento, de arrepentimiento, o hacia el arrepentimiento. Al parecer él no usaba ninguna fórmula bautismal, sino que decía a la gente, "Yo a la verdad os bautizo en agua para arrepentimiento" (Mateo 3:11). Su bautismo tanto motivaba como demostraba el arrepentimiento; sus conversos se arrepentían y confesaban sus pecados en el bautismo (Mateo 3:6; Marcos 1:5).

Puesto que el bautismo de Juan era "para perdón de los pecados," ¿confería el perdón? No podía conferir el perdón absoluto de los pecados, ni podía tratar con los pecados del futuro, porque antes de la muerte expiatoria de Cristo todo perdón estaba basado en ese evento venidero. Algunos contienden que el bautismo de Juan confería el perdón condicional, pero el perdón condicional ya estaba disponible por medio del sistema de sacrificios, al cual Juan no hizo ningún intento de reemplazar. Parece que su bautismo simplemente señalaba hacia el perdón futuro que vendría por medio de Cristo y el bautismo cristiano. Era "hacia" el perdón, una traducción válida de la palabra griega *eis,* que por lo general se traduce "por." *El Diccionario De La Biblia* de Hastings concurre con esta idea.[1]

El Bautismo de Cristo

Jesús mismo fue bautizado por Juan. Puesto que Cristo era sin pecado (Hebreos 4:15), sabemos que El no fue bautizado para demostrar arrepentimiento o en anticipación del perdón de los pecados. En cambio, El fue bautizado para manifestarse a Israel como el Mesías, el que bautizaría con el Espíritu, y el Hijo de Dios (Juan 1:31-34); Se sometió al bautismo "para cumplir toda justicia" (Mateo 3:15). Podemos subdividir estos propósitos entre varios puntos:

(1) Cristo fue bautizado para presentarse públicamente y para inaugurar Su ministerio. Notamos que tanto el agua (el bautismo) como el Espíritu (en la forma de una paloma) estaban presentes en esta ocasión y eso prefiguró el mensaje del evangelio que El enseñaría en Juan 3:5.

(2) Por medio de este hecho, Cristo sancionó el bautismo de Juan y su mensaje del arrepentimiento, el bautismo en agua, y el bautismo del Espíritu.

(3) Cristo nos dio un ejemplo que debemos seguir. No era para Sí mismo que se bautizó, sino lo hizo para nuestro bien. Si el Cristo sin pecado fue bautizado, ¿cuánto más debemos nosotros bautizarnos? Si hemos de conformarnos a Cristo (Romanos 8:29), debemos seguir

Sus pasos en el bautismo.

(4) Puesto que Jesucristo fue bautizado para cumplir toda justicia, El no lo consideraba como una mera ceremonia o rito. A lo largo de Su ministerio, Cristo enfatizó la pureza moral en lugar de la pureza ceremonial y describió a los muchos lavamientos tradicionales de los fariseos como innecesarios (Mateo 15:1-20; Marcos 7:1-23). En contraste, El reconoció el bautismo como teniendo un significado moral y como algo necesario para nosotros.

El Bautismo Temprano por los Discípulos

Durante el ministerio temprano de Cristo, Sus discípulos bautizaron a muchos conversos por Su autoridad (Juan 3:22; 4:1-3). La Biblia dice muy poco acerca de esto y no explica porque. Algunos escritores declaran que esto era el bautismo en el nombre de Jesús, mientras otros creen que era básicamente una continuación del bautismo de Juan.[2] Los proponentes de la primera teoría dicen a menudo que era una forma latente del bautismo cristiano que llegó a ser eficaz para perdonar los pecados después de la expiación de Cristo. Sin embargo, la última idea es probablemente correcta, como sostiene el *Diccionario de la Biblia* de Hastings.[3] Las cuatro razones que siguen apoyan esta idea: (1) Este bautismo es mencionado en conjunto con Juan; (2) Los discípulos todavía no tenían una plena comprensión del mensaje del evangelio; (3) Cristo estaba predicando el mensaje de Juan del arrepentimiento, el reino venidero, y el bautismo venidero del Espíritu; (4) Puesto que es una identificación con Su sepultura, es dudoso si el bautismo cristiano pudiese haber existido aun en la forma latente antes de que Cristo muriera. No importa cómo una persona interprete estos bautismos precristianos, debe ser evidente que tanto el bautismo de Juan como el bautismo de los discípulos eran preparatorios para el bautismo cristiano, y no conferían el perdón absoluto de los pecados.

El Mandamiento de Cristo

Justo antes de que Jesús ascendiera al cielo, El mandó a Sus discípulos que fuesen por todo el mundo, que predicasen el evangelio, que hiciesen discípulos, y que los bautizasen (Mateo 28:19). El esperó que todos los creyentes fuesen bautizados, y prometió la salvación a todos los que creyesen y que se bautizasen (Marcos 16:16). Los fariseos "desecharon los designios de Dios" por no aceptar el bautismo de Juan (Lucas 7:30), y nosotros seremos culpables de lo mismo si rechazamos el bautismo del Señor.

El Bautismo Cristiano Temprano

La iglesia en el Libro de Los Hechos hizo lo que el Señor esperaba y obedeció Su mandamiento con respecto al bautismo. En el primer sermón de la iglesia, Pedro mandó a todos a ser bautizados en el nombre de Jesús (Hechos 2:38): "Así que, los que recibieron su palabra fueron bautizados" (Hechos 2:41). Cuando los samaritanos creyeron la predicación de Felipe, ellos también se bautizaron en el nombre de Jesús (Hechos 8:12, 16). El eunuco etíope, Saulo de Tarso, Cornelio, Lidia de Tiatira, el carcelero filipense, los corintios, y los discípulos de Juan en Efeso fueron todos bautizados cuando oyeron y creyeron la predicación del evangelio (Hechos 8:35-38; 9:18; 10:47-48; 16:15; 16:33; 18:8; 19:5). Aunque

Cornelio y su casa ya habían recibido el Espíritu Santo, Pedro "mandó bautizarles en el nombre del Señor Jesús" (Hechos 10:47-48). Ananías mandó bautizar a Pablo en el nombre del Señor (Hechos 22:16).

El Modo Bautismal: Por Inmersión

El bautismo requiere el uso literal de agua (Juan 3:23; Hechos 8:36; 10:47-48). La palabra bautismo viene de la palabra griega *bapto*, que significa "ser zambullido."[4] W. E. Vine define al bautismo como "los procesos de inmersión, sumersión y salida."[5] Otras palabras existían para indicar rociar, pero Dios escogió una palabra que indicaría la inmersión.

La inmersión es el único modo de bautismo que se halla en la Biblia. Juan bautizaba en el río Jordán (Marcos 1:5, 9) y "en Enón, junto a Salim, porque había allí muchas aguas" (Juan 3:23). El necesitaba riachuelos y ríos de un tamaño suficiente para la inmersión, y no solamente unas pocas gotas de agua que habrían sido necesarias para rociar. Juan sumergió a Jesús: "Y Jesús, después que fue bautizado, salió luego del agua" (Mateo 3:16). "Y luego, cuando salía del agua, vio abrirse los cielos" (Marcos 1:10). Felipe sumergió al eunuco etíope: "Y descendieron ambos al agua, Felipe y el eunuco; y le bautizó. Cuando subieron del agua, el Espíritu del Señor arrebató a Felipe" (Hechos 8:38-39).

Pablo describió al bautismo como una sepultura con Cristo (Romanos 6:4; Colosenses 2:12). Estos pasajes suponen que el bautismo es por inmersión, y solo tienen sentido si el lector entiende esto. Nadie es sepultado por rociar o derramar un poco de tierra encima del cuerpo, sino solamente por una sumersión completa. Con relación a Romanos 6:4, *El Comentario del Púlpito* declara: "La referencia . . . es a la forma del bautismo, es decir, por inmersión que se entendía significar la sepultura y por consiguiente la muerte."[6]

Desde días de la Biblia, otros modos del bautismo en agua han surgido, dos de los cuales siendo la aspersión y la afusión. Sin embargo, la Biblia misma nunca describe estos métodos. Algunas ceremonias de purificación del Antiguo Testamento involucraban la rociadura de agua, pero aunque estas puedan prefigurar el bautismo cristiano, no podemos esperar que enseñen un modo preciso de bautismo. Varios versículos mencionan la rociadura de la sangre de Jesús, pero estos versículos simplemente describen el sacrificio de Cristo de una manera metafórica para asociarlo con los sacrificios de sangre del Antiguo Testamento (Hebreos 9:13; 10:22; 11:28; 12:24). Estos versículos no se refieren literalmente al modo del bautismo, pero muestran que la Biblia podría haber usado alguna otra palabra para el bautismo que definitivamente significara "rociar" en lugar de "sumergir."

Históricamente, los modos de derramamiento y de aspersión surgieron como un asunto de conveniencia. La inmersión llegó a ser especialmente inoportuna después de la emergencia de tres prácticas bautismales que no eran bíblicas: (1) el bautismo infantil, (2) el bautismo triple por algunos trinitarios, y (3) la postergación del bautismo hasta el lecho de la muerte (en un esfuerzo de vivir la vida entera en el pecado y todavía ser salvo).

¿Es Importante el Modo Bautismal?

Una persona debe seguir el modo bíblico por muchas razones.

(1) El bautismo es un mandamiento bíblico, así que debemos seguir el modo bíblico. En vista de la importancia que la Biblia pone en el bautismo en agua, debemos realizarlo exactamente como la Biblia lo describe.

(2) Jesús fue sumergido como un ejemplo que debemos seguir. Si El, que no necesitaba el bautismo, se sometió a la inmersión, ¿cuánto más debemos nosotros? Si vale la pena bautizarnos, vale la pena hacerlo en la misma forma que Jesús y Sus apóstoles lo hacían.

(3) Otros modos del bautismo vienen de las tradiciones no bíblicas, y la tradición es un sustituto pobre para la enseñanza bíblica. Jesús fuertemente condenó la tradición que causara una desviación de la Palabra de Dios. El dijo a los fariseos, "Porque dejando el mandamiento de Dios, os aferráis a la tradición de los hombres" (Marcos 7:8), y "Así habéis invalidado el mandamiento de Dios por vuestra tradición" (Mateo 15:6).

(4) La única ventaja que tiene el modo de aspersión es la conveniencia, lo cual también es una excusa pobre por no seguir a la Biblia. ¿Qué derecho tenemos nosotros de insistir en un método más conveniente al que Jesús y la iglesia primitiva usaban? Ciertamente habría sido más conveniente para Juan si hubiera podido rociar a las multitudes, para los apóstoles si hubieran podido rociar a los 3000 en el día de Pentecostés, para Felipe si hubiera podido rociar al eunuco en el desierto, y para Pablo si hubiera podido rociar al carcelero a la medianoche; mas ellos escogieron sumergir a los candidatos. ¿Por qué debemos desviarnos de este modelo solo para la conveniencia, especialmente puesto que no son bíblicas las prácticas bautismales que hicieron tan popular el modo de rociar?

(5) La inmersión demuestra la obediencia a Dios y el respeto para Su Palabra. ¿Por qué inventar un modo arbi-

trario e intentar justificarlo? ¿Por qué debatir si pudieran ser aceptables las varias alternativas hechas por los hombres? El verdadero respeto para Dios y Su Palabra nos hará estar satisfechos con el modo bíblico; en lugar de ignorarlo o negarlo, lo obedeceremos.

(6) Solo por la inmersión retenemos el significado del bautismo como un una sepultura con Jesucristo.

El Perdón de los Pecados en el Bautismo

Juan predicaba "el bautismo del arrepentimiento para perdón de pecados" (Marcos 1:4; Lucas 3:3), señalando el tiempo cuando Dios perdonaría los pecados en el bautismo cristiano. Justo antes del primer culto cristiano bautismal, Pedro dijo, "Arrepentíos, y bautícese cada uno de vosotros en el nombre de Jesucristo para perdón de los pecados" (Hechos 2:38). El perdón denota descargar, borrar, cancelar, o despedir. En el bautismo, Dios descarga, borra, cancela, y despide nuestros pecados.

Algunos no concuerdan con esta comprensión, diciendo que se realiza el bautismo porque uno ya ha obtenido el perdón de los pecados. Para ellos la palabra para en Hechos 2:38 significa "debido a" o "con una idea hacia." Sin embargo, parece claro que *para* realmente significa "para recibir" o "para obtener."

(1) Esto es el significado literal que uno consigue al leer tanto el texto griego como el texto inglés. La NVI traduce Hechos 2:38 como, "Pedro contestó, Arrepiéntanse y bautícense, cada uno de ustedes, en el nombre de Jesucristo para que sus pecados puedan ser perdonados. . . ."

(2) El contexto nos lleva a esta interpretación. Los pecadores preguntaron, "Qué haremos?" (Hechos 2:37).

Pedro les contestó por explicar lo que ellos deberían hacer para recibir el perdón de los pecados y no por describir una conducta optativa. El no quiso decir, "Arrepiéntanse y bautícense porque ya ha recibido el perdón de los pecados."

(3) Mateo 26:28 anota las mismas palabras exactas en el griego donde Jesús dijo, "Porque esto es mi sangre del nuevo pacto, que por muchos es derramada para remisión de los pecados." Cristo vertió Su sangre para que pudiéramos obtener el perdón de los pecados y no porque ya lo hemos obtenido. Esta frase puede señalar el perdón futuro de los pecados (como Juan y Jesús la usaron), pero nunca señala el perdón que ya ha sido obtenido.

(4) Muchos otros versículos de las Escrituras describen el papel del bautismo en perdonar los pecados.

¿La Regeneración Bautismal?

A estas alturas, debemos enfatizar que la Biblia no enseña "la regeneración bautismal," porque el agua y la ceremonia no tienen el poder salvador en sí mismos. El bautismo en agua no es un hecho mágico; carece de valor espiritual a menos que es acompañado por la fe consciente y el arrepentimiento. El bautismo es importante solo porque Dios ha mandado que sea importante. Dios podría haber escogido perdonar los pecados sin el bautismo, pero en la iglesia neotestamentaria El ha escogido perdonarlos en el momento del bautismo. Nuestras acciones en el bautismo ni proporcionan la salvación ni la ganan de Dios; Dios solo perdona los pecados en base de la muerte expiatoria de Jesucristo. Cuando nos sometemos al bautismo en agua de acuerdo al plan de Dios, El honra nuestra fe obediente y perdona nuestros pecados.

El Bautismo—Una Parte del Nuevo Nacimiento

Jesús dijo que deberíamos nacer de agua y del Espíritu para poder entrar en el reino de Dios (Juan 3:5). Somos salvos por "el lavamiento de la regeneración y por la renovación en el Espíritu Santo" (Tito 3:5). (El capítulo 4 explicó que ambos versículos se refieren al bautismo en agua.) Estos versículos ponen el bautismo en agua dentro del proceso del nuevo nacimiento, pero no enseñan la regeneración bautismal. Jesús habló de un nuevo nacimiento que incluye tanto el agua como el Espíritu.

La Fe y el Bautismo Producen la Salvación

Jesús dijo, "El que creyere y fuere bautizado, será salvo; mas el que no creyere, será condenado" (Marcos 16:16). Jesús juntó la fe y el bautismo en la promesa de salvación, mostrando que los dos son necesarios. Si decimos que el bautismo no es necesario, enmendamos la declaración del Señor para que diga, "El que creyere y [no] fuere bautizado será salvo."

Jesús no habló de la situación de alguno que "creyere" pero negara bautizarse, porque eso es una contradicción de términos. El sabía que si alguno no creyera, tampoco se bautizaría—o si fuera bautizado, su bautismo sin fe sería inútil. . El sabía que un verdadero creyente se bautizaría. Por decir, "El que no creyere será condenado," Jesús cubrió implícitamente el caso de alguien que negaría el bautismo.

Lavamiento de Pecados

¿Hechos 22:16 dice, "Y ahora, pues, ¿por qué te detienes? Levántate y bautízate, y lava tus pecados, invocando su nombre." Dios lava los pecados en el bautismo cuando invocamos Su nombre. "Mas ya habéis sido lavados, ya habéis sido santificados, ya habéis sido justificados en el nombre del Señor Jesús, y por el Espíritu de nuestro Dios" (1 Corintios 6:11). Muchos comentaristas ven este versículo como otra referencia al lavamiento de los pecados que ocurre cuando uno se bautiza en el nombre del Señor Jesús.

Parte de la Salvación

Pedro recordó que en el día de Noé ocho almas "fueron salvadas por agua" (1 Pedro 3:20). El continuó, "El bautismo que corresponde a esto ahora nos salva (no quitando las inmundicias de la carne, sino como la aspiración de una buena conciencia hacia Dios) por la resurrección de Jesucristo" (1 Pedro 3:21). Otra traducción puede ayudar a explicar el significado de este versículo: "Ocho en total, se salvaron a través del agua, y esta agua simboliza el bautismo que ahora también a ti te salva—no quitando la suciedad del cuerpo sino promesa de una buena conciencia hacia Dios. Te salva por medio de la resurrección de Jesucristo" (NVI). La palabra griega que se traduce como *aspiración* (RV) o *voto* (NVI) también significa "búsqueda" (*Concordancia Exhaustiva de Strong*) o "apelación" (W. E. Vine, *Un Diccionario Expositorio*). Otras versiones de la Biblia reflejan los varios significados de la palabra *aspiración*: "una apelación a Dios por una conciencia limpia" (RSV);

"la oración por una conciencia limpia delante de Dios" (Moffat); y "la petición a Dios para una conciencia buena" (Rotherham).

Las mismas aguas diluviales que mataron a la gente en el día de Noé actualmente sirvieron como instrumento de salvación para los ocho en el arca, porque el arca flotaba en el agua. Ellos fueron salvos por medio del agua, lo que simboliza el papel del bautismo hoy en día. El bautismo ha llegado a ser un medio de salvación para nosotros, no porque lava la suciedad de nuestros cuerpos físicos sino porque nos proporciona una conciencia limpia delante de Dios. Puesto que Dios lava los pecados en el bautismo, es una petición o una apelación a El para que nos dé una conciencia libre de condenación.

Sin embargo, no debemos suponer que las aguas del bautismo poseen una virtud salvadora en sí mismas; el agua por sí sola no salva a nadie así como el agua del diluvio por sí sola no salvó a los ocho. La salvación se halló en el arca, y solo aquellos que obedecieron el plan de Dios de entrar en el arca fueron salvos. De la misma manera, la obediencia a Dios en el bautismo en agua pone a la persona en un lugar de seguridad. En otras palabras, el bautismo es el agua por medio de la cual recibimos la salvación, pero Jesús mismo es el arca de la salvación.

El Comentario del Púlpito apoya esta explicación de 1 Pedro 3:21: "La traducción literal será, 'Que (como) el antitipo también a ti te está salvando, (a saber) el bautismo '; es decir, el agua quete está salvando es el antitipo del agua del Diluvio."[7] Concluye así, "El bautismo nos salva, pero no es la mera ceremonia externa. . . . La señal externa y visible no salva si está separada de la gracia interior y espiritual. El primero es necesario, porque es una señal externa fijada por Cristo; pero no salvará sin la segunda."[8]

Sepultados con Cristo

Pablo enseñaba que el bautismo era una sepultura con Cristo (Romanos 6:3-4; Colosenses 2:12). El hombre viejo queda sepultado en el bautismo. El hombre viejo es el estilo de vida no regenerado, el registro de los pecados pasados, y el dominio del pecado. Después del bautismo, nunca más tenemos que enfrentar el registro de nuestros pecados pasados. Con respecto a Romanos 6:3, F. F. Bruce declaró en *Comentarios Tyndale del Nuevo Testamento*, "De esta y otras referencias al bautismo en las escrituras de Pablo, es cierto que El no consideraba al bautismo como una ''opción extra en la vida cristiana, y que no habría contemplado el fenómeno de un 'creyente no bautizado.'"[9]

Bautizados en Cristo

Pablo también enseñó que somos bautizados en Cristo: "Porque todos los que habéis sido bautizados en Cristo, de Cristo estáis revestidos" (Gálatas 3:27). Entendemos que esto significa el único bautismo, que es de agua y del Espíritu que nos pone en el cuerpo de Cristo. El bautismo en agua es necesario para identificarnos con Cristo y para ponernos en Su familia espiritual.

La Circuncisión Espiritual

Pablo comparó el bautismo a la circuncisión en el Antiguo Testamento: "En él [Cristo] también fuisteis circuncidados con la circuncisión no hecha a mano, al echar de vosotros el cuerpo pecaminoso carnal, en la circuncisión de Cristo; sepultados con El en el bautismo, en el cual fuisteis también resucitados con él, mediante la fe en el poder de Dios que le levantó de los muertos" (Colosenses 2:11-13).

Este versículo se refiere al bautismo de agua y del Espíritu, lo que incluye tanto la sepultura del hombre viejo como la resurrección del nuevo hombre en Cristo. El bautismo en agua es una circuncisión espiritual que nos separa de nuestros pecados, que quita el dominio de la naturaleza pecaminosa, y que resulta en el perdón de los pecados. El bautismo del Espíritu completa el proceso de la circuncisión por impartir la nueva vida espiritual.

La circuncisión del Antiguo Testamento era el medio por el cual el varón judío se hacía parte de la religión judía y heredero de las promesas de Dios a Abraham. Dios le dijo a Abraham, "Este es mi pacto, que guardaréis entre mí y vosotros y tu descendencia después de ti: Será circuncidado todo varón de entre vosotros . . . Y el varón incircunciso . . . aquella persona será cortada de su pueblo; ha violado mi pacto" (Génesis 17:10, 14). La circuncisión por sí sola, sin una fe correspondiente en Dios y la obediencia a Su Palabra, carecía de valor (Romanos 2:25; 4:12). Pero Dios exigía que los judíos practicaran la circuncisión literal (Exodo 4:24-26; Josué 5:2-9). Un hombre incircunciso no podía participar en la cena de la Pascua (Exodo 12:43-44). De la misma manera, en el bautismo cristiano Dios quita los pecados viejos de una persona y la une al pueblo de Dios. Sin la circuncisión un varón israelita no era parte del pueblo de Dios; él estaba sujeto a la pena de muerte y no podía participar en el plan de salvación de Dios.

El Bautismo en la Tipología

En el capítulo 3 y en este capítulo hemos hablado de las siguientes referencias tipológicas al bautismo en agua: (1) el cruce del Mar Rojo; (2) el lavamiento y el rociamiento de Israel en el momento de darse la Ley; (3) el lavadero en el patio del Tabernáculo; (4) el lavamiento de los sacerdotes en el momento de su consagración; (5) el lavamiento de los animales de sacrificio; (6) el lavamiento y rociadura de los leprosos que habían sanado; (7) el lavamiento de los inmundos ceremonialmente; (8) el lavamiento de los despojos de guerra y de la ropa de los guerreros; (9) el diluvio de Noé; y (10) la circuncisión. Algunos ejemplos adicionales son: (11) los levitas que ministraban delante de Dios eran consagrados por la rociadura del agua de purificación (Números 8:7); (12) en el Día de la Expiación el sumo sacerdote tenía que lavarse dos veces (Levítico 16:4, 24); (13) Naamán el leproso recibió su sanidad después de zambullirse siete veces en el río Jordán en obediencia al mandamiento de Eliseo (2 Reyes 5:10-14).

Naamán pensó que era demasiado digno para zambullirse en el barroso Jordán, pero no recibió su sanidad hasta que hubo obedecido. Sus siervos le preguntaron, "Si el profeta te mandara alguna gran cosa, ¿no la harías? ¿Cuánto más, diciéndote: Lávate, y serás limpio?" Este principio es pertinente a cualquiera de los mandamientos de Dios, incluso el bautismo. No debemos cuestionar Su plan ni debemos despreciarlo, sino debemos someternos obedientemente al bautismo y recibir la limpieza espiritual que Dios proporciona allí.

Una mirada cuidadosa a algunos de estos tipos indica el papel del bautismo como una limpieza del pecado. Antes de que el sacerdote pudiera entrar en el Tabernáculo, tenía que lavarse en el lavadero, porque si no se lavara, Dios le mataría. Dios mandó, "Se lavarán con agua, para que no mueran" (Exodo 30:20).

Una persona que estaba inmunda ceremonialmente tenía que lavarse con agua antes de que pudiera estar limpia (Levítico 15; 17:15-16; Números 19; compare Ezequiel 36:25). Esto era "el agua de purificación . . . es una expiación" (Números 19:9) o "el agua de limpieza . . . para la purificación del pecado" (NVI). Si la persona inmunda rehusara lavarse de esta manera, seguía llevando su iniquidad (Levítico 17:16). "Aquella persona será cortada de Israel; por cuanto el agua de la purificación no fue rociada sobre El, inmundo será, y su inmundicia será sobre El" (Números 19:13). "Y el que fuere inmundo, y no se purificare, la tal persona será cortada de entre la congregación, por cuanto contaminó el tabernáculo de Jehová; no fue rociada sobre El el agua de la purificación; es inmundo" (Números 19:20).

Una mirada cuidadosa a algunos de los tipos muestra que la sangre era aplicada por medio del agua. Esto indica que en el bautismo en agua, la sangre de Jesucristo es aplicada para perdón de los pecados. Después que la Ley fue dada en el Monte Sinaí, Moisés mezcló la sangre con agua y le roció a la gente (Hebreos 9:19). Al limpiar a un ex leproso, el sacerdote mezclaba la sangre de una avecilla con agua y rociaba a la persona (Levítico 14:1-7). Para preparar el agua de purificación para una persona inmunda, el sacerdote mataba a una becerra roja y la quemaba como un sacrificio mientras la becerra todavía retenía mucha de su sangre (Números 19:1-5). Las cenizas llegaban a ser equivalentes a la sangre como un agente purificador (Hebreos 9:13) y eran mezcladas con agua para formar el agua de purificación (Números 19:9). En todos estos casos, el agua era el medio por lo cual la sangre expiatoria era aplicada.

Más que una Confesión Pública

Los que no creen que los pecados son perdonados en el bautismo sostienen que es meramente una confesión pública de fe, un anuncio que ya han sido perdonados los pecados, o una declaración de haberse hecho miembro de la iglesia visible. Sin embargo, muchos relatos en la Biblia indican que ni es principalmente una confesión pública ni una señal de un acontecimiento espiritual anterior.

El eunuco etíope fue bautizado en medio del desierto sin que hubiera alguien para observar su bautismo (Hechos 8:26-39). El carcelero Filipense fue bautizado alrededor de la medianoche por Pablo y Silas, quienes justamente antes habían sido azotados brutalmente (Hechos 16:25-33). Si el bautismo fuera meramente una ceremonia pública de ninguna necesidad inmediata, ciertamente ellos habrían esperado hasta que Pablo y Silas se hubieran recuperado un poco de sus heridas, o por lo menos hasta la luz del día. Los discípulos de Juan ya habían sido bautizados una vez y habían hecho una confesión pública, pero el bautismo cristiano era tan importante que Pablo los rebautizó en el nombre de Jesús (Hechos 19:1-5). Cornelio y su casa ya habían recibido el Espíritu Santo y habían hablado en lenguas como una evidencia pública a todos, pero Pedro siempre mandó el bautismo en agua (Hechos 10:47-48).

"Cristo No Me Envió a Bautizar"

En un esfuerzo de denigrar la importancia del bautismo, algunos citan la declaración de Pablo, "Cristo no me envió a bautizar, sino a predicar el evangelio"

(1 Corintios 1:17). Justamente antes de este versículo, Pablo reprobó a los corintios porque habían formado facciones. Algunos decían que eran seguidores de Pablo, otros de Apolos, otros de Cefas, y otros de Jesucristo (1 Corintios 1:11-13). Pablo expresó alivio que él personalmente había bautizado solamente algunos de ellos. Nadie podría acusarle de intentar empezar su propio grupo o de bautizar en su propio nombre (1 Corintios 1:14-16). En cuanto a Pablo, otros podrían tener el honor de hacer los bautismos, pero él tenía un llamamiento especial de predicar. No le importaba quién realizara la ceremonia, sino solamente que el evangelio se predicara.

De esta manera, Pablo enfatizó a los corintios que la salvación viene solamente por Cristo y no a través de los grandes líderes. En vez de mirar a las personalidades quienes les habían predicado y administrado el bautismo, ellos necesitaban mirar a Jesús y a Su evangelio. Como Bruce notó en *Los Comentarios Tyndale Del Nuevo Testamento*, "las referencias de Pablo, al bautismo en 1 Corintios 1:14-17 no quieren decir que él consideraba el propio sacramento como insignificante, sino que la identidad de la persona que bautizara era insignificante. El lo toma por hecho que todos los miembros de la iglesia de Corinto fueron bautizados."[10] La corrección de Pablo de los corintios de ninguna manera detrajo la importancia del bautismo como una parte del evangelio, que es lo que él enseñó en muchos otros pasajes.

El Elemento Humano en el Bautismo

Algunos contienden que el bautismo no puede ser necesario porque esto significaría la salvación por medio de las obras humanos. Debemos entender que el bautismo es un hecho de fe; es el momento en el cual Dios ha escogido perdonar los pecados del creyente arrepentido. Con Martín Lutero, afirmamos tanto la justificación por la fe como la esencialidad del bautismo en agua.

Dios a menudo requiere una manifestación visible de fe de parte del hombre antes de que El realice una obra espiritual. Los requisitos del Antiguo Testamento de la circuncisión, los sacrificios de sangre, y las ceremonias de la purificación eran consistentes con la justificación por la fe. Antes de que Jesús convirtiera el agua en vino, exigió que los sirvientes llenaran los cántaros con agua (Juan 2:7). Antes de que Jesús levantara a Lázaro de los muertos, exigió que los espectadores quitaran la piedra (Juan 11:39). El podría haber realizado estos milagros sin ayuda, pero El requirió una manifestación de fe y de obediencia.

Solamente porque un hombre bautiza a otro no significa que el hombre le salva al hombre. El hombre no perdona el pecado; Dios simplemente lo usa como un instrumento para transmitir el evangelio. Por el mismo principio Dios usa la predicación del hombre para traer la salvación (1 Corintios 1:18, 21), y nadie oirá el mensaje de la salvación sin un predicador (Romanos 10:13-17). Cuando Dios le detuvo a Pablo en el camino a Damasco, Dios no le reveló el plan de salvación, sino lo envió a un predicador llamado Ananías (Hechos 9). El ángel de Dios no le predicó a Cornelio sino que lo envió a Pedro para el mensaje de la salvación (Hechos 10). Dios usa a los humanos para llevar el mensaje de la salvación a otros, y el bautismo en agua es simplemente otro ejemplo de este hecho.

Si podemos ignorar el mandamiento de ser bautizados porque es una "obra," entonces podemos ignorar también el mandamiento de arrepentirnos. Esto llevaría a la idea absurda que uno puede ser salvo sin el arrepentimiento.

El Perdón y la Remisión

Algunas personas enseñan que el perdón y la remisión son dos eventos distintos, el primero ocurriendo en el arrepentimiento y el último en el bautismo en agua. En el arrepentimiento, según esta enseñanza, Dios acepta la disculpa del hombre, y lo restaura a una relación personal, y en el bautismo Dios borra el registro y la pena de los pecados del pasado. Esta distinción tiene alguna base en las definiciones y uso del KJV de las palabras inglesas. Por ejemplo, el Diccionario Webster define el *perdón* como "dejar de sentir resentimiento contra (un ofensor): perdón" y define la *remisión* como "librar de la culpa o pena de . . . abstenerse de exigir . . . cancelar o abstenerse de infligir."[11] *Perdón* lleva la idea de conciliación personal, mientras que *remisión* connota un pago legal.

Sin embargo, aun en el inglés y el español, *perdón* y *remisión* a menudo son usadas intercambiablemente. El *Diccionario Webster* define el *perdón* como "librar de la pena . . . perdonar la pena o perdonar."[12] De más importancia, no hay ninguna distinción entre *perdón* y *remisión* en el griego. Hay solo una palabra griega, *aphesis*, que la KJV y la RV a veces traducen " *perdón*" (Hechos 5:31) y a veces como "*remisión* (Hechos 2:38). La mayoría de las traducciones posteriores, como el RSV y NVI, usan solo *perdón* y no *remisión*. La Concordancia Exhaustiva de Strong define *aphesis* como "libertad; (fig.) perdón." El Diccionario Expositorio de

Vine dice "denota un despido, descargo" y define la forma del verbo, *aphiemi*, como "principalmente, despedir, enviar lejos . . . denota sus otros significados además, perdonar o perdonar."[13]

El Antiguo Testamento asociaba el perdón con un sacrificio propiciatorio. No solo el israelita tenía que confesar su pecado a Dios y pedir perdón, sino también tenía que ofrecer un sacrificio de sangre para recibir el perdón. Los siguientes pasajes demarcan explícitamente la condición de que el perdón depende en un sacrificio de sangre: Levítico 4:13-35; 5:7-18; 6:1-7; 19:22, Números 15:22-28, y Deuteronomio 21:1-8. En la dedicación del Templo, Salomón oró que Dios oyera las oraciones ofrecidas allí y perdonara (1 Reyes 8:30-50; 2 Crónicas 6:21-39). El no quiso decir la oración en lugar del sacrificio, sino la oración asociada con los sacrificios de Templo.

En otros pasajes del Antiguo Testamento, Dios prometió el perdón si Su pueblo se arrepintiera (2 Crónicas 7:14; Jeremías 36:3), y Su pueblo pidió a menudo el perdón (Salmo 25:18; Daniel 9:19; Amós 7:2), pero ningún versículo repudia la necesidad de los sacrificios de sangre ofrecida atentamente y sin hipocresía. Podemos suponer que el lamento penitente era asociado con los sacrificios del Templo siempre que fuera posible. Hebreos 9:22 declara, "Sin derramamiento de sangre no se hace remisión." Aunque los sacrificios animales no proporcionaban el perdón en sí, señalaban hacia Cristo; los santos del Antiguo Testamento demostraban fe por su obediencia al plan de Dios de los sacrificios de sangre.

Muchos pasajes del Nuevo Testamento dan en términos generales las condiciones del perdón que uno puede obtener de Dios (Mateo 12:31-32; Marcos 4:12; Lucas 23:34; Romanos 4:7), mientras otros hablan del perdón que el hombre da al hombre (Mateo 18:21; 2 Corintios

2:10; 12:13). Muchos hablan del perdón que los creyentes pueden recibir para los pecados cometidos después de la conversión (Mateo 6:12-15; Hechos 8:22; Santiago 5:15; 1 Juan 1:9; 2:1) en cual caso se da por presumido el bautismo en agua previo.

En el Nuevo Testamento, dos individuos expresamente recibieron el perdón aparte del bautismo—el hombre paralítico y la mujer que lavó los pies de Cristo (Mateo 9:2-6; Lucas 7:47-49). Ambos casos ocurrieron durante la transición del pacto antiguo al nuevo, antes de la fundación de la iglesia neotestamentaria y antes del bautismo cristiano. Jesús esperó de aquellos que El perdonaba que siguieran la Ley y esperaran la revelación más extensa, pero en ningún caso concedió Dios el perdón aparte de la obediencia a Su plan durante ese tiempo. Incluso el ladrón arrepentido en la cruz se salvó bajo el pacto antiguo, siendo Cristo ambos su sumo sacerdote y su sacrificio.

La siguiente tabla resume cada ocurrencia de la palabra griega *aphesis* en el Nuevo Testamento:

Aphesis (Perdón/Remisión) en el Nuevo Testamento

Escritura (Español)	Traducción KJV (Inglés)	Traducción RV	Contexto
Mateo 26:28	remisión	perdón	por la sangre de Jesús
Marcos 1:4	remisión	perdón	el bautismo de arrepentimiento para *aphesis*
Marcos 3:29	perdón	perdón	para la blasfemia
Lucas 1:77	remisión	perdón	a través de Jesús
Lucas 3:3	remisión	perdón	el bautismo de arrepentimiento para *aphesis*
Lucas 4:18a	liberación	libertad	por medio de Jesús

Lucas 4:18b	libertad	libertad	por medio de Jesús
Lucas 24:47	remisión	perdón	Los discípulos deberían predicar el arrepentimiento y el *aphesis*
Hechos 2:38	remisión	perdón	arrepentimiento y bautismo para *aphesis*
Hechos 5:31	perdón	perdón	Jesús da arrepentimiento y *aphesis*
Hechos 10:43	remisión	perdón	los creyentes reciben el *aphesis* por el nombre de Jesús
Hechos 13:38	perdón	perdón	a través de Jesús
Hechos 26:18	perdón	perdón	después de volverse a Dios
Efesios 1:7	perdón	perdón	por la sangre de Jesús
Colosenses 1:14	perdón	perdón	por medio de la sangre de Jesús
Hebreos 9:22	remisión	perdón	el requisito de sangre
Hebreos 10:18	remisión	perdón	ningún otro sacrificio necesario

La tabla demuestra que los siguientes elementos forman parte del perdón en el Nuevo Testamento: la sangre de Jesús, la fe, el arrepentimiento, el nombre de Jesús y el bautismo en agua. En la iglesia neotestamentaria recibimos el perdón por medio del arrepentimiento y el bautismo en agua en el nombre de Jesús, ambos siendo hechos posibles y efectivos por la sangre de Jesús.

Esto explica un por otra parte el pasaje muy difícil de las Escrituras. Jesús les dijo a Sus discípulos, "A quienes remitiereis los pecados, les son remitidos; y a quienes se los retuviereis, les son retenidos" (Juan 20:23). Si el perdón viene por medio de la confesión solamente, ¿cómo los apóstoles pudieran perdonar el pecado? No podían tomar el lugar de Dios como el perdonador, ni podían tomar el lugar de Cristo como el mediador; sin embargo, aquellos quienes ellos bautizaron recibieron perdón de los pecados. Los apóstoles no podrían negarse a bautizar a los creyentes arbitrariamente (Hechos

10:47); todos que aceptaron el bautismo de los apóstoles recibieron perdón de los pecados, mientras que aquellos que lo rechazaron no o recibieron.

La Fe Es Necesaria en el Bautismo

La verdadera fe en Dios y en Su Palabra conducirá al bautismo en agua. Sin la fe en Dios, el bautismo no tiene valor. Sin fe es imposible agradar a Dios, y el bautismo no es una excepción (Hebreos 11:6). El bautismo en el nombre de Jesús es ineficaz a menos que el candidato realmente tenga fe en Jesús y en el poder representado por Su nombre (Hechos 10:43). Felipe le dijo al etíope que tenía que creer en Jesús antes de que pudiese ser bautizado (Hechos 8:37). Para que Dios pueda perdonar los pecados en el bautismo, uno debe poner su fe en Jesús como su Salvador y debe confiar que es El quien le perdona y no debe poner su fe ni en la ceremonia, ni en el agua, ni en las obras del candidato, ni en la bondad del administrador.

Tanto el Arrepentimiento como el Bautismo Son Necesarios

Según Hechos 2:38 y otros versículos de las Escrituras, se requieren el arrepentimiento y el bautismo en agua para recibir el don del perdón: "Arrepentíos, y bautícese cada uno de vosotros en el nombre de Jesucristo para perdón de los pecados . . ." (Hechos 2:38). Podemos decir que Dios se encarga de las consecuencias presentes del pecado en el arrepentimiento y de las consecuencias eternas en el bautismo. (Véase el capítulo 5.) El arrepentimiento sí tiene un papel crucial en recibir el perdón, pero en vez de decir que recibimos el perdón completo en el arrepentimiento por sí solo, es más bíblico hablar del perdón después del arrepentimiento y del bautismo en agua.

El arrepentimiento debe preceder al bautismo. La primera cosa que predicó Juan era el arrepentimiento, y sus conversos confesaban sus pecados a Dios en el bautismo (Mateo 3:6; Marcos 1:5). Cuando la gente llegaba a ser bautizada, Juan exigía que primeramente se arrepintieran y que mostraran evidencia del arrepentimiento (Mateo 3:8; Lucas 3:8). El bautismo es una sepultura de los pecados del pasado, pero para que la sepultura tenga un significado deber haber una muerte al pecado por medio del arrepentimiento. Para que los pecados sean perdonados en el bautismo, debe haber arrepentimiento de aquellos pecados.

El Bautismo Sin Antes Arrepentirse

Puesto que la Biblia enseña que el arrepentimiento debe preceder el bautismo, un ministro debe explicar cuidadosamente el arrepentimiento al candidato bautismal. Si el candidato manifiesta una falta del arrepentimiento, el ministro podría negarle el bautismo tal como hizo Juan. Por supuesto, El no puede exigir un nivel alto de madurez espiritual. El creyente requiere tiempo y enseñanzas para desarrollarse. Finalmente, cada persona debe responder a Dios por si misma, entonces por lo general el ministro debe respetar la declaración sincera de una persona que entiende el mensaje que se ha arrepentido.

Sin embargo, es bíblico que un ministro interrogue al candidato acerca de su fe en Jesucristo. Felipe exigió una declaración de fe de parte del eunuco etíope antes de decidir bautizarlo (Hechos 8:37), y el ministro también tiene la responsabilidad de recibir una confesión de fe antes del hecho bautismal.

La Biblia no declara específicamente lo que el ministro debe hacer cuando una persona confiesa que no se arrepintió hasta después de su bautismo. Una opción sería bautizarlo de nuevo, pero la Biblia no enseña esto ni anota ningunos casos de personas que han sido bautizados de nuevo. Puesto que el bautismo es esencialmente un hecho de fe, parecería que no sería necesario bautizarle de nuevo si el bautismo original fue motivado por la fe en Dios y un deseo sincero de vivir para El. La fe y un deseo de Dios indican una medida de arrepentimiento. La validez del bautismo depende de la fe que involucra un reconocimiento de los pecados y una aceptación de la Cruz y no de una lista completa de los pecados que una persona ha cometido.

Aquí presentamos algunos ejemplos para demostrar esta posición: (1) El bautismo infantil no es válido, puesto que el infante no puede ejercer la fe. La persona debe ser bautizada de nuevo cuando tiene más edad y después de demostrar la comprensión, la fe, y el arrepentimiento. (2) Si un adulto es bautizado por razones sociales en vez de razones espirituales, debe bautizarse de nuevo después de que posea la fe personal y después de que experimente el arrepentimiento. (3) Cuando un adulto se da cuenta de su necesidad de Dios y siente un deseo de vivir por Dios y es bautizado, pero después comprende que no se hubo arrepentido completamente de su estilo pecaminoso de vida, no hay necesidad de ser bautizado de nuevo. Debe arrepentirse de aquellos pecados y debe recibir el Espíritu Santo. No es necesario ser bautizado de nuevo porque su bautismo era un hecho de fe en Jesucristo. Aunque su bautismo no perdonó los pecados no arrepentidos en aquel momento, se hizo eficaz mas tarde cuando se arrepintió. (4) Alguien se arrepiente, se bautiza, y recibe el Espíritu Santo, pero después regresa a una vida pecaminosa. Cuando se arrepiente de su recaída, no necesita ser bautizado de nuevo porque su bautismo cubre sus pecados subsiguientes cuando El se arrepiente.

En conclusión, un solo bautismo es suficiente si se ha hecho en el nombre de Jesús con la fe en El, pero ningún pecado (o antes de o después del bautismo) se perdona sin el arrepentimiento de aquellos pecados. La validez del bautismo no depende de la fe ni de la moralidad del candidato, ni depende de la falta de ninguno de estos por parte de familia, amigos, o administrador, sino depende del arrepentimiento del candidato y su fe en Jesucristo.

El Bautismo de Infantes

Como esta discusión sugiere, el bautismo infantil no es válido y nunca puede llegar a ser válido más tarde en la vida puesto que los infantes no tienen una fe consciente. Algunos sugieren que Dios les da fe a los infantes para validar el bautismo. Sin embargo, puesto que Dios es la fuente fundamental de la fe, el hombre es responsable de usar aquella fe y tiene la opción de usarla o no. La fe salvadora es una contestación consciente y voluntaria a Dios. La Biblia enseña que el bautismo es para los creyentes solamente (Marcos 16:16; Hechos 8:37) y solamente para los arrepentidos (Lucas 3:8; Hechos 2:38). Los infantes ni pueden creer ni pueden arrepentirse, y la Biblia registra ningún ejemplo del bautismo infantil.

Algunos señalan a las conversiones de familias como una evidencia para el bautismo infantil. Por ejemplo, los de la casa de Lidia y los de la casa del carcelero Filipense se bautizaron (Hechos 16:15; 31-33). Sin embargo, los de la casa de Cornelio recibieron el Espíritu Santo y hablaron en lenguas (Hechos 10:24, 44-46; 11:14-17), pero es evidente que los infantes no hablaron en lenguas. La casa incluía literalmente los animales domésticos, pero nadie contiende que se bautizaron los animales. La Biblia anota explícitamente que la casa entera del carcelero creyó y que la casa entera de Crispo creyó (Hechos 16:34; 18:8), pero ninguno de los infantes que estaban presentes tenía fe consciente. Debemos entender que el bautismo familiar incluía solamente aquellos que estaban calificados para recibir el bautismo—los que tenían una edad suficiente para poder arrepentirse, tener la fe, y ser salvos.

Algunos enseñan que se debe bautizar a los infantes porque se circuncidaban los infantes en el Antiguo Testamento. Sin embargo, el bautismo es una circuncisión espiritual y no física e incluye una limpieza espiritual y no física. Los pecados pasados y el antiguo estilo de vida son cortados, y esto requiere una fe consciente y el arrepentimiento. Colosenses 2:11-12, el pasaje que describe el bautismo como una circuncisión espiritual, enseña que esta obra espiritual ocurre por medio de nuestra fe en la obra de Dios. Además, la circuncisión tipifica tanto el bautismo en agua como el bautismo del Espíritu; el candidato para el bautismo en agua debe estar listo para recibir el Espíritu.

En el Antiguo Testamento Dios trató de una manera especial con una nación que estaba identificada físicamente y estaba separada del mundo. En el día de hoy, Dios obra en una base individual en vez de una base nacional;

Su pueblo es el grupo de aquellos que han nacido de nuevo y que están separados espiritualmente del mundo.

El Bautismo para los Muertos

El bautismo a favor de las personas muertas no es bíblico. Los muertos no pueden tener fe salvadora, ni pueden arrepentirse; es demasiado tarde para ellos: "está establecido para los hombres que mueran una sola vez, y después de esto el juicio" (Hebreos 9:27). La Biblia no enseña que las almas pueden ser salvas después de la muerte, sobre todo por acciones hechas por otros a favor de ellas.

La práctica de bautizarse a favor de las personas muertas está basada en una interpretación errónea de 1 Corintios 15:29. En 1 Corintios 15, Pablo enseñó la resurrección de Jesús y la resurrección futura de los muertos. Como parte de su argumento, el preguntó, en esencia, "Si no hay ninguna resurrección por qué algunos se bautizan para los muertos?" Hay varias teorías acerca de lo que Pablo estaba diciendo, pero este versículo ni enseña ni aprueba el bautismo a favor de los muertos, especialmente puesto que esto contradiría el resto de las Escrituras.

Aquí hay tres posibles explicaciones de este versículo: (1) Pablo se refería a los que llegaban a convertirse como resultado de la muerte de un ser amado que era cristiano. (2) El se refería al bautismo por agente, no para excusarlo, sino para usarlo como un ejemplo de fe en la resurrección. Quizás algunos corintios enseñaban en contra de la resurrección, pero bautizaban a favor de los muertos, y él señaló su inconsistencia. (3) El estuvo hablando del bautismo en la muerte de Cristo. "Los muertos" probablemente no significa a Cristo puesto que la palabra griega es plural, pero quizás significa las antiguas naturalezas pecaminosas que se murieron en el arrepentimiento. El bautismo sepulta a las naturalezas antiguas con Cristo para que ellas puedan resucitarse en vida nueva tal como hizo Jesucristo (Romanos 6:3-5). Considerado de esta manera, el bautismo es una confesión de fe en la resurrección de Cristo y esto es lo que Pablo afirmó en este pasaje entero.

Los Pecados Cometidos Después del Bautismo

Como cristianos, podemos obtener perdón por pecados cometidos después del bautismo (1 Juan 2:1). Dios simplemente exige que nos arrepintamos y que confesemos nuestros pecados: "Si confesamos nuestros pecados, El es fiel y justo para perdonar nuestros pecados, y limpiarnos de toda maldad" (1 Juan 1:9). El no requiere un segundo bautismo; el primer bautismo en viene a ser eficaz con respecto a los pecados subsiguientes cuando confesamos aquellos pecados en el arrepentimiento a Dios.

¿Por Qué Escogió Dios el Bautismo?

Dios es soberano cn Sus planes, y no tenemos ningún derecho de cuestionar lo que El ha escogido. Tampoco nuestra falta de entendimiento disminuye nuestro deber de obedecer. No obstante, podemos entender algunas razones por qué Dios diseñó el bautismo en agua y lo hizo de tanta importancia.

El agua simboliza la muerte. El agua causa gran

destrucción y muchas muertes por medio de las tormentas y los diluvios, y un ser humano se ahogará después de unos minutos de inmersión en el agua. En el día de Noé, Dios usó el agua para traer la muerte al mundo incrédulo entero.

En segundo lugar, el agua es asociada universalmente con el lavamiento y la limpieza. Por muchas razones es el agente de limpieza de más uso. Disuelve la suciedad, es muy disponible, se puede usarla en casi cualquier material sin causar daño; como un líquido, es fácil de usar, y puede ser aplicada con gran fuerza.

Finalmente, el agua simboliza la vida misma. Ninguna planta, ningún animal, y ninguna vida humana puede existir sin agua. Un hombre puede sobrevivir durante varias semanas sin alimentos pero puede sobrevivir solamente unos cuántos días sin agua. El agua disuelve muchas substancias y hace posible que se realicen las reacciones químicas necesarias en el cuerpo humano. Aproximadamente sesenta por ciento del cuerpo humano es agua, y aproximadamente ochenta por ciento de la sangre es agua.[14] La sangre que distribuye oxígeno y alimentos nutritivos a cada parte del cuerpo no podría fluir sin el agua que contiene; dejaría de ser "la vida de toda carne" (Levítico 17:14). Aún en el reino físico, el agua transporta y aplica la sangre que da vida al cuerpo.

Estas tres verdades importantes acerca del agua hacen que sea singularmente apto para simbolizar lo que pasa en el bautismo. Cuando somos sumergidos en las aguas del bautismo, Dios destruye al hombre viejo, lo ahoga, y lo sepulta. Durante el bautismo, Dios nos aplica la sangre de Cristo que da vida para limpiarnos del pecado. Cuando subimos de las aguas del bautismo, estamos listos para recibir la nueva vida en el Espíritu.

La Distinción entre el Bautismo en Agua y el Bautismo del Espíritu

Aunque el bautismo en agua y el bautismo del Espíritu se combinan para formar un solo bautismo, no debemos igualar los dos eventos de la manera que algunos han hecho. En el mejor de los casos, uno recibirá el Espíritu Santo cuando sale de las aguas del bautismo, pero esto no es siempre el caso. Puede ser que haya una falta de conocimiento, de fe, o del arrepentimiento. Los samaritanos son un buen ejemplo de esto (Hechos 8:12-17). En otros casos, la gente se arrepiente y recibe el Espíritu Santo antes de que se bauticen en agua. Cornelio es un buen ejemplo de esto (Hechos 10:44-48). La Biblia describe el bautismo en agua y el bautismo del Espíritu como dos eventos distintos aunque ellos concuerdan en un solo propósito.

¿Es el Bautismo un Requisito?

Nuestra respuesta a esta pregunta está en la afirmativa. Dios podría haber escogido perdonar los pecados aparte del bautismo, pero Su Palabra enseña que ha escogido perdonar los pecados en el bautismo. La pregunta no es lo que Dios podría hacer sino lo que hace. No cuestionamos la soberanía de Dios, y no tenemos la autoridad de enseñar el perdón de pecados en esta edad aparte del bautismo cristiano. La Biblia no discute la posibilidad. Debemos evitar la especulación humana con respecto a las posibles excepciones. La tarea nuestra es la de predicar y practicar el bautismo para el perdón de los pecados. Sabemos que la Biblia nos enseña que Dios perdona los pecados en el bautismo en el nombre de Jesús, y eso es suficiente para nuestra tarea.

El Significado del Bautismo en Agua

Permítanos resumir lo que pasa en el bautismo en agua.

(1) Dios perdona los pecados en el bautismo en agua (Hechos 2:38; 22:16). Se perdonan los pecados en el sentido total de la palabra. El registro divino de nosotros como pecadores se borra, y se quita la pena del pecado—la muerte eterna. Nuestros pecados son lavados para siempre. El perdón es pertinente a todos los pecados de los cuales nos arrepentimos y no importa cuando fueren cometidos. El perdón solo ocurre cuando la persona bautizada cree y se arrepiente, pero la validez del bautismo no depende de la condición espiritual de nadie más (como el administrador del bautismo).

(2) El bautismo en agua es una parte del nuevo nacimiento. La persona bautizada nace de agua que se refiere simplemente a la obra espiritual que Dios realiza en aquella persona (Juan 3:5; Tito 3:5).

(3) El bautismo nos identifica con la muerte y la sepultura de Jesús (Romanos 6:1-4; Colosenses 2:12). Indica que morimos al pecado por medio del arrepentimiento y que no solo estamos sepultando nuestros pecados pasados, sino también el "hombre viejo"—el dominio de los pecados y del estilo de vida pecaminoso.

(4) El bautismo en agua es una parte del único bautismo en agua y del Espíritu que nos pone en el cuerpo de Jesucristo (Romanos 6:3-4; Gálatas 3:27). Es una identificación personal con Jesús y parte de nuestra entrada en Su familia.

(5) El bautismo en agua es una parte de nuestra circuncisión espiritual (Colosenses 2:11-13). Dios realiza la cirugía espiritual y quita "el hombre viejo" con sus pecados. El bautismo denota nuestra relación nueva del pacto con El.

En este capítulo hemos hablado de la importancia y de la necesidad del bautismo en agua. En el próximo capítulo. Hablaremos de la fórmula bíblica del bautismo en agua, su significado, y su importancia para el día de hoy.

NOTAS

[1] "El Bautismo," *Un Diccionario de la Biblia* [después ADB], James Hastings, ed. (Nueva York: Charles Scribner's Sons, 1898), 1, 243.

[2] Ibidem, págs. 240-41.

[3] Ibidem

[4] Vine, págs. 98-99.

[5] Ibidem, pág. 98.

[6] *Comentario del Púlpito*, XVIII (Romanos), 156.

[7] Ibidem, XXII (1 Pedro), 137.

[8] Ibidem

[9] F. F. Bruce, *Los Comentarios Tyndale Del Nuevo Testamento*, VI, 136.

[10] Ibidem, n.1.

[11] Webster, págs. 891, 1920.

[12] Ibidem, pág. 1640.

[13] Vine, págs. 462-63.

[14] Isaac Asimov, *El Cuerpo Humano* (Nueva York: The New American Library, Inc., 1963), págs. 180-81.

7

LA FORMULA BAUTISMAL: EN EL NOMBRE DE JESUS

"Pedro les dijo: Arrepentíos, y bautícese cada uno de vosotros en el nombre de Jesucristo para perdón de los pecados . . ." (Hechos 2:38).

El bautismo cristiano ha de ser administrado "en el nombre de Jesús." Esto significa invocar verbalmente el nombre Jesús en el bautismo en agua.

El Registro Bíblico

El Libro de Los Hechos contiene cinco ejemplos del bautismo en el nombre de Jesús, mientras que ningún relato bíblico menciona una ocasión donde se usaba otro nombre o fórmula en un bautismo actual. Abajo citamos seis referencias indiscutibles en el Nuevo Testamento con relación al bautismo en el nombre de Jesús.

(1) Después del primer sermón de la iglesia neotes-

tamentaria, Pedro mandó el bautismo "en el nombre de Jesucristo" con el apoyo de los demás de los apóstoles (Hechos 2:14, 37-38). Aquellos que aceptaron su mensaje se bautizaron de acuerdo con este mandamiento—es decir, en el nombre de Jesús (Hechos 2:41).

(2) Después que los samaritanos creyeron lo que Felipe estuvo predicando acerca del "nombre de Jesucristo," ellos fueron bautizados "en el nombre de Jesús" (Hechos 8:12, 16).

(3) Después que Cornelio y los demás gentiles de su casa recibieron el Espíritu Santo, Pedro "mandó bautizarles en el nombre del Señor Jesús" (Hechos 10:48). Los manuscritos griegos más antiguos contienen el nombre "Jesucristo" en este versículo. Unas traducciones posteriores dicen: "Entonces él mandó que ellos se bautizaran en el nombre de Jesucristo" (NVI); "Y él mandó que ellos se bautizaran en el nombre de Jesucristo, el Mesías" (LBA).

(4) Cuando Pablo se encontró con ciertos discípulos de Juan el Bautista en Efeso, les preguntó acerca de su bautismo. Al aprender que habían recibido solamente el bautismo de Juan, los bautizó de nuevo y esta vez "en el nombre del Señor Jesús" (Hechos 19:5).

(5) Sabemos que Pablo mismo fue bautizado en el nombre de Jesús, porque Ananías le dijo, "Levántate y bautízate, y lava tus pecados, invocando su nombre" (Hechos 22:16).

(6) Además de estos cinco relatos en el Libro de los Hechos, Primera Corintios muestra que los creyentes gentiles en Corinto habían sido bautizados en el nombre de Jesús. La iglesia en Corinto estaba llena de divisiones con varios grupos que reclamaban ser seguidores de Pablo, o de Pedro, o de Apolos, o de Jesucristo. Cuándo Pablo los reprendió a causa de las

divisiones, El preguntó, "¿Acaso está Cristo dividido? ¿Fue crucificado Pablo por vosotros? ¿O fuisteis bautizados en el nombre de Pablo?" (1 Corintios 1:13). La respuesta obvia a la última pregunta es, "No, fuimos bautizados en el nombre de Jesucristo." Puesto que los corintios fueron bautizados en el nombre de Jesucristo, y no en el nombre de Pablo, ellos pertenecían a Jesucristo y no a Pablo. Pablo estuvo diciendo esto: Jesús murió para la iglesia entera y la iglesia entera se bautizó en Su nombre, de modo que la iglesia debe unirse en seguirle. Si los corintios no fueren bautizados en el nombre de Jesús, el argumento de Pablo no tendría ningún sentido.

Concluimos de estos seis pasajes que la iglesia apostólica siempre bautizaba en el nombre de Jesús. Todos los creyentes—judíos, samaritanos, y gentiles—recibían el bautismo en el nombre de Jesús.

Sepultura con Cristo

El bautismo es una sepultura con Cristo, siendo esto una identificación con Su muerte y con Su sepultura (Romanos 6:4; Colosenses 2:12). Solo Jesús murió y fue sepultado a favor de nosotros, por tanto el bautismo se administra en el nombre de Jesús.

Identificación con Cristo

El bautismo es una identificación personal con Jesucristo porque somos bautizados en Cristo (Romanos 6:3; Gálatas 3:27). Somos bautizados en Su nombre para identificarnos personalmente con El y para asumir Su nombre. Para hacernos parte del cuerpo de Cristo, que es la iglesia, debemos asumir el nombre de Jesucristo.

En el Antiguo Testamento Dios identificó a Su Templo por poner Su nombre en él (1 Reyes 8:29). En el Nuevo Testamento la iglesia es el templo de Dios (1 Corintios 3:16-17) y debe llevar Su nombre. Los santos de Dios en el Libro de Apocalipsis tienen Su nombre escrito en ellos como una marca de identificación (Apocalipsis 3:12; 14:1; 22:4).

Que el nombre sirve para identificarnos con Jesús que se hace aun más claro cuando estudiamos la palabra griega *eis* , que la RV traduce "en" en Gálatas 3:27. Esta palabra también aparece en Hechos 8:16, Hechos 19:5, y 1 Corintios 1:13. En estos tres versículos la RV traduce la frase pertinente como "bautizados en el nombre," pero la NVI lleva su verdadero significado más fuertemente traduciéndolo como "bautizados *al* nombre" (En el sentido de meterse dentro del nombre). W. E. Vine explicó la importancia de esta frase: "Indicaría que la persona bautizada se liga estrechamente a, o se convierte en, la propiedad de Aquel en cuyo nombre fue bautizado."[1] Otro autor protestante escribió, "El Nombre representa a la persona, autoridad, y poder, de modo que el bautismo en el nombre del Señor Jesús es un bautismo a la ciudadanía o membresía de Su Persona, autoridad, y poder."[2] "ser bautizado en el nombre de Jesús significa ser bautizado en Su Cuerpo, Su vida, en la ciudadanía y membresía de Su reino."[3]

El bautismo nos identifica con Jesús, y es específicamente el bautismo en Su nombre lo que nos identifica con El, nos hace Su propiedad, y nos pone en Su cuerpo. No debemos ser reacios de identificarnos con El que murió por nosotros y de hacernos Su propiedad por invocar Su nombre en el bautismo.

Asumir el Nombre de Familia

La Biblia describe la salvación como un nuevo nacimiento y también como una adopción. Visto de cualquiera de estos modos, debemos asumir el nombre legal de nuestra nueva familia. Esto ocurre en el bautismo puesto que es una parte del nuevo nacimiento y parte de nuestra identificación con Cristo.

En el Antiguo Testamento un niño recibía oficialmente su nombre en la ceremonia de la circuncisión (Lucas 1:57-63; 2:21) y el bautismo es nuestra circuncisión espiritual (Colosenses 2:11-12). Ciertos sacerdotes en el Antiguo Testamento eran excluidos del sacerdocio porque no se hallaban registrados bajo el nombre de su padre y no podían comprobar su genealogía (Esdras 2:61-62). Sin embargo, al invocar el nombre de nuestro Padre podemos reclamar nuestro sacerdocio y nuestra herencia espiritual.

Jesús vino en el nombre de Su Padre, habiendo recibido Su nombre por herencia (Juan 5:43; Hebreos 1:4), de modo que Jesús es el nombre por el cual el Padre se ha manifestado a nosotros. Toda la familia espiritual de Dios ha recibido el nombre de Jesús (Efesios 3:14-15). Claramente, entonces, Jesús es el nombre que recibimos en el bautismo. Si esperamos llegar a ser parte de Su familia en el bautismo, debemos recibir Su nombre.

El Perdón de Pecados en el Nombre

El bautismo es para perdón de los pecados (Hechos 2:38), y el nombre de Jesús es sumamente relacionado con el perdón de los pecados. Pedro proclamó esto acerca del nombre de Jesús: "Y en ningún otro hay salvación;

porque no hay otro nombre bajo el cielo, dado a los hombres, en que podamos ser salvos" (Hechos 4:12). El también predicó, "Todos los que en El creyeren, recibirán perdón de pecados por su nombre" (Hechos 10:43) y "Y todo aquel que invocare el nombre del Señor, será salvo" (Hechos 2:21). Ananías relacionó específicamente el nombre de Jesús con el lavamiento de los pecados en el bautismo: "Y ahora, ¿por qué te detienes? Levántate y bautízate, y lava tus pecados, invocando su nombre" (Hechos 22:16, RV).

Poder y Autoridad en el Nombre

Un escritor protestante declaró, "Invocar el nombre . . . significaba invocar la ayuda y la protección."[4] Cuando necesitamos una manifestación del poder de Dios, podemos invocar el nombre de Jesús.

La invocación de un nombre también representa la autoridad que respalda al nombre; Cuando un alguacil (sheriff) decía, "Abra, en nombre de la ley," él invocaba tanto la autoridad como el poder de la ley. Cuando invocamos el nombre de Jesús contamos con el poder y la autoridad de Jesús. Aquí citamos algunos ejemplos: (1) Jesús dijo, "Toda potestad me es dada en el cielo y en a tierra. Por tanto, id, y haced discípulos a todas las naciones, bautizándolos en el nombre . . ." (Mateo 28:18-19). (2) El concilio del Sanedrín preguntó a Pedro y a Juan, referente a la sanidad del hombre cojo, "¿Con qué potestad, o en qué nombre, habéis hecho vosotros esto?" (Hechos 4:7). Pedro contestó, "En el nombre de Jesucristo de Nazaret" (Hechos 4:10). (3) El Señor prometió, "Si algo pidiereis en mi nombre, yo lo haré" (Juan 14:14).

Dios pone a nuestra disposición todo Su poder y autoridad cuando invocamos Su nombre con fe (Hechos 3:6, 16). Cuando llamamos el nombre del Señor en el bautismo, confiamos en Su autoridad para hacer la obra física y en Su poder para realizarse la obra espiritual.

Que Se Haga Todo en el Nombre

"Y todo lo que hacéis, sea de palabra o de hecho, hacedlo todo en el nombre del Señor Jesús, dando gracias a Dios Padre por medio de El" (Colosenses 3:17). El bautismo consiste tanto en palabra como en hecho, de manera que este versículo es aplicable. Claro, no pronunciamos verbalmente el nombre "Jesús" antes de cada declaración o hecho en nuestras vidas. Este versículo principalmente significa decir o hacer todo con el poder y la autoridad de Jesús, como Su representante y seguidor, y confiando en El.

Sin embargo, con relación a los específicos hechos espirituales que requieren la invocación del nombre de Dios este versículo de veras es pertinente. Oramos, echamos fuera los demonios, y ponemos las manos sobre los enfermos en el nombre de Jesús, todo por invocar Su nombre, y el bautismo en agua no debe ser una excepción. Uno que vive según el espíritu de Colosenses 3:17 como representante y seguidor de Cristo por cierto será bautizado en Su nombre.

Jesús Es el Nombre Supremo

El bautismo es un importante hecho espiritual que requiere la invocación del Nombre de Dios. El nombre más alto, más grande, más poderoso, que revela más del carácter de Dios, que Dios ha dado a los hombres es Jesús: "Por lo cual también Dios le exaltó hasta lo sumo, y le dio un nombre que es sobre todo nombre, para que en el nombre de Jesús se doble toda rodilla" (Filipenses 2:9-10). Para el bautismo por cierto debemos usar el nombre supremo. Si ahora no aceptamos voluntariamente el nombre de Jesús, de todos modos un día seremos obligados a reconocer la supremacía de este nombre.

La Aceptación de Jesús como Salvador

Un escritor escribió, "La invocación de un Nombre era la invocación del señor de uno mismo . . . Invocar el Nombre era jurar la lealtad al rey y Señor de uno mismo."[5] El bautismo en el nombre de Jesús significa la aceptación de El como Señor y Salvador.

Después de que Pedro predicó que Jesús era Señor y Cristo, él mandó el bautismo en Su nombre (Hechos 2:36-38). Cuando sus oyentes aceptaron el papel mesiánico de Jesús como Señor y Cristo, fueron bautizados (Hechos 2:41). Cuando los samaritanos aceptaron la predicación de Felipe acerca de Jesús, fueron bautizados en el nombre de Jesús (Hechos 8:12, 16).

La conversión de los discípulos de Juan es especialmente significativa en este sentido. Pablo les dijo, "Juan bautizó con bautismo de arrepentimiento, diciendo al pueblo que creyesen en aquel que vendría después de El, esto es, en Jesús el Cristo. Cuando oyeron esto, fueron bautizados en el nombre del Señor Jesús" (Hechos 19:4-5). Al ser bautizados de nuevo, esta vez en el nombre de Jesús, ellos expresaron la fe en Jesús y lo reconocieron como Mesías, Señor, Salvador, y el cumplimiento del ministerio de Juan.

Aceptando a Jesús como la Plenitud de la Deidad

El bautismo en el nombre de Jesús también demuestra la fe en que toda la plenitud de la Deidad está en Jesús y que todo lo que necesitamos está en El: "Porque en él habita corporalmente toda la plenitud de la deidad. Y vosotros estáis completos en él" (Colosenses 2:9-10). Pablo asoció este concepto con el bautismo en agua, porque solamente dos versículos más adelante él dijo que somos "sepultados con él en el bautismo" (Colosenses 2:12). No solo reconocemos a Jesús como nuestro Salvador, sino le reconocemos como nuestro Dios y Salvador (2 Pedro 1:1; Judas 25). Le reconocemos como la única manera de tener acceso a Dios (Juan 14:6-11). El bautismo en el nombre de Jesús enfatiza la deidad plena de Jesús y el hecho de que El es todo lo que necesitamos para nuestra salvación.

No Es una Fórmula Mágica

El nombre de Jesús no es una fórmula mágica; las ondas de sonido que reverberan del nombre hablado no perdonan el pecado ni traen otros poderes especiales. Sin embargo, cuando invocamos el nombre de Jesús con fe, Jesús responde. El nombre representa Su presencia y Su obra. Debemos tener fe personal en Jesús para que el nombre pueda tener algún significado y para que suceda algo (Hechos 3:16; 10:43).

Los hijos de Esceva no podían echar fuera a un diablo aunque usaron el nombre de Jesús, porque no tenían una relación personal con El, ni tenían fe en El (Hechos 19:14-17).

El hecho de que no se puede tomar el nombre de Jesús como una encantación mágica no disminuye la necesidad de invocar el nombre verbalmente. Pedro oró por el hombre paralítico diciendo, "En el nombre Jesucristo de Nazaret, levántate y anda" (Hechos 3:6). Cuando el hombre caminó, Pedro explicó, "Y por la fe en su nombre . . . ha dado a éste esta completa sanidad" (Hechos 3:16). Se requiere que el nombre de Jesús sea invocado con fe. No podemos separar la fe interna de la obediencia a la Palabra de Dios. En el bautismo, cuando invocamos el nombre de Jesús con fe como Su Palabra manda, El viene y perdona nuestros pecados.

Una Investigación Más Extensa

Para una discusión más extensa de la importancia del nombre de Jesús, véase el capítulo 3 de *La Unicidad de Dios*, por David Bernard. Para una discusión más extensa de la deidad completa de Jesucristo, véase el capítulo 4 del mismo libro.

Es Para Todos

Se han presentado numerosos argumentos en un esfuerzo de esquivar la enseñanza de las Escrituras tocante al bautismo en el nombre de Jesús. Por ejemplo, algunos mantienen que solamente los cristianos judíos fueron bautizados en el nombre de Jesús y eso era para enfatizar su aceptación a Jesús como el Mesías. Sin embargo, esto ignora la enseñanza clara de las Escrituras. Los samaritanos, que eran mestizos de descendencia judía y gentil, recibieron el bautismo en el nombre de Jesús. También se bautizaron en el nombre de Jesús Cornelio, sus parientes y sus amigos, todos gentiles.

Es obvio que Cornelio no era un prosélito judío (Hechos 10:28, 45; 11:1-3, 18). Los prosélitos estaban presentes en el día de Pentecostés (Hechos 2:10), y uno de los siete diáconos era un prosélito (Hechos 6:5). La controversia acerca de la visita de Pedro a Cornelio no habría existido si Cornelio hubiera sido un converso judío.

De cualquier modo, otros gentiles, como los corintios, fueron bautizados en el nombre de Jesús. En resumen, toda clase concebible de creyentes fue bautizada en el nombre de Jesús.

Todos esfuerzos tales de explicar el uso de dos fórmulas separadas para el bautismo están destinados a fracasar. Puede haber una sola forma bíblica de bautismo cristiano. No puede haber una manera de bautizar a ciertos grupos de personas y otra manera para bautizar a otros grupos porque Dios no hace ninguna aceptación de personas (Hechos 10:34). No puede haber una manera de bautizar en un período particular en la historia neotestamentaria de la iglesia y otra manera para otro período en la historia de la iglesia. Ni puede haber varios tipos diferentes del bautismo a la vez. Hay un solo bautismo para la iglesia neotestamentaria.

La Invocación Verbal del Nombre

Algunos contienden que "el bautismo en el nombre de Jesús" significa en la autoridad y poder de Jesús solamente, y no significa que el nombre debe ser pronunciado verbalmente como parte de la fórmula bautismal. Sin embargo, la evidencia que enseguida presentamos muestra que "en el nombre de Jesús" es la fórmula real:

(1) El bautismo en el nombre de Jesús sí significa el bautismo con Su poder y autoridad, pero la manera de invocar Su poder y autoridad es por invocar Su nombre con fe. La autoridad que se representa por un nombre siempre se invoca por usar actualmente el nombre apropiado. Toda discusión acerca del poder y la autoridad no puede esconder uno punto: cuando actualmente usamos un nombre en el bautismo, ha de ser el nombre de Jesús.

(2) La Biblia revela que el nombre que Jesús se invocó verbalmente en el bautismo. Hechos 22:16 dice, "Y ahora, ¿por qué te detienes? Levántate y bautízate, y lava tus pecados, invocando su nombre." Aquí tenemos un mandamiento bíblico para invocar el nombre de Jesús en el bautismo.

Algunos dicen que en este versículo, solo el candidato bautismal mismo invoca el nombre de Jesús y no el administrador. Se puede debatir esto, pero aun así el nombre de Jesús ha de ser invocado verbalmente. Generalmente, el que bautiza normalmente invoca el nombre, pero el candidato también puede invocar el nombre de Jesús, porque la validez del bautismo depende de la fe del candidato y no de la fe del que bautiza.

Una profesión verbal sí ocurrió, porque la palabra griega "invocando" es *epikaleomai* que significa "llamar sobre" o "invocar."[6] Esta es la misma palabra que describe la oración verbal de Esteban a Dios: "Y apedreaban a Esteban, mientras él invocaba y decía: Señor Jesús, recibe mi espíritu" (Hechos 7:59).

El mismo verbo aparece también en Hechos 15:17:

"los gentiles, sobre los cuales es invocado mi nombre," y en Santiago 2:7: "¿No blasfeman ellos el buen nombre que fue invocado sobre vosotros?" Ambos pasajes dan de entender un momento específico cuando el nombre de Jesús se invocó encima de creyentes y esto ocurrió en el bautismo en agua. Otras traducciones de Santiago 2:7 son como sigue: "¿No blasfeman ellos el buen nombre que fue invocado sobre ustedes?" (*Nuevo Testamento Interlineal Griego-Inglés*); "¿No difaman ellos el nombre noble que ha sido invocado sobre ustedes?" (Rotherham); "¿No son ellos quienes calumnian y blasfeman ese nombre precioso por el cual ustedes son distinguidos y llamados [el nombre de Cristo que fue invocado en el bautismo]?" (LBA). En esta manera la Biblia declara en un versículo e indica en varios otros que el nombre de Jesús debe ser invocado verbalmente en el bautismo.

(3) La lectura clara y de sentido común de los pasajes bautismales nos hace creer que "en el nombre de Jesús" es la fórmula bautismal. Esa es la lectura natural y literal, y una persona tiene que usar métodos cuestionables y torcidos de interpretación bíblica para negar que las palabras significan lo que ellos parecen significar. Si esta no es una fórmula, es extraño que aparezca tantos tiempos como si fuera una fórmula sin ninguna explicación al contrario.

(4) En otras situaciones, "en el nombre de Jesús" significa pronunciar verbalmente el nombre de Jesús. Jesús dijo a Sus discípulos que ellos deberían orar para los enfermos en Su nombre (Marcos 16:17-18), y Santiago dijo que debemos orar por el enfermo "en el nombre del Señor" (Santiago 5:14). Cuando Pedro oró por un hombre cojo, El actualmente usó el nombre, porque dijo, "En el nombre de Jesucristo de Nazaret, levántate y anda" (Hechos 3:6). Después El explicó que el

hombre fue sanado "en el nombre de Jesús" (Hechos 3:16; 4:10). En otras palabras, cuando la iglesia primitiva oró para los enfermos en el nombre de Jesús, ellos actualmente pronunciaron el nombre de Jesús. De la misma manera, cuando la iglesia primitiva bautizaba en el nombre de Jesús, ellos actualmente pronunciaban el nombre de Jesús es una parte de la fórmula bautismal.

(5) Si "en el nombre de Jesús" no representa una fórmula, entonces la Biblia no da ninguna fórmula para el bautismo cristiano. El único otro candidato para una fórmula bautismal sería la redacción de Mateo 28:19. Sin embargo, si "en el nombre de Jesús" no enseña una fórmula, entonces tampoco "en el nombre del Padre, y del Hijo, y del Espíritu Santo" la enseña, porque la estructura gramatical es idéntica en ambos versículos. Si "en el nombre" significa "por la autoridad de," sin invocar literalmente un nombre, entonces ningún versículo da una fórmula.

Sin embargo, no creemos que Jesús nos dejó sin dirección en un asunto tan importante. En el capítulo 6, demostramos que el bautismo en agua es muy importante, entonces es inconcebible que la Biblia no daría las instrucciones adecuadas acerca de su administración. Si no tenemos una fórmula, ¿que es lo que distingue el bautismo cristiano de los bautismos paganos, el bautismo del prosélito judío, o el bautismo de Juan? Si no hay ninguna fórmula, o si la fórmula no tiene importancia, ¿por qué Pablo bautizó de nuevo a los discípulos de Juan y esta vez en el nombre de Jesús? Ningún erudito de reputación sostiene que la fórmula bautismal no es pertinente o que la Biblia no da ninguna dirección con respecto a una fórmula bautismal. Entonces, si "en el nombre de" no describa una fórmula, no tenemos ninguna.

(6) Los teólogos e historiadores de la iglesia reconocen que el Libro de Los Hechos sí da la fórmula

bautismal de la iglesia primitiva. *Enciclopedia De Religión Y Etica* dice con respecto al bautismo en el Nuevo Testamento, "La fórmula que se usaba era 'en el nombre del Señor Jesucristo' o alguna frase sinónima: no hay ninguna evidencia para el uso del nombre trino."[7] El *Diccionario del Intérprete de la Biblia* declara, "La evidencia de Hechos 2:38; 10:48 (cf. 8:16; 19:5), respaldado por Gálatas 3:27, Romanos 6:3, sugiere que el bautismo en la cristiandad temprana fue administrado, no en el nombre triple, sino 'en el nombre de Jesucristo' o 'en el nombre del Señor Jesús.'"[8]

Algunos argumentan que "en el nombre de Jesús" no es una fórmula, puesto que los varios relatos bautismales usan frases descriptivas diferentes, como "en el nombre de Jesucristo," "en el nombre del Señor Jesús," y "en el nombre del Señor." Sin embargo, todas estas frases son equivalentes, porque todos describen el mismo nombre, es decir, Jesús. *Señor* y *Cristo* son simplemente títulos que distinguen al Señor Jesucristo de cualquier otros que podrían tener el nombre de Jesús, pero el nombre único del Hijo de Dios es Jesús. Incluso Mateo 28:19 describe la fórmula bautismal como en el nombre de Jesús.

Mateo 28:19

En este versículo tenemos las palabras de Jesús justo antes de Su ascensión: "Id, y haced discípulos a todas las naciones, bautizándolos en el nombre del Padre, y del Hijo, y del Espíritu Santo." ¿Cómo podemos reconciliar este versículo con todas las referencias posteriores al bautismo en el nombre de Jesús, como por ejemplo Hechos 2:38? Hay varias ideas que podemos considerar.

En primer lugar, uno podría decir que los dos versículos describen dos fórmulas bautismales diferentes. En ese caso, ellos son contradictorios. Uno debe ser correcto y el otro equivocado, porque puede haber una sola fórmula del bautismo cristiano. Puesto que el plan de salvación de Dios en la edad de la iglesia del Nuevo Testamento es igual para todos, no puede haber dos fórmulas bautismales contradictorias. Puesto que la Biblia es la palabra infalible de Dios, no se contradice. Si la Biblia da dos fórmulas, ¿cuál es la correcta? ¿En cuál de las dos podemos confiar?

Mateo escribió Mateo 28:19 y también se puso en pie con Pedro cuando Este predicó en el día de Pentecostés (Hechos 2:14). La pregunta, "Varones hermanos, ¿qué haremos?" fue dirigida a todos los apóstoles (Hechos 2:37). Si Pedro hubiera dado una respuesta incorrecta, Mateo lo habría corregido.

Algunos dicen, "Preferiría obedecer las palabras de Jesús antes que a las palabras de Pedro." Sin embargo, parece que ellos no comprenden que Pedro le oyó a Jesús cuando habló lo de Mateo 28:19, que Mateo oyó a Pedro cuando habló lo grabado en Hechos 2:38, y que solo siete a diez días separaron los dos eventos. Si Hechos 2:38 contradice a Mateo 28:19, entonces el primer portavoz de la iglesia (Pedro) estaba en un error doctrinal, los otros apóstoles (incluso Mateo) lo siguieron en el error, y no podemos confiar en nada que los apóstoles predicaban o registraban. Si eso es el caso, podríamos también desechar todas las enseñanzas del Nuevo Testamento.

Una segunda solución es decir que Mateo 28:19 describe una fórmula mientras Hechos 2:38 no lo hace, o viceversa. Esto no es satisfactorio, porque las mismas palabras "en el nombre" aparecen en ambos versículos.

Si uno no describe una fórmula, tampoco lo hace el otro. Ya hemos visto muchas razones porque Hechos 2:38 sí describa una fórmula.

Una tercera respuesta es que ni Mateo 28:19 ni Hechos 2:38 describe una fórmula, lo cual nos deja sin ninguna fórmula. Esto no es muy probable dada la importancia del bautismo, la necesidad de distinguir el bautismo cristiano de otros tipos del bautismo, y la lectura sensible de los pasajes en cuestión.

Esto deja solo una posibilidad restante: a saber, que Mateo 28:19 y Hechos 2:38 describen la misma fórmula bautismal. Si esto es verdad, esta solución es muy atractiva porque tanto nos dará una fórmula como conservará la armonía de las Escrituras.

Un principio bíblico básico es que la verdad debe establecerse por más de un testigo (2 Corintios 13:1). Mateo 28:19 es el único versículo en la Biblia que usa la frase bautismal "en el nombre del Padre, y del Hijo, y del Espíritu Santo," mientras muchos versículos reiteran la frase bautismal en Hechos 2:38, "en el nombre de Jesucristo." Parece que Mateo 28:19 es el pasaje más indirecto que debemos armonizar e interpretar a la luz de los otros pasajes.

**Una Comparación entre los Relatos
de la Gran Comisión**

Mateo no era el único que anotó las últimas palabras de Jesús a Sus discípulos. Marcos y Lucas grabaron las últimas instrucciones del Señor, pero en lenguajes algo diferentes. Abajo presentamos una comparación de sus relatos (Mateo 28:19-20; Marcos 16:15-18; Lucas 24:47-49; Hechos 1:4-8).

La Gran Comisión

Mateo	Marcos	Lucas
1. Vayan, hagan discípulos a todas las naciones	Vayan al mundo entero prediquen a todos	Prediquen entre todos las naciones
2. Bautice	Creencia y Bautismo	Arrepentimiento y perdón de los pecados
3. En el nombre del Padre, y del Hijo, y del Espíritu Santo	En Mi Nombre	En Su nombre
4. Estoy con ustedes todos los días	Señales seguirán	Esperen el poder de lo alto (el Espíritu)

Mateo y Marcos mencionan explícitamente el bautismo. Puesto que el bautismo es estrechamente asociado con el perdón de los pecados (Hechos 2:38), Lucas se refiere indirectamente también al bautismo. Significativamente, todos los tres relatos describen un nombre. En cada caso, incluso en Mateo, el nombre es singular. Marcos y Lucas indiscutiblemente describen el nombre de Jesús. Al parecer, Mateo 28:19 también describe el nombre de Jesús.

El Nombre Singular

Mateo 28:19 describe un solo nombre, porque *nombre* es singular y no plural. (Si uno piensa que esta distinción no es significante, deberá leer Gálatas 3:16 donde Pablo puso suma importancia en el singular en Génesis 22:18.) Matthew Henry reconoció la importancia del singular aquí, porque El escribió, "No somos bautizados en los 'nombres' 'sino en el nombre, del Padre, del Hijo, y del Espíritu, y esto intima claramente que Estos son uno, y su nombre es uno."[9] Padre, Hijo, y Espíritu Santo no son nombres sino son títulos descriptivos. Aunque si fueran nombres, este versículo específicamente describe a un solo nombre, y no a tres. Todavía debemos preguntar cuál el único nombre del Padre, del Hijo, y del Espíritu Santo.

El Nombre del Hijo

Sin duda el nombre del Hijo es Jesús porque el ángel le dijo a José, "Y dará a luz un hijo, y llamarás su nombre JESÚS" (Mateo 1:21).

El Nombre del Padre

Jesús dijo, "Yo he venido en nombre de mi Padre" (Juan 5:43). El le dijo al Padre, " He manifestado tu nombre . . . les he dado a conocer tu nombre" (Juan 17:6, 26). El Antiguo Testamento predijo que el Mesías declararía el nombre de Dios (Salmo 22:22; Hebreos 2:12). Jesús recibió Su nombre por herencia (Hebreos 1:4). ¿En qué nombre vino Jesús? Y ¿qué nombre manifestó, declaró, y recibió por herencia? "Jesús." Por tanto, el Padre se ha revelado a Sí mismo al hombre por medio del nombre de Jesús.

El Nombre del Espíritu Santo

Jesús dijo, "Mas el Consolador, el Espíritu Santo, a quien el Padre enviará en mi nombre, El os enseñará todas las cosas" (Juan 14:26). El Espíritu es dado y revelado por medio del nombre de Jesús.

El Contexto de Mateo 28:19

El contexto de Mateo 28:19 da más confirmación que el nombre singular del versículo es Jesús. En el versículo 18 Jesús dijo, "Toda potestad me es dada en el cielo y en la tierra." El versículo 19 sigue diciendo, "Por tanto, id . . ." Jesús no quiso decir, "Yo tengo todo el poder; por tanto, bauticen en tres nombres diferentes (o en otro nombre)." Más bien, El estuvo diciendo, "Yo tengo todo el poder, así que bauticen en mi nombre." Un erudito bautista ha dicho, "Un grupo entero de exegetas y críticos ha reconocido que la declaración de Mateo 28:18 demanda que una explicación cristológica la siga: 'Toda potestad me es dada en el cielo y en la tierra' nos lleva a esperar a consecuencia, 'Por tanto, id, y haced discípulos a todas las naciones, bautizándolos en Mi nombre, enseñándoles que guarden todas las cosas que os he mandado.'"[10]

Debido a esto, muchos eruditos aun han pensado que debe de haber habido una fórmula cristológica más antes en el versículo 19 que fue cambiado a una fórmula trinitaria por la cristiandad temprana.[11] En apoyo de esto, ellos notan que Eusebio, un historiador de la iglesia que vivió en el cuarto siglo, muchas veces citaba el versículo 19 usando la frase "en mi nombre."[12] (El hizo esto muchas veces antes del Concilio de Nicea pero nunca después.) Algunos dicen que Mateo o un copista temprano parafraseó las palabras de Cristo o se apropió las palabras de otro contexto. Otros sostienen que el versículo 19 describe la naturaleza del bautismo y no fue interpretado originalmente como una fórmula bautismal.

El debate textual sobre Mateo 28:19 es interesante pero no crucial, ya que al aplicar los principios aceptados de interpretación, encontramos que el versículo se refiere al bautismo en el nombre de Jesús. Mientras algunos eruditos ven que el contexto exige una fórmula cristológica. Debido a sus preconcepciones trinitarias, ellos no ven que la redacción existente describe de hecho la fórmula del bautismo en el nombre de Jesús.

La explicación de Mateo 28:19 en *Los Comentarios Tyndale del Nuevo Testamento* es muy interesante en este sentido: "A veces se afirma que las palabras "en el nombre del Padre, y del Hijo, y del Espíritu Santo" no son la *ipsíssima verba* [las palabras exactas] de Jesús, sino son las palabras que el evangelista puso en Su boca, o son de una litúrgica posterior. . . . Puede ser que la verdadera explicación de por qué la Iglesia temprana no comenzó de una vez a administrar el bautismo en el nombre triple, es que las palabras de Mateo 28:19 no eran designadas originalmente por nuestro Señor como una fórmula bautismal. El no estuvo dando instrucciones acerca de las palabras actuales que deben ser usadas en el servicio del bautismo, sino, como ya se ha sugerido, estuvo indicando que por medio del bautismo la persona bautizada llegaría a ser una posesión del Padre, del Hijo, y del Espíritu Santo."[13]

Jesús Es el Nombre Neotestamentario de Dios

El significado de Mateo 28:19 está muy claro. El nombre singular del Padre, del Hijo, y del Espíritu Santo es Jesús. Padre, Hijo, y Espíritu Santo son títulos diferentes de Dios. Este único Dios es Padre de toda la creación, ha venido en carne en el Hijo, y mora en nuestros corazones como el Espíritu Santo. El único nombre que revela todos estos papeles es Jesús.

El Antiguo Testamento predijo que Dios sería revelado por un nombre: "Por tanto, mi pueblo sabrá mi nombre"

(Isaías 52:6); "En aquel día Jehová será uno, y uno su nombre" (Zacarías 14:9). El nombre de Jesús es sobre todos los demás nombres (Filipenses 2:9-10), entonces no es extraño que Mateo 28:19 se refiera al nombre de Jesús.

Uno puede analizar el versículo en la siguiente manera. ¿Quién es el Padre, el Hijo, y el Espíritu Santo? Por supuesto, esto describe a Dios. ¿Cuál es el nombre de Dios? En el Antiguo Testamento, Jehová (o Yahvé) era el único nombre por medio del cual Dios se distinguía de todos los demás dioses (Isaías 42:8). Este análisis llevó a un profesor presbiteriano a decir, "El 'nombre' y no los 'nombres' del Padre y del Hijo y del Espíritu Santo en el cual debemos ser bautizados debe ser entendido como Yahvé, el nombre del Dios Trino."[14] Sin embargo, el nombre supremo de Dios en el Nuevo Testamento no es Jehová sino Jesús. El nombre de Jesús supersede a todos los demás nombres y específicamente incluye a Jehová dentro de su significado, puesto que Jesús significa literalmente "Jehová-Salvador" o "Jehová es Salvación."

En el Libro de Apocalipsis los siervos de "Dios y del Cordero" tendrán "su nombre" (singular) en sus frentes (Apocalipsis 22:3-4). El nombre del Cordero es Jesús, entonces el nombre de Dios es Jesús.

Muchos evangélicos del siglo XX han reconocido por lo menos parcialmente el significado del nombre de Jesús. Essex Kenyon sostuvo que Jesús era el nombre revelado de Dios en el Nuevo Testamento y el nombre familiar de Dios.[15] El enseñaba que usar el nombre le da al cristiano una carta de poder en la oración y le asigna los beneficios redentores de Cristo en el presente.

William Phillips Hall, el Presidente de la Sociedad Americana de Tratados de Nueva York, emprendió un estudio del nombre de Dios. En 1929 publicó un folleto titulado *Un Descubrimiento Bíblico Notable o "El*

Nombre de Dios" según las Escrituras.[16] Su conclusión es: El Nombre del Señor Jesucristo es la plena revelación de Dios, y los apóstoles lo entendieron y ellos obedecieron a Mateo 28:19 al invocar este Nombre. Además, las palabras de Mateo 28:19 "nunca fueron usadas en el bautismo por los apóstoles originales, ni por la Iglesia durante los días tempranos de su existencia" y "o se mandaba que todos los bautismos de aquellos días tempranos se hicieran en el nombre del Señor Jesucristo, o se declaró que los bautismos se hicieran en el nombre o con la invocación del nombre del Señor Jesucristo."[17]

Conclusión Acerca de la Fórmula Bautismal

Todas las referencias bíblicas a la fórmula bautismal, incluyendo Mateo 28:19, describen el nombre de Jesús. Para ser bíblico, una fórmula debe incluir el nombre de Jesús y no debe simplemente recitar las instrucciones verbales del Señor. No es suficiente solamente decir las frases "te bautizo en el nombre del Padre, y del Hijo, y del Espíritu Santo" o "te bautizo en el nombre del Señor" o "te bautizo en Su nombre", porque ninguna de aquellas frases usa realmente el nombre que Jesucristo mandó que usáramos. Una fórmula correcta sería, "Te bautizo en el nombre de Jesús." También es apropiado agregar los títulos *Señor* o *Cristo* para distinguir al Señor Jesucristo de todos los demás que han llevado el nombre de Jesús.

La Doctrina de la Trinidad

A la luz de estos puntos poderosos, la única razón práctica que algunos insisten en usar una fórmula que solamente repite las palabras de Mateo 28:19 (en lugar de actualmente usar el nombre que describe) es su esfuerzo de confesar la doctrina de la trinidad. Para el bien de ellos, debemos notar que muchos trinitarios aceptan que el bautismo en el nombre de Jesús es correcto. Por ejemplo, el primer líder del movimiento pentecostal del siglo XX, Charles Parham, bautizaba en el nombre de Jesús aunque él nunca negó explícitamente la doctrina de la trinidad.

En los últimos años, un prominente pastor independiente llamado James Beall escribió un libro sobre el bautismo, titulado *Resucita a Vida Nueva*, el cual defiende el bautismo en el nombre de Jesús mientras sostiene la doctrina trinitaria. Véase el capítulo 10 para una lista de otros trinitarios del día de hoy que bautizan en el nombre de Jesús. Como ya hemos notado, muchos eruditos trinitarios como W. E. Vine, Matthew Henry, y James Buswell han reconocido el significado del singular en Mateo 28:19 aunque al parecer no lo asocian con el bautismo en el nombre de Jesús.

Debemos notar también que no hay ninguna razón de usar una fórmula bautismal trinitaria para sostener la doctrina errónea de la trinidad. La palabra trinidad nunca aparece en las Escrituras, y la Biblia siempre enfatiza que Dios es uno y no tres. Además, Jesús es el Padre (Isaías 9:6), el Hijo (Mateo 1:21), y el Espíritu Santo (2 Corintios 3:17-18). Todo la plenitud de la Deidad mora corporalmente en Jesucristo (Colosenses 2:9). El Padre, el Hijo, y el Espíritu Santo son simplemente tres manifestaciones diferentes de un solo Dios quien vino en carne como Jesús. Por tanto, no hay ninguna razón de insistir en una fórmula bautismal trinitaria cuando la Biblia no enseña la doctrina moderna de la trinidad. (Para una discusión más completa acerca de la doctrina bíblica de un solo Dios y acerca de la doctrina de la trinidad, véase *La Unicidad De Dios* por David Bernard. Véase especialmente el capítulo 6 de ese libro para una explicación de los significados bíblicos de los términos *Padre*, *Hijo*, y *Espíritu Santo*.)

Mateo 28:19 Enseña el Bautismo en el Nombre de Jesús

En resumen, abajo presentamos nueve razones por qué Mateo 28:19 se refiere al nombre de Jesús en el bautismo.

(1) Su gramática indica un solo nombre (singular).

(2) Su contexto muestra que Jesús describió Su poder y por consiguiente dijo a Sus discípulos que bautizaran en Su nombre.

(3) Las descripciones de Marcos y Lucas de las mismas instrucciones de Jesucristo muestran que Jesús fue el único nombre mencionado.

(4) La iglesia primitiva, incluyendo a Mateo, obedeció las instrucciones de Jesucristo por bautizar en el nombre de Jesús (Hechos 2:38; 8:16; 10:48; 19:5; 22:16; 1 Corintios 1:13).

(5) El nombre del Padre es Jesús; el Padre es revelado por medio del nombre de Jesús (Juan 5:43).

(6) El nombre del Hijo es Jesús (Mateo 1:21).

(7) El nombre del Espíritu Santo es Jesús; el Espíritu Santo es revelado por medio del nombre de Jesús (Juan 14:26).

(8) Dios se ha revelado a Sí mismo por un nombre en el Nuevo Testamento (Zacarías 14:9) y ese nombre es Jesús (Apocalipsis 22:3-4).

(9) La Biblia no enseña la doctrina de la trinidad, de

modo que no hay ninguna justificación teológica para una fórmula trinitaria.

El Testigo en la Historia de la Iglesia

No solo bautizaban los apóstoles en el nombre de Jesús, sino los cristianos de la era temprana post-apostólica también lo hacían. La mayoría de los teólogos está de acuerdo que el Libro de Los Hechos describe la fórmula original. Los historiadores de la iglesia generalmente están de acuerdo que el nombre de Jesús era la fórmula más antigua y que la fórmula trinitaria solo fue adoptada gradualmente. (Véase el capítulo 10 para una discusión más completa acerca de este asunto.)

¿Realmente Importa la Fórmula Bautismal?

Todos deben usar la fórmula bíblica. Si el nombre que Jesús no fue invocado sobre alguien en el bautismo, esta persona debe bautizarse de nuevo y esa vez en el nombre de Jesús. Aquí presentamos unas razones porque:

(1) La Biblia pone tanta importancia en el bautismo en agua que debemos hacerlo exactamente como la Biblia nos manda.

(2) Debemos seguir el ejemplo de la iglesia apostólica.

(3) La tradición no es una sustitución adecuada para la enseñanza bíblica.

(4) A causa de nuestra obediencia a la Palabra de Dios y el respeto que tenemos para ella, la seguiremos exactamente. Debemos obedecer la enseñanza clara de las Escrituras en vez de inventar otro método e tratar de justificarlo. Si alguien se niega a usar la fórmula bíblica,

esto podría significar la desobediencia, la rebelión, o una manera casual de pensar de la Palabra de Dios.

(5) Los discípulos de Juan ya se habían sumergido en agua para el arrepentimiento, pero Pablo de todos modos los bautizó de nuevo y esta vez en el nombre de Jesús (Hechos 19:1-5). La única diferencia física entre los dos bautismos fue el nombre, pero esto era tan significante que requirería que fueran bautizados de nuevo.

(6) El nombre de Jesús está asociado en una manera única con todos los propósitos del bautismo, como la sepultura con Cristo, la identificación con Jesucristo, y el perdón de los pecados.

Aunque alguien ya haya recibido el Espíritu Santo, es necesario que sea bautizado en el nombre de Jesucristo. Como indica la historia de Cornelio, Dios dará el Espíritu a todos los que se arrepienten y creen, aún a los que no entienden el bautismo en el nombre de Jesús. El dijo específicamente que da Su Espíritu para guiar a todos a toda la verdad (Juan 16:13), pero éstos pueden subsiguientemente ignorar o rechazar la dirección del Espíritu y la enseñanza de la Palabra. Cuando Dios los llena con Su Espíritu, esto no significa que El aprueba su doctrina; más bien, esto exhibe Su gracia y Su adhesión estricta a las promesas de Su Palabra. No importa qué experiencia espiritual uno tenga, la obediencia continua a la Palabra de Dios siempre es necesaria.

Algunos dicen que si uno tiene fe en Cristo, la fórmula bautismal es un detalle irrelevante. Sin embargo, en esta manera uno podría justificar la celebración de la Cena del Señor con un pastel y un refresco, o hacer los bautismos rociando a los candidatos con leche, o incluso omitir la ceremonia bautismal en total. No creemos que ninguna enseñanza de las Escrituras sea irrelevante. En el caso del bautismo, la Biblia enseña que es una parte de la salvación y nos manda que nos bauticemos en el nombre de Jesús.

Si la fórmula no es relevante, un bautismo en cualquier nombre sería un bautismo cristiano válido, lo cual es absurdo. Obviamente, el significado espiritual del bautismo es expresado por la fórmula que se usa y el nombre que se invoca. Usar el nombre de Jesús demuestra la fe en (1) la persona de Jesucristo (realmente quién es El), (2) la obra de Jesucristo (Su muerte, Su sepultura, y Su resurrección para nuestra salvación), y (3) el poder y autoridad de Jesucristo (Su capacidad de salvarnos por Sí solo). Esto es la esencia de la fe salvadora.

Un candidato para el bautismo no necesita una comprensión totalmente desarrollada de la Deidad para ser salvo, pues la fe precede al conocimiento completo. Sin embargo, es una cosa tener un conocimiento limitado pero siempre someterse a la fórmula bíblica por la fe y la obediencia; Es totalmente otra cosa ignorar las enseñanzas de las Escrituras y usar una fórmula artificial que confiesa un falso sistema doctrinal. Es interesante notar que los católicos romanos han enseñado tradicionalmente que el bautismo es esencial a la salvación y que para que sea válido hay que pronunciar las palabras "en el nombre del Padre, y del Hijo, y del Espíritu Santo."[18]

Dicho sencillamente, la Biblia no enseña ninguna fórmula bautismal fuera de una que use el nombre de Jesús. Si haya otra fórmula que es aceptable, la Biblia no nos dice cuál es. Si nos limitamos al registro bíblico, debemos llegar a dos conclusiones: (1) el bautismo cristiano debe realizarse en el nombre de Jesús, que significa por Su poder y Su autoridad, por la fe en El, y por invocar verbalmente Su nombre; (2) Ninguna otra fórmula bautismal tiene la validez bíblica.

Conclusión

En conclusión, abajo presentamos las razones bíblicas para el bautismo en el nombre de Jesús.
(1) La Biblia nos da esta fórmula y ninguna otra.
   (a) Mateo 28:19 describe esta fórmula.
   (b) La iglesia apostólica se adhería a esta fórmula (Hechos 2:38; 8:16; 10:48; 19:5; 22:16; 1 Corintios 1:13).
(2) El bautismo es una sepultura con Cristo y con nadie más (Romanos 6:4; Colosenses 2:12).
(3) El bautismo es una identificación personal con Cristo (Romanos 6:3; Gálatas 3:27), y Su nombre nos identifica como Su posesión.
(4) En el bautismo asumimos nuestro nuevo nombre familiar, es una parte de nuestro nacimiento nuevo, nuestra adopción, y nuestra circuncisión espiritual. El nombre de la familia espiritual de Dios es Jesús (Efesios 3:14-15).
(5) El bautismo es para perdón de los pecados (Hechos 2:38), y Jesús es el único nombre que perdona los pecados (Hechos 10:43).
(6) El nombre de Jesús representa todo el poder y toda la autoridad de Dios (Mateo 28:18; Hechos 4:7, 10). Cuando invocamos Su nombre con fe, ese poder y esa autoridad son puestas a nuestra disposición (Hechos 3:6, 16).
(7) Todo lo que hacemos en palabra o en hecho lo debemos hacer en el nombre de Jesús (Colosenses 3:17), y el bautismo es tanto palabra como hecho.
(8) El nombre de Jesús es el nombre más alto conocido por los hombres, y todos debemos arrodillarnos ante ese nombre (Filipenses 2:9-11).
(9) El bautismo es una parte de nuestra salvación, y

Jesús es el único nombre salvador (Hechos 4:12).

(10) El bautismo en el nombre de Jesús manifiesta una fe completa en Jesús como nuestro único Salvador y como nuestro único acceso a Dios (Juan 14:6-11).

(11) Significa que creemos que la plenitud de la Deidad se manifiesta en Jesús (Colosenses 2:9).

(12) Jesús es el nombre por el cual Dios se ha revelado en el Nuevo Testamento (Mateo 1:21; Juan 5:43; 14:26).

(13) El bautismo en el nombre de Jesús demuestra reverencia para la Palabra de Dios y la obediencia a ella en vez de la tradición humana.

A la luz de todas las cosas importantes que el bautismo en el nombre de Jesús significa, ¿por qué se negaría cualquiera a usar el nombre? ¿Por qué cualquiera no decidiría asumir el nombre de Aquel que murió por ellos y ser identificado públicamente con El? ¿Por qué rechazaría cualquiera el único nombre salvador—que es sobre todo nombre?

NOTAS

[1] Vine, pág., 99.
[2] Rousas John Rushdoony, "*El Bautismo Y La Ciudadanía*," Chalcedon Position Paper No. 37 (Vallecito, Ca : Chalcedon, n.d.), pág. 1.
[3] Ibidem, págs. 1-2.
[4] Ibidem, pág. 2.
[5] Ibidem
[6] James Strong, *Concordancia Exhaustiva de la Biblia* (Nashville: Abingdon, 1890).
[7] "El Bautismo (Cristiano Temprano),"*Enciclopedia de Religión y Etica* [de aquí en adelante *ERE*], James Hastings, el ed. (Nueva York: Charles Scribner's Sons, 1951), II, 384.

[8]"El Bautismo," *Diccionario Del Intérprete De La Biblia* (Nashville: Abingdon, 1962), , 351.

[9]Matthew Henry, *Comentario* (Old Tappan, N.J.: Fleming H. Revell, n.d.), EL V, 443.

[10]Beasley-Murray, pág., 83. El énfasis está en el original.

[11]Ibidem, págs. 83-84.

[12]Ibidem, pág. 81.

[13]R. V. G. Tasker, *El Evangelio Según San Mateo*, Tomo 1, de *Los Comentarios Tyndale del Nuevo Testamento* (Grand Rapids: Eerdmans, 1961), pág. 275.

[14]James Buswell, Hijo, *Una Teología Sistemática De La Religión Cristiana* (Grand Rapids: Zondervan, 1980), I, 23.

[15]David Arthur Reed, *Orígenes y Desarrollo De La Teología De Los Pentecostales De La Unicidad En Los Estados Unidos* (Ann Arbor, Mich.: University Microfilms International, 1978), págs. 47, 66-67, citando a Essex Kenyon, *El Nombre Maravilloso De Jesús* (Los Angeles: West Coast Publishing House, 1927).

[16]Reed, págs. 43, 49, 68.

[17]William Phillips Hall, *Un Descubrimiento Bíblico Notable, o "El Nombre" de Dios Según Las Escrituras* (1929; Rpt. SST. Louis: Pentecostal Publishing House, 1951), pág. 10. Sin embargo, Hall puso el énfasis primario en la palabra Señor en vez de en Jesús.

[18]Elmer Clark, *Las Sectas Pequeñas en América* (Nashville: Casa Editorial Cokesbury, 1937), pág. 200.

8
EL BAUTISMO DEL ESPIRITU SANTO

"Vosotros seréis bautizados con el Espíritu Santo dentro de no muchos días" (Hechos 1:5).

"Y fueron todos llenos del Espíritu Santo, y comenzaron a hablar en otras lenguas, según el Espíritu les daba que hablasen" (Hechos 2:4).

El Espíritu Santo

Dios es santo (1 Pedro 1:16). De hecho, solo Dios es santo en Sí mismo. Además, Dios es Espíritu (Juan 4:24), y hay un solo Espíritu de Dios (Efesios 4:4). El Espíritu Santo es Dios (Hechos 5:3-4; 1 Corintios 3:16-17 con 6:19-20). Uno de los títulos del Espíritu Santo es "el Espíritu de Dios" (Romanos 8:9).

Este título de Dios enfatiza Su santidad y Su naturaleza espiritual. La Biblia lo usa más frecuentemente en referencia a la parte de la actividad de Dios que solo un Espíritu puede realizar entre la humanidad y en la humanidad. El Nuevo Testamento asocia particularmente el Espíritu Santo con la obra de Dios de regeneración y

Su morada en el hombre (Juan 3:5; 14:16-17).

El Bautismo del Espíritu

Esta es una vital experiencia neotestamentaria con Dios. La RV habla de ser "bautizado con el Espíritu Santo" (Hechos 1:5). La palabra *con* en esta frase proviene de la palabra griega *en*, la cual también puede ser traducida al castellano como "en," como ambos *La Biblia Amplificada La Biblia Amplificada* y la *Nueva Versión Internacional* lo notan.

La palabra *bautismo* significa zambullirse o sumergirse. Usando esta terminología, la Biblia describe la experiencia como una inmersión completa en el Espíritu de Dios. Al mismo tiempo, la Biblia describe al que recibe esta experiencia como siendo lleno con el Espíritu. Estas ilustraciones son complementarias (no contradictorias), porque cuando se sumerge completamente un recipiente vacío en un líquido, el líquido no solo lo cubre sino también lo llena. Estas descripciones comunican la idea que la persona que recibe el Espíritu Santo logra una unión personal e íntima con Dios. Uno vive en contacto constante con Dios, y Dios llega a ser parte de su vida. La persona llega a ser un templo en que Dios mora, y el Espíritu de Dios afecta a cada uno de sus pensamientos y acciones.

La Terminología Bíblica

El Libro de Los Hechos describe el bautismo del Espíritu de muchas maneras: "llenos del Espíritu Santo" (2:4); "la promesa del Espíritu Santo" (2:33); "el don del Espíritu Santo" (2:38); "el Espíritu Santo cayó sobre todos" (10:44); "se derramase el don del Espíritu Santo" (10:45); "han recibido el Espíritu Santo" (10:47); y "vino sobre ellos el Espíritu Santo" (19:6). Las epístolas explican que el Espíritu Santo mora en nosotros (Romanos 8:9).

Todas estas frases simplemente identifican la misma experiencia neotestamentaria de diferentes maneras. Cuando las vacías vasijas humanas son bautizadas con el Espíritu, están llenas del Espíritu. Cuando Dios vierte Su Espíritu sobre la gente, el Espíritu viene sobre ellos, reciben el Espíritu, y están llenos del Espíritu. Cuando Dios da el Espíritu, El cumple Su promesa y los hombres reciben el Espíritu. La siguiente mesa demuestra la equivalencia de todas estas frases.

Terminología Bíblica Para el Bautismo Del Espíritu*

	Bautizados	Vino Sobre	Cayó Sobre	Llenó	Don	Recibieron	Derramado
Vino sobre	1:5, 8						
Cayó sobre	11:15-16	10:44-47 19:2, 6					
Llenados con	1:5 2:4	1:5, 8 2:4	2:4 11:15				
Don	11:15-17	2:38 19:2, 6	10:44-45	2:4 11:17			
Recibieron	1:5 2:38	19:2 19:6	10:44 10:47	2:4 2:33	2:38		
Derramado	10:45 11:15-16	1:8 2:16-18	10:44-45	2:4 2:16-17	10:45	10:45 10:47	
Promesa	1:4-5	1:4 1:8	1:4-5 11:15-16	2:4 2:33	2:38-39	2:33	1:4 2:16-17

*Todas estas referencias son del Libro de Los Hechos.

Algunas de estas descripciones comparan el Espíritu Santo al agua, y Jesús describió al Espíritu como agua viva que saciaría la sed espiritual (Juan 4:14; 7:38). Sin embargo, el Espíritu Santo no es actualmente un líquido, sino que es Dios mismo. La Biblia también asocia al Espíritu con el fuego (Mateo 3:11) y el viento (Juan 3:8), pero el Espíritu no es literalmente ni fuego, ni viento, ni agua.

Llenos del Espíritu

Esta frase aparece en Hechos como el equivalente de "bautizado con el Espíritu Santo" y ambas describen la experiencia inicial de recibir el Espíritu de Dios para morar en la vida de uno.

Unos días después de Pentecostés, varios creyentes que habían sido bautizados con el Espíritu se juntaron para un culto de oración y fueron "llenos del Espíritu Santo" (Hechos 4:31). Dios se encontró con estos creyentes de una manera poderosa y renovó su experiencia original. Cuando Pedro habló al concilio religioso judío, él fue "lleno del Espíritu Santo" (Hechos 4:8). Pablo, "lleno del Espíritu Santo," profetizó que el hechicero Barjesús estaría ciego por un tiempo (Hechos 13:9). De estos casos vemos que lleno puede significar una dotación especial y momentánea de poder a uno que ya ha sido bautizado con el Espíritu. En el día de hoy, muchos hablan de esta dotación como ser ungidos por el Espíritu.

Otros versículos usan el término "lleno" para describir la morada continua del Espíritu en uno que ha sido bautizado con el Espíritu. Los siete hombres que fueron escogidos para ayudar a los apóstoles eran "llenos del Espíritu Santo" (Hechos 6:3, 5). Pablo exhortó a la iglesia de Efeso a "ser llenos del Espíritu" (Efesios 5:18). El último versículo es una exhortación a los creyentes que habían recibido el Bautismo del Espíritu Santo a permitir que el Espíritu les controlara continuamente. En este sentido, ser "lleno del Espíritu" es básicamente igual a "andar en el Espíritu" (Romanos 8:4), que significa recibir poder y dirección a diario del Espíritu.

Inclusive cuando un creyente que ha vuelto atrás se arrepiente, no es "bautizado" de nuevo con el Espíritu, sino es rellenado. Debido a la falta de fidelidad y la desobediencia de este individuo, pierde su herencia, pero no es "nonato." El hecho histórico de su regeneración y su justificación todavía es una realidad. Cuando se arrepiente, no necesita "nacer de nuevo" otra vez. No experimenta un segundo bautismo en agua o un segundo bautismo del Espíritu, porque el bautismo original de agua y del Espíritu se hace eficaz de nuevo cuando se arrepiente. En cambio, simplemente es restaurado a un estado justificado y otra vez tiene derecho de heredar la vida eterna como un hijo obediente de Dios.

En resumen, la frase "lleno del Espíritu" puede transmitir cualquiera de estos tres significados en la usanza de la iglesia apostólica: (1) el bautismo inicial del Espíritu; (2) la dirección diaria y el poder que el Espíritu concede a los creyentes que han sido bautizados con el Espíritu Santo que continúan rindiéndose a El, y (3) experiencias subsiguientes que renuevan la expcriencia inicial.

Debemos hacer una distinción entre el bautismo del Espíritu y todas las experiencias con Dios en el Antiguo Testamento. La experiencia de ser lleno con el Espíritu como se relata en el Libro de Los Hechos es diferente a la experiencia de Juan el Bautista de ser lleno con el Espíritu. Es una nueva experiencia para una nueva iglesia. (Véase otra sección más adelante.)

Parte de la Salvación

Como indica la tabla, cada descripción de la obra del Espíritu en la experiencia inicial de la salvación puede igualarse al bautismo del Espíritu. El bautismo del Espíritu es lo mismo que el nacimiento del Espíritu (Juan 3:5; capítulo 4.) El Espíritu empieza primeramente a "morar" en la vida de alguien cuando es bautizado con el Espíritu. Cualquier otra alternativa no sería lógica. Por ejemplo, ¿cómo puede morar el Espíritu en una persona si no ha recibido el Espíritu, si no ha sido lleno con el Espíritu, si el Espíritu no ha venido sobre aquella persona, o si el Espíritu no ha caído sobre él?

Primera de Corintios 12:13 establece esta verdad en esta materia: "Porque por un solo Espíritu somos todos bautizados en un solo cuerpo." La preposición griega traducida por *es en* que es la misma preposición que es usada en Hechos 1:5. Podríamos traducir la frase así: "En un solo Espíritu somos todos bautizados en un solo cuerpo" como la NVI indica en una nota al pie de la página. La redacción griega demuestra que Pablo se refirió a la misma experiencia que Jesús había prometido en Hechos 1:5. Así que, el bautismo del Espíritu es una parte de la salvación y no es una experiencia subsiguiente a la salvación.

La mayoría de los teólogos reconoce la esencialidad de ser llenos con el Espíritu Santo y que el bautismo del Espíritu Santo es una parte del nuevo nacimiento. Bloesch dijo, "Insistimos que el bautismo del Espíritu no deba distinguirse del nuevo nacimiento."[1] Otro teólogo que no es pentecostal, Anthony Hoekema, declaró, "Si hemos nacido de nuevo, tenemos el Espíritu, puesto que solo el Espíritu puede regenerarnos."[2] El también escribió, "El Bautismo en el Espíritu . . . no es una experiencia distinta a la conversión y por lo general subsiguiente a ella, sino es simultánea con la conversión y un aspecto íntegro de la conversión . . . Todos los cristianos han sido bautizados con el Espíritu Santo. El Bautismo del Espíritu Santo es . . . idéntico con la regeneración."[3]

El bautismo del Espíritu es el medio por el cual recibimos a Jesucristo en nuestras vidas. No hay ninguna separación entre Jesucristo y el Espíritu Santo, porque el Espíritu Santo es el Espíritu de Cristo (Romanos 8:9). Jesucristo mora en nosotros por medio del Espíritu (Efesios 3:16-17). "El Señor es el Espíritu" y el Espíritu Santo es "el Espíritu del Señor" (2 Corintios 3:17-18,). Es imposible recibir a Jesucristo en una ocasión y recibir el Espíritu en otra, porque hay un solo Espíritu (Efesios 4:4; 1 Corintios 12:13). Cuando somos bautizados con el Espíritu, recibimos a Cristo en nuestras vidas.

El bautismo del Espíritu Santo es simplemente el principio de una vida continua de ser lleno del Espíritu. No es una experiencia para unos pocos escogidos solamente, ni es una experiencia recibida después de la conversión, y entonces solo después de esperar mucho tiempo y de agonizar mucho. Más bien, es una parte de la conversión y viene con el arrepentimiento y la fe. Una persona que recibe el Espíritu no ha alcanzado un punto de perfección, sino simplemente ha empezado a vivir una vida cristiana. Después de ser bautizado con el Espíritu, debe esforzarse a ser renovado continuamente por someterse a la dirección del Espíritu. Debe dejar que el Espíritu tome pleno control de su vida y debe esforzarse en llevar el fruto del Espíritu.

Algunos enseñan que el bautismo del Espíritu es una segunda o tercera "obra de gracia" que significa una experiencia instantánea subsiguiente a la conversión salvadora. La mayoría de las denominaciones protestantes considera que el bautismo del Espíritu es una parte de la conversión y niega la existencia de otras obras instantáneas de la gracia que vienen después de esto. El movimiento Santidad de los años 1800 enseñaba que había una segunda obra de gracia después de la conversión que se llamaba la santificación y por medio de la cual una persona es purificada completamente de sus pecados.

Temprano en el siglo veinte, muchas personas del movimiento Santidad recibieron el bautismo del Espíritu Santo con el hablar en lenguas. Ellos clasificaron esa experiencia como una tercera obra de gracia. Otros que recibieron el bautismo del Espíritu mantenían que la santificación es un proceso continuo a lo largo de la vida cristiana, y entonces clasificaban el bautismo del Espíritu o como una segunda obra de gracia o como una parte de la conversión misma. A la luz de nuestro análisis de las enseñanzas y la terminología bíblicas, concluimos que el bautismo del Espíritu no es una segunda obra ni una tercera obra sino una parte de la conversión y la regeneración.

El Nacimiento de la Iglesia Neotestamentaria

La iglesia neotestamentaria empezó en el Día de Pentecostés después de la ascensión de Cristo. Juan el Bautista no fundó la iglesia sino solamente preparó el camino para Jesús. Jesús declaró que Juan era tan grande como cualquier profeta, pero entonces dijo, "El más pequeño en el reino de Dios es mayor que él" (Lucas 7:28).

Todos los que participan en el reino de Dios en el día

de hoy por medio del Espíritu que mora en ellos tienen privilegios espirituales, bendiciones, y poder mayores a los que tenía Juan. Juan predicó que el reino de los cielos se había acercado (Mateo 3:1-2); el mensaje del reino empezó con él (Mateo 11:11-13; Lucas 16:16). Sin embargo, él no participó en la plenitud de aquel reino, porque la plenitud de la gracia vino solamente por Cristo (Juan 1:16-17). Juan no tenía el bautismo del Espíritu, pero sí predicó que Jesús bautizaría con el Espíritu (Mateo 3:11).

Jesús no fundó la iglesia neotestamentaria durante Su ministerio terrenal, sino habló de la iglesia en el tiempo futuro: "Sobre esta roca edificaré mi iglesia" (Mateo 16:18). El dijo a los discípulos poco antes Su ascensión que "se predicase en su nombre el arrepentimiento y el perdón de pecados en todas las naciones, comenzando desde Jerusalén" (Lucas 24:47). El les dijo que esperaran en Jerusalén hasta que recibieran el bautismo del Espíritu Santo. El Espíritu les daría poder y entonces llegarían a ser testigos (Lucas 24:49; Hechos 1:4-8).

La iglesia neotestamentaria no traza su nacimiento de la predicación de Juan ni del ministerio terrenal del Señor, sino del Día de Pentecostés. Dios había diseñado un nuevo pacto con el hombre y este pacto requería la muerte y la resurrección de Jesucristo antes de que entrara en vigencia. Este nuevo pacto o nuevo testamento incluye la promesa del Espíritu Santo (Jeremías 31:31-33; 2 Corintios 3:3-6).

Antes de que el nuevo pacto pudiera entrar en vigencia, Jesús tenía que morir: "Así que, por eso es mediador de un nuevo pacto, para que interviniendo muerte para la remisión de las transgresiones que había bajo el primer pacto, los llamados reciban la promesa de la herencia de Dios. Porque donde hay testamento, es necesario que intervenga muerte del testador." (Hebreos 9:15-16). Jesús llegó a ser el mediador del nuevo pacto por Su muerte, y Su resurrección hizo efectiva Su muerte (Romanos 4:24-25). Por consiguiente, el Espíritu Santo no fue dado hasta después de la muerte y la resurrección de Jesucristo: "Esto dijo del Espíritu que habían de recibir los que creyesen en El; pues aún no había venido el Espíritu Santo, porque Jesús no había sido aún glorificado" (Juan 7:39); "Os conviene que yo me vaya; porque si no me fuera, el Consolador no vendría a vosotros; mas si me fuere, os lo enviaré" (Juan 16:7). La iglesia neotestamentaria nació el Día de Pentecostés, después de que la muerte la sepultura y la resurrección de Jesucristo hicieran disponible el nuevo pacto (el testamento).

Una Nueva Experiencia para la Iglesia Nueva

El bautismo del Espíritu Santo es una nueva experiencia dada a la iglesia neotestamentaria después de la muerte, la resurrección, y la ascensión de Jesucristo (Juan 7:39; 16:7). Justo antes de la ascensión de Cristo, El prometió que enviaría el Espíritu como una nueva, futura experiencia que Sus discípulos habían de recibir mientras esperaban en Jerusalén (Lucas 24:47-49; Hechos 1:4-8). Esta promesa se cumplió en el Día de Pentecostés (Hechos 2:1-4, 33).

Antes de Hechos 2:1-4, nadie había recibido esta experiencia. El nuevo pacto es "un mejor pacto, establecido sobre mejores promesas" (Hebreos 8:6) uno de los cuales es la promesa del Espíritu Santo. Después de que Hebreos 11 enumera a mucha gente de gran fe en el Antiguo Testamento, termina por declarar que ellos no habían recibido la promesa: "Y todos estos, aunque alcanzaron buen testimonio mediante la fe, no recibieron lo prometido; proveyendo Dios alguna cosa mejor para nosotros, para que no fuesen ellos perfeccionados aparte de nosotros" (Hebreos 11:39-40).

Los profetas predijeron el don del Espíritu y deseaban participar en su gloria, pero Dios reservó el bautismo del Espíritu Santo para la iglesia neotestamentaria: "Los profetas que profetizaron de la gracia destinada a vosotros, inquirieron y diligentemente indagaron acerca de esta salvación . . . A estos se les reveló que no para sí mismos, sino para nosotros, administraban las cosas que ahora os son anunciadas por los que os han predicado el evangelio por el Espíritu Santo enviado del cielo" (1 Pedro 1:10, 12).

Las Escrituras declaran claramente que el Espíritu de Dios trató con los hombres de muchas maneras diferentes en El Antiguo Testamento. Los hombres de Dios fueron inspirados por el Espíritu Santo (2 Pedro 1:21). El Espíritu de Dios ungió a los vasos escogidos para propósitos específicos. Sin embargo, empezando con el día de Pentecostés, Dios hizo disponibles una nueva experiencia y una dimensión más grande de Su Espíritu. En el día de hoy podemos tener en nuestras vidas Su presencia permanente que imparte el poder de vencer sobre los pecados en una manera desconocida bajo la ley (Romanos 8:3-4). Este poder interno del Espíritu es un factor clave que distingue el nuevo pacto del antiguo (Jeremías 31:31-33; Ezequiel 11:19). Antes del día de Pentecostés, la gente no fue regenerada (nacida de nuevo) en el sentido neotestamentario porque no tenían el bautismo del Espíritu que está descrito en el Libro de Los Hechos.

Antes del día de Pentecostés, Juan el Bautista, su madre Elisabet, y su padre Zacarías fueron "llenos del

Espíritu Santo" en unos momentos específicos (Lucas 1:15, 41, 67). Sin embargo, su experiencia no era la de la iglesia neotestamentaria, porque el Espíritu Santo todavía no había sido dado. Juan no tenía el bautismo del Espíritu Santo, ni tampoco sus discípulos (Lucas 3:16, 7:28; Hechos 19:1-6). En Lucas 1, la frase, "lleno del Espíritu Santo," describe una experiencia del Antiguo Testamento en que el Espíritu de Dios ungió a la gente en momentos particulares por propósitos particulares. En el caso de Juan, el Espíritu le ungió y le separó de la matriz de su madre para un ministerio especial tal como había hecho con Jeremías (Jeremías 1:5). Los padres de Juan fueron dotados temporalmente con el poder del Espíritu para profetizar. Solamente después del día de Pentecostés, cuando llegó a ser disponible, se usa la frase "lleno del Espíritu Santo" para referirse específicamente al bautismo neotestamentario del Espíritu.

Las Profecías del Antiguo Testamento

Aunque los profetas del Antiguo Testamento no recibieron el bautismo del Espíritu, sí grabaron las promesas de Dios acerca de la venida del Espíritu (1 Pedro 1:10-12): "Y después de esto derramaré mi Espíritu sobre toda carne, y profetizarán vuestros hijos y vuestras hijas; vuestros ancianos soñarán sueños, y vuestros jóvenes verán visiones. Y también sobre los siervos y sobre las siervas derramaré mi Espíritu en aquellos días" (Joel 2:28-29). Pedro citó esta profecía y la aplicó al bautismo del Espíritu en el día de Pentecostés (Hechos 2:16-18).

Dios prometió un nuevo pacto en el cual El escribiría Sus leyes en los corazones de Su pueblo (Jeremías 31:31-33). Esta promesa se cumple por medio del derramamiento del Espíritu quien escribe las leyes de Dios en nuestros corazones (2 Corintios 3:3-6) y quién nos da el poder de cumplir la justicia de la ley (Romanos 8:3-4). Dios dijo, "Y les daré un corazón, y un espíritu nuevo pondré dentro de ellos; y quitaré el corazón de piedra de en medio de su carne, y les daré un corazón de carne" (Ezequiel 11:19; véase 36:26). En un otro pasaje profético El declaró, "Ni esconderé más de ellos mi rostro; porque habré derramado de mi Espíritu sobre la casa de Israel" (Ezequiel 39:29).

Las Promesa y Mandamiento del Nuevo Testamento

Juan el Bautista predicaba la promesa del bautismo del Espíritu Santo: "Yo a la verdad os bautizo en agua para arrepentimiento; pero el que viene tras mí, cuyo calzado yo no soy digno de llevar, es más poderoso que yo; El os bautizará en Espíritu Santo y fuego" (Mateo 3:11). Juan no predicaba que el Espíritu era para unos pocos escogidos no más, sino para todos que se arrepintieran y recibieran su bautismo. Dios le dio a Juan una señal por medio de la cual El reconocería al que cumpliría la promesa (Jesús): "Sobre quien veas descender el Espíritu y que permanezca sobre El, Ese es el que bautiza con el Espíritu Santo" (Juan 1:33).

Jesús tanto prometió el bautismo del Espíritu como mandó a Sus discípulos a recibirlo, como las siguientes citas demuestran:
- "Pues si vosotros, siendo malos, sabéis dar buenas dádivas a vuestros hijos, ¿cuánto más vuestro Padre celestial dará el Espíritu Santo a los que se lo pidan?" (Lucas 11:13).

- "El que no naciere de agua y del Espíritu, no puede entrar en el reino de Dios" (Juan 3:5).
- "Mas el que bebiere del agua que yo le daré, no tendrá sed jamás; sino que el agua que yo le daré será en El una fuente de agua que salte para vida eterna" (Juan 4:14). La próxima cita indica que ese Jesús habló del derramamiento del Espíritu.
- "En el último y gran día de la fiesta, Jesús se puso en pie y alzó la voz, diciendo: Si alguno tiene sed, venga a mí y beba. El que cree en mí, como dice la Escritura, de su interior correrán ríos de agua viva. Esto dijo del Espíritu que habían de recibir los que creyesen en El; pues aún no había venido el Espíritu Santo, porque Jesús no había sido aún glorificado)" (Juan 7:37-39).

Este último pasaje enseña varias cosas que son muy importantes: (1) Se promete el Espíritu Santo a todos los que creen en Jesús. (2) La fe en Jesucristo debe estar de acuerdo con la enseñanza de las Escrituras y no aparte de ellas. (3) Creer no es el asentimiento mental en un cierto momento, sino es creer continuamente tal como el uso del tiempo presente indica. (4) El don del Espíritu Santo a que Jesús se refirió no vino hasta después de Su glorificación, que fue lograda por Su resurrección y Su ascensión. El habló específicamente acerca del derramamiento del Espíritu en el día de Pentecostés, y esta es la experiencia que todos los creyentes deben recibir.

Un poco antes la muerte de Cristo, El enfatizó a a Sus discípulos que el Espíritu Santo vendría después de que El los dejara. Además, El dijo que el Espíritu Santo sería El mismo en otra forma—en Espíritu en lugar de en la carne: "Y yo rogaré al Padre, y os dará otro Consolador, para que esté con vosotros para siempre: el Espíritu de verdad, al cual el mundo no puede recibir, porque no le

ve, ni le conoce; pero vosotros le conocéis, porque mora con vosotros, y estará en vosotros" (Juan 14:16-18).
- "Mas el Consolador, el Espíritu Santo, a quien el Padre enviará en mi nombre, El os enseñará todas las cosas, y os recordará todo lo que yo os he dicho" (Juan 14:26).
- "Pero cuando venga el Consolador, a quien yo os enviaré del Padre, el Espíritu de verdad, el cual procede del Padre, El dará testimonio acerca de mí" (Juan 15:26).
- "Pero yo os digo la verdad: Os conviene que yo me vaya; porque si no me fuera, el Consolador no vendría a vosotros; mas si me fuere, os lo enviaré. . . . Pero cuando venga el Espíritu de verdad, El os guiará a toda la verdad; porque no hablará por su propia cuenta, sino que hablará todo lo que oyere, y os hará saber las cosas que habrán de venir" (Juan 16:7, 13).

Después de Su resurrección, Jesús reiteró la promesa del Espíritu y lo convirtió en un mandamiento. El mandó a Sus discípulos, "Recibid el Espíritu Santo" (Juan 20:22). Ellos no recibieron el Espíritu en aquel momento, como se ve claramente en el relato de Lucas. "He aquí, yo enviaré la promesa de mi Padre sobre vosotros; pero quedaos vosotros en la ciudad de Jerusalén, hasta que seáis investidos de poder desde lo alto" (Lucas 24:49); "Y estando juntos, les mandó que no se fueran de Jerusalén, sino que esperasen la promesa del Padre, la cual, les dijo, oísteis de mí. Porque Juan ciertamente bautizó con agua, mas vosotros seréis bautizados con el Espíritu Santo dentro de no muchos días. . . . Pero recibiréis poder, cuando haya venido sobre vosotros el Espíritu Santo, y me seréis testigos en Jerusalén, en toda Judea, en Samaria, y hasta lo último de la tierra" (Hechos 1:4-5, 8).

Otros relatos de la Gran Comisión anotan la promesa del Señor de estar con Sus discípulos hasta el fin de la edad (Mateo 28:20) así como Su promesa de dar a todos los creyentes el poder de echar fuera los demonios, hablar en nuevas lenguas, ser victoriosos sobre las serpientes, ser protegidos contra el veneno, y orar con éxito por la sanidad de los enfermos (Marcos 16:17-18). Todas estas promesas se cumplen por medio del poder del Espíritu que mora en ellos.

El Cumplimiento en la Iglesia Apostólica

La iglesia neotestamentaria seguía proclamando el bautismo del Espíritu Santo como una promesa y un mandamiento a todos. Pedro predicó la promesa en el Día de Pentecostés con el apoyo de todos los apóstoles (Hechos 2:38). Pablo enfatizó la necesidad del Espíritu (Hechos 19:1-6). El escribió, "Mas vosotros no vivís según la carne, sino según el Espíritu, si es que el Espíritu de Dios mora en vosotros; y si alguno no tiene el Espíritu de Cristo, no es de él" (Romanos 8:9). Pablo una definición el reino de Dios como "justicia, y paz y gozo en el Espíritu Santo" (Romanos 14:17).

El Significado del Libro de los Hechos

El Nuevo Testamento consiste de cuatro divisiones: (1) Los Evangelios (Mateo, Marcos, Lucas, Juan), (2) La Historia de la Iglesia (Hechos), (3) Las Epístolas (Romanos a Judas), y (4) La Profecía (Apocalipsis). Los Evangelios son los relatos históricos de la vida, las enseñanzas, el ministerio, la muerte, la resurrección, y la ascensión de Jesucristo. Ninguno de ellos describe el establecimiento de una iglesia. Ellos describen al que establecería la iglesia en Su persona, Su enseñanza, y Su obra. El Libro de Los Hechos es una historia narrativa de la iglesia neotestamentaria y describe su nacimiento Jerusalén y su extensión a toda Judea, Samaria, y al mundo gentil. Las Epístolas son cartas de instrucción y de admonición escritas a los creyentes renacidos para ayudarles a vivir la vida cristiana. Mientras las Epístolas sí contienen unas referencias a la experiencia inicial de la conversión, éstas suponen que los lectores ya han nacido de agua y del Espíritu. El Libro de Apocalipsis también se dirige a las iglesias y a los creyentes establecidos y revela el plan de Dios para el futuro.

Los Hechos es el único libro en la Biblia que contiene relatos históricos de las personas que recibieron la experiencia del nuevo nacimiento en la iglesia neotestamentaria e incluye todos los relatos del bautismo cristiano en agua y del bautismo del Espíritu. Debido a su naturaleza y propósito, el libro contiene la mayor parte de la evidencia directa relacionada a la pregunta, "Cómo puedo ser salvo?" El Libro de Los Hechos es el patrón y la norma para la iglesia neotestamentaria y no la excepción. Si Hechos no es la norma, entonces la Biblia no da ningún ejemplo de lo que la iglesia debe ser. Los cinco relatos del bautismo del Espíritu en Los Hechos no son exhaustivos, sino representativos de la manera en que Dios derramó Su Espíritu sobre el espectro entero de humanidad.

El Día de Pentecostés

En obediencia al mandamiento de Cristo, aproximadamente 120 discípulos regresaron a Jerusalén después de Su ascensión con el fin de esperar el bautismo del Espíritu. Incluidos en este número se hallaban los doce apóstoles (con Matías, quien reemplazó a Judas), María la madre de Jesús, los hermanos de Jesús, y varias mujeres (Hechos 1:12-26). Parece que ellos se juntaron en un aposento alto en el Día de Pentecostés, un día de fiesta de los judíos que venía cincuenta días después de la Pascua. (La palabra griega *pentecoste* significa literalmente "quincuagésimo día.") En este primer Pentecostés después de la ascensión de Cristo, los 120 recibieron el Espíritu Santo y hablaron en lenguas (Hechos 2:1-4).

Algunos contienen que solamente los doce apóstoles recibieron el Espíritu, pero se puede demostrar que esto es incorrecto: (1) Jesús dio la promesa a todos aquellos que estuvieron presentes en Su ascensión y no solamente a los Doce. (2) Todos los 120 fueron al aposento alto para esperar el cumplimiento de la promesa, y no encontramos ninguna prueba que uno de ellos salió de allí. (3) En la profecía de Joel a que Pedro se refirió en el día de Pentecostés, Dios dijo que derramaría Su Espíritu sobre toda carne y esto incluyó a los hijos, las hijas, los jóvenes, los viejos, los siervos y las siervas (Hechos 2:16-18). Por cierto, esto describe más de los Doce. Todos los 120, incluso las mujeres, recibieron el Espíritu.

Podemos suponer que otros 3000 recibieron el Espíritu en reacción al sermón de Pedro, como se puede notar por lo siguiente: (1) Pedro prometió el don del Espíritu Santo a todos los que oyeron su palabra (Hechos 2:38-39), y 3000 recibieron su palabra con gozo (Hechos 2:41). Pedro empezó su sermón por explicar lo que justamente le había pasado a El mismo y lo concluyó por ofrecer la misma experiencia a los oyentes. (2) Los 3000 creyeron su mensaje y lo aplicaron a sus vidas, y él predicó que ellos podían recibir el don del Espíritu Santo.

(3) Los 3000 fueron bautizados (Hechos 2:41). Aunque esto significaría el bautismo en agua no más, el Espíritu fue prometido a todos los que se arrepintieran y se bautizaran en agua. (4) Los 3000 fueron "añadidos a ellos," es decir, a los 120 quienes acabaron de recibir el Espíritu. Nosotros concluimos, igual como hace *El Comentario del Púlpito*, que 3120 recibieron el Espíritu Santo en el Día de Pentecostés.[4]

Sabemos que los 3,120 eran todos judíos y prosélitos judíos porque mucho mas adelante los cristianos judíos todavía no estaban seguros si los gentiles pudiesen ser salvos (Hechos 10-11). Algunos podrían ser prosélitos—gentiles por nacimiento pero judíos por conversión (Hechos 2:10). Los 120 eran principalmente galileos, pero los 3000 incluyeron judíos de muchos países diferentes que habían viajado a Jerusalén para celebrar la fiesta de Pentecostés (Hechos 2:5-11).

La compañía de creyentes se juntó después para orar y fueron "todos llenos del Espíritu Santo" (Hechos 4:31). Esto no fue un bautismo del Espíritu de la primera vez sino fue una renovación y una unción para los creyentes judíos quienes ya habían sido bautizados con el Espíritu.

En conclusión, el Día de Pentecostés representa la primera vez que alguien recibió el bautismo del Espíritu Santo, y específicamente, la primera vez que fue derramado sobre los judíos.

Samaria

El segundo bautismo del Espíritu (es decir, cuando el Espíritu fue derramado por primera vez sobre alguien) que ha sido constatado, sucedió en Samaria. Racialmente y religiosamente, los samaritanos eran una mezcla de judío y gentil, y por ello eran considerados como una clase de gente distinta a ambos.

Felipe el evangelista (uno de los Siete pero no de los Doce) llevó el evangelio a Samaria. Los samaritanos le escucharon, vieron los milagros (incluyendo la sanidad de los enfermos y el echar fuera de los espíritus malos), tenían gran gozo, creyeron su mensaje y fueron bautizados en el agua en el nombre de Jesús. Sin embargo, a pesar de todo esto, ellos no habían recibido el Espíritu Santo (Hechos 8:6-16).

Este incidente revela que el bautismo del Espíritu es una experiencia definitiva que no debe ser confundida con los milagros y que no necesariamente acompaña los milagros, y no debe ser confundida con la gran emoción, la creencia mental, el arrepentimiento, o el bautismo en agua. Cuando los apóstoles oyeron lo que estuvo sucediendo en Samaria, enviaron a Pedro y a Juan allí. Cuando Pedro y Juan oraron por los samaritanos y les impusieron sus manos, éstos recibieron el Espíritu Santo (Hechos 8:17).

Los samaritanos no recibieron el Espíritu Santo hasta que Pedro y Juan habían puesto sus manos sobre ellos. Al parecer ellos no habían sido preparados totalmente antes de la llegada de Pedro y Juan. Habían "creído a Felipe," pero evidentemente no se habían entregado totalmente a Jesucristo. Cuando llegaron Pedro y Juan, oraron para ellos y les impusieron las manos y la fe de la gente aumentó hasta el punto de recibir el Espíritu.

Esta historia no enseña que uno de los doce apóstoles tenía que dar el Espíritu Santo, porque Pablo fue llenado con el Espíritu cuando Ananías oró por El (Hechos 9), y los efesios recibieron el Espíritu Santo cuando Pablo oró por ellos (Hechos 19). De igual modo, la imposición de manos no es un requisito absoluto, porque los 120 recibieron el Espíritu sin esto (Hechos 2), y Cornelio lo recibió así (Hechos 10).

La imposición de manos tiene la siguiente importancia y el siguiente propósito: (1) Demuestra sumisión al plan y la dirección de Dios y; (2) simboliza el otorgamiento de las bendiciones, las promesas, y el llamamiento de Dios; y (3) ayuda a impartir fe a la persona que está orando para recibir el Bautismo del Espíritu Santo.

La experiencia de los samaritanos demuestra que uno puede creer hasta cierto punto e inclusive puede bautizarse en agua y todavía no recibir el Espíritu. No hay ninguna salvación sin el Espíritu (Romanos 8:9), por tanto los samaritanos necesitaban el bautismo del Espíritu para completar su salvación, tal como lo ejemplifica el caso de Simón el mago. Hoekema dice, "Los samaritanos no eran verdaderos creyentes cuando Felipe los bautizó, y por consiguiente no recibieron el Espíritu para salvación hasta que los apóstoles les habían impuesto sus manos. . . . ¿no podría ser que el punto total de la narrativa es el de enseñar que la salvación es imposible sin el Espíritu Santo?"[5] La mayoría de los otros comentaristas protestantes concuerda que los samaritanos no fueron salvos hasta que recibieran el Espíritu.[6]

La Conversión de Pablo

Dios usó una luz del cielo para detener a Saulo de Tarso (Pablo), pero no hallamos indicación alguna que Pablo fue salvo en ese momento. Más bien, el Señor le dijo, "Levántate y entra en la ciudad, y se te dirá lo que debes hacer" (Hechos 9:6). Dios envió a Ananías a Pablo para que Pablo pudiera recobrar su vista y "ser lleno del Espíritu Santo" (Hechos 9:17). Cuando Ananías puso las manos sobre Pablo y oró por El, inmediatamente Pablo recobró su vista, se levantó, y fue bautizado (Hechos 9:18).

Podemos aceptar con seguridad que Pablo recibió el Espíritu Santo en ese momento aunque la Biblia no describe específicamente el bautismo del Espíritu que Pablo recibió. Pero sabemos que el propósito declarado por el Señor debe de haber sido cumplido. Las obras escritas y el ministerio de Pablo confirman que de hecho él sí recibió el Espíritu. De nuevo el análisis de Hoekema es útil: "Determinamos que la conversión de Saulo no era un acontecimiento instantáneo sino una experiencia que abarcó el espacio de tres días. De modo que cuando Saulo fue lleno del Espíritu al final de tres días, no debe entenderse como un 'Bautismo del Espíritu' que aconteció después de su conversión, sino como un aspecto íntegro de su conversión."[7] Bloesch concuerda que el nuevo nacimiento de Pablo aconteció cuando éste recibió el Espíritu en el momento de ser bautizado por Ananías.[8]

Los Gentiles En Cesarea

El próximo relato del bautismo del Espíritu se concentra alrededor de Cornelio, centurión romano (un capitán sobre cien soldados) que vivió en la ciudad de Cesarea. Este era piadoso, temió a Dios, daba muchas limosnas, oraba a menudo a Dios, y aun tuvo una visita angélica. A pesar de todos estas calidades y actividades honrosas, El no era salvo. El ángel le dijo que trajera a Pedro: "El te hablará palabras pos las cuales serás salvo tú, y toda tu casa" (Hechos 11:14). Probablemente El se había arrepentido pero no había recibido el Espíritu Santo, y por tanto no era salvo.

Cornelio no era judío, ni por nacimiento ni por conversión, sino gentil. Al recibir un mandamiento directamente de Dios, Pedro fue a Cesarea y predicó a Cornelio, a sus parientes, y a sus amigos. Mientras Pedro estuvo predicando, sus oyentes gentiles todos recibieron el Espíritu Santo y comenzaron a hablar en lenguas (Hechos 10:44-46). Pedro identificó esta señal como el bautismo del Espíritu—el mismo don que los judíos recibieron en el Día de Pentecostés (Hechos 11:15-17). Este es un relato muy significante, porque denota la primera vez que los gentiles fueron bautizados con el Espíritu.

Los Discípulos de Juan en Efeso

Cuando Pablo se encontró con aproximadamente doce discípulos de Juan el Bautista en la ciudad de Efeso, les preguntó, "Recibisteis el Espíritu Santo cuando creísteis?" (Hechos 19:2). Ellos contestaron, Ni siquiera hemos oído si hay Espíritu Santo" (Hechos 19:2).

Posiblemente estos discípulos nunca habían oído a Juan predicar acerca del bautismo del Espíritu, o más probablemente, no sabían que el tiempo actualmente había llegado para recibir la experiencia prometida. Probablemente estaban diciendo, "No hemos oído si el Espíritu Santo ha sido dado todavía." De todos modos, enseguida Pablo les preguntó a estos hombres, "¿En qué, pues, fuisteis bautizados?" (Hechos 19:3).

Cuando él supo que ellos habían recibido solamente el bautismo de Juan, los bautizó de nuevo, y esta vez en el nombre de Jesús. Entonces él oró por ellos y les impuso las manos. Inmediatamente recibieron el Espíritu Santo, hablaron en lenguas, y profetizaron (Hechos 19:6).

Es interesante ver cómo Pablo trató a estos

"creyentes." No estaba contento hasta que les hiciera dos preguntas muy importantes: (1) ¿Han recibido el Espíritu Santo? y (2) ¿Cómo fueron bautizados? El los enseñó y trabajó con ellos hasta que fueron bautizados en el nombre de Jesús y recibieron el Espíritu Santo con la señal inicial de hablar en lenguas.

Para nosotros hoy en día, este incidente es sumamente importante porque proporciona la prueba sólida que el bautismo en el nombre de Jesús y el bautismo del Espíritu con la señal inicial de hablar en lenguas eran la norma para la iglesia neotestamentaria entera. No sólo se ve esto claramente de las dos preguntas que Pablo hizo a "los creyentes" sino también está claro del mismo hecho que Dios escogió grabar este incidente. Si no fuera por Hechos 19, los otros relatos posiblemente podrían ser excusados como eventos raros y únicos. Por ejemplo, Hechos 2 relata el nacimiento de la iglesia entre los judíos, Hechos 8 relata la extensión del evangelio a los samaritanos, y Hechos 10 relata su extensión al los gentiles. Sin embargo, ninguna circunstancia de tal índole especial existía en Hechos 19. Hechos 19 muestra que el bautismo del Espíritu Santo con la señal inicial de hablar en lenguas es para todos los que creen en Jesús.

Hoekema trata de explicar a Hechos 2, 8, y 10 como hemos descrito anteriormente y entonces confiesa que Hechos 19 es "probablemente el más desconcertante de todos los pasajes en Hechos que están asociados con la *glossolalia* [el hablar en lenguas]."[9] No obstante, El trata de explicar por qué los efesios necesitaban esta experiencia mientras nosotros supuestamente no lo necesitamos: "(1) La fe que aquellos creyentes efesios tenían cuando Pablo les llegó a ellos la primera vez no era una fe cristiana totalmente desarrollada sino era una fe que era muy incompleta. (2) Había circunstancias especiales que hicieron necesaria la dotación del don de glossolalia a estos discípulos efesios."[10] El contiende que estas "circunstancias especiales" eran: (1) Que ellos no habían oído hablar del derramamiento del Espíritu en el día de Pentecostés y entonces necesitaban el hablar en lenguas para convencerlos que el hecho de veras había sucedido. (2) Que eran un grupo prominente de creyentes quienes iban a formar el núcleo de la iglesia de Efeso, pero no tenían todavía una comprensión adecuada de la cristiandad. Para el bien de la iglesia de Efeso este núcleo necesitaba el hablar en lenguas para completar su comprensión.

Se debe notar que todo este razonamiento se aplica con una fuerza igual hoy en día. El bautismo del Espíritu siempre es necesario para completar la fe cristiana. Todavía se necesitan el hablar en lenguas como una señal del derramamiento del Espíritu. La gente todavía necesita ser convencida que el Espíritu ha sido dado. El Espíritu siempre es necesario para transformar un grupo pequeño de creyentes en el núcleo de una iglesia local. Cualquiera que sean las razones que Dios tenía por darles el bautismo del Espíritu a los efesios, esas razones todavía son válidas para los individuos y las congregaciones locales hoy en día. En realidad, en el día de hoy hay una necesidad más grande de que la gente llegue a una fe cristiana completa y que entiendan que el Espíritu de veras ha sido derramado en la iglesia.

Conclusión sobre el Bautismo del Espíritu

Nuestro estudio de estos cinco casos demuestra dos conceptos importantes que este capítulo ha enfatizado: (1) El bautismo del Espíritu Santo es una parte esencial de la salvación para la edad de la iglesia neotestamentaria (el nuevo nacimiento) y no una experiencia separada y subsiguiente a la salvación. (2) El bautismo del Espíritu es para todos en la edad de la iglesia neotestamentaria (del día de Pentecostés a la Segunda Venida de Cristo) y no solamente para un grupo especial segregado de nosotros por raza, nacionalidad, tiempo, o posición.

Los Que Fueron Salvos en los Evangelios

A causa de las personas en los Evangelios que fueron salvos sin recibir el Espíritu, como por ejemplo los discípulos de Cristo antes del día de Pentecostés, el ladrón en la cruz, y otros a quienes Jesús perdonó sus pecados, algunos se oponen a la enseñanza que el bautismo del Espíritu es esencial. Sin embargo, estos ejemplos ocurrieron bajo la Ley y en un período único de transición en la historia de la salvación. El Espíritu Santo no había sido dado y la iglesia neotestamentaria no existía hasta el Día de Pentecostés.

Durante el tiempo del ministerio terrenal de Jesús, El apoyaba el pacto antiguo como el camino a la vida eterna (Lucas 10:25-28) y mandó a Sus seguidores que obedecieran la Ley de Moisés (Mateo 19:16-19; 23:1-3, 23). Le dijo a una adúltera, "Vete, y no peques más" (Juan 8:11), dejándole con la Ley como una guía moral. Le dijo a un leproso a quien hubo sanado, "Ve, muéstrate al sacerdote, y presenta la ofrenda que ordenó Moisés" (Mateo 8:4), y dijo a diez otros leprosos, "Id, mostraos a los sacerdotes" (Lucas 17:14).

Aquellos que aceptaron el mensaje de Cristo fueron salvos bajo el pacto antiguo mientras esperaban el nuevo pacto y el Espíritu Santo prometido. Fueron salvos en armonía con la Ley y no en oposición a ella. Por ejemplo,

Jesús sirvió tanto como un cordero sacrificatorio como el sumo sacerdote para el ladrón en la cruz. Antes del día de Pentecostés, Dios esperó que la gente siguiera la Ley, y después del día de Pentecostés, Dios espera que siga el evangelio en la edad de la iglesia neotestamentaria.

¿Solo Para la Iglesia Apostólica?

Algunos creen que el bautismo del Espíritu era solamente para los apóstoles o la edad apostólica. Sin embargo, el Espíritu fue prometido a los hombres, a las mujeres, a los jóvenes, a los viejos, al judío, al Samaritano, y al gentil y ellos los han recibido. Joel prometió esta experiencia a toda carne en los últimos días (Joel 2:28; Hechos 2:16-18). Si el día de Pentecostés estuvo en los últimos días, toda la historia subsiguiente lo está también. Pedro dijo a la multitud en el día de Pentecostés, "Porque para vosotros es la promesa, y para vuestros hijos, y para todos los que están lejos, para cuantos el Señor nuestro Dios llamare" (Hechos 2:39). El prometió expresamente el don a sus hijos, y esto incluía a algunos que todavía no habían nacido, y también a algunos que vivirían más allá de los días de los doce apóstoles.

"Todos los que están lejos" incluía a los que vivirían lejos del Día de Pentecostés tanto en el espacio y en el tiempo. El llamamiento del Señor se extiende a todos—al "que quiera" (Apocalipsis 22:17). El ejemplo de los efesios muestra que el bautismo del Espíritu es para el todo el mundo y no fue dado una vez una vez no más a cada grupo nacional como una experiencia que no iba a repetirse. De hecho, la Biblia promete el Espíritu a todos los creyentes (Juan 7:38-39; Hechos 11:15-17) y a todos que lo piden (Lucas 11:13).

Los que dicen que el Libro de Los Hechos no es para el día de hoy tienen la carga de la prueba. Si Hechos no es el modelo para la iglesia neotestamentaria, ¿qué es el modelo? ¿Dónde en la Biblia retracta Dios sus promesas con relación al bautismo del Espíritu? ¿Dónde dice la Biblia que la experiencia del Libro de Los Hechos no es para el día de hoy? Debemos concluir que la promesa del Espíritu siempre es nuestra hoy en día.

¿Enseña El Libro De Los Hechos La Salvación Sin El Espíritu?

Algunos dicen que la gente en el Libro de Los Hechos fue salva sin recibir el Espíritu. Por ejemplo, la Biblia no dice explícitamente que los siguientes recibieron el Espíritu Santo: los 5000 que creyeron después de la sanidad del hombre cojo (Hechos 4:4), el eunuco etíope (Hechos 8), Lidia (Hechos 16), y el carcelero filipense (Hechos 16). Sin embargo, este es un argumento del silencio. Ningún versículo dice que ellos no recibieron el Espíritu. La Biblia simplemente no entra en detalles para describir todas estas conversiones. Así como los Evangelios, por falta de espacio, anotan solamente los milagros y eventos representativos en el ministerio de Jesucristo (Juan 21:25), así los Hechos describe solo una muestra de las experiencias importantes de la conversión. Dios le inspiró a Lucas a escoger cinco relatos del bautismo del Espíritu que tendrían gran importancia simbólica por las edades posteriores. Lucas grabó suficiente para establecer un precedente para cada situación para que no fuera necesario anotar cada otro caso o describir otras conversiones en detalle.

Aun así, hay evidencia todavía que todos los que fueron convertidos recibieron el Espíritu. Los 5000 "creyeron" y Lidia "creyó" y los que creen verdaderamente reciben el Espíritu. El eunuco y el carcelero recibieron una experiencia que causó el regocijo que probablemente era el resultado del bautismo del Espíritu.

En suma, cinco ejemplos importantes incluyen al bautismo del Espíritu como parte de la conversión, y estos cinco casos representan a toda clase de gente. Hay un número de otras experiencias de conversiones que no son descritas con detalles, pero los relatos de muchos de ellas implican el bautismo del Espíritu mientras ninguno lo excluye específicamente. Creemos que el propósito de los cinco ejemplos era de establecer el modelo. Se debe leer los casos menos específicos en la luz de los cinco ejemplos que las Escrituras nos han dado. De ningún modo puede el mero silencio o la falta de una descripción completa servir de desechar la clara evidencia que los cinco casos relatados en el libro de los Hechos.

Cómo Puede Alguien Recibir el Espíritu Santo

Puesto que el bautismo del Espíritu Santo es una parte de la salvación y es para nosotros en el día de hoy, no es difícil recibirlo. Dios promete Su Espíritu a todos los que piden (Lucas 11:13), creen (Juan 7:38-39), y obedecen Su Palabra (Hechos 5:32). La persona que está orando para recibir el Bautismo del Espíritu Santo debe confiar en la promesa de Dios, porque sin fe es imposible agradar a Dios (Hebreos 11:6).

Pedro prometió el Espíritu a todos los que se arrepintieran y se bautizaran en el nombre de Jesús (Hechos 2:38). El ejemplo de los samaritanos nos muestra que cuando hace falta la fe completa, el bautismo en agua no puede automáticamente traer al Espíritu. Además, el ejemplo de Cornelio muestra que el Espíritu puede venir antes del bautismo en agua. El creyente debe someterse totalmente a Dios y debe estar dispuesto de hacer lo que Dios requiera. Cuando el creyente llega a ese punto de fe y sumisión completa, Dios derrama Su Espíritu. Si el creyente no se ha bautizado en agua en el nombre de Jesús, debe bautizarse lo más pronto posible.

Se requiere el arrepentimiento. Para que el Espíritu Santo pueda morar en una vida, aquella persona debe dejar el pecado y separarse de la inmundicia espiritual (2 Corintios 6:16-7:1). Solo Dios puede hacerlo justo, pero El debe expresar un deseo de dejar el pecado y de recibir el perdón, debe pedir la ayuda de Dios para dejar el pecado, y debe rendirse totalmente a Dios.

Si alguien se arrepiente y confía, Dios le dará Su Espíritu, aunque aquella persona pueda tener algunos conceptos falsos en otras áreas, tal como el bautismo en agua. En cosas así, Dios concede Su Espíritu para guiar a aquella persona sincera a una verdad mas profunda. Dios no está buscando razones para negar a la persona que está orando para recibir el Bautismo del Espíritu Santo, sino dará Su Espíritu a cualquier persona que reúna las condiciones del arrepentimiento y la fe como Su Palabra enseña.

Si alguien quiere recibir el bautismo del Espíritu Santo, debe venir a Dios con fe, creyendo en Su Palabra y esperando a recibir la promesa. Debe arrepentirse de sus pecados en la siguiente manera: debe confesar sus pecados a Dios, debe pedir el perdón de sus pecados, debe prometer a Dios que hará Su voluntad (con Su ayuda), y debe rendirse totalmente a El. Debe determinar en su mente que quiere recibir el Espíritu de Dios ese mismo día, no importa lo que Dios pueda requerir de El en el futuro. Después de que se arrepiente y hace este compromiso total, debe empezar a alabar Dios por haber oído y contestado su oración. Entonces, el Espíritu entrará, tomará el dominio completo, y le inspirará a hablar en un idioma que El nunca ha aprendido. A veces, la imposición de manos después del arrepentimiento le ayuda a la persona que está orando para recibir el Bautismo del Espíritu Santo a enfocar su fe en un momento de tiempo y recibir el Espíritu. Esto era una práctica muy común en la iglesia primitiva, aunque no era un requisito previo para recibir el Espíritu.

No se debe enfatizar la expectativa y las alabanzas hasta que el la persona que está orando para recibir el Bautismo del Espíritu Santo se haya arrepentido, porque no importa cuánto le alabe a Dios, no puede recibir el Espíritu sin arrepentirse.

Recibir el Espíritu solo es tan difícil como la persona que está orando para recibirlo lo haga. Se requiere solamente el tiempo necesario para arrepentirse y rendirse completamente a Dios, y eso puede ser un momento no más.

Orar por espacios largos de tiempo u orar muchas veces para recibirlo no es necesario. Los que no reciben el Espíritu o no tienen la fe suficiente para recibirlo o no se han arrepentido completamente y no se han rendido cada área de sus vidas a Dios. Los 120 en el Día de Pentecostés tuvieron que esperar de siete a diez días por el primer derramamiento, pero desde esa fecha, todos se han gozado de la plena libertad de recibirlo.

Si se enseña a la gente cuán importante es recibir el bautismo del Espíritu, realmente cuán fácil es ser lleno del Espíritu, y cómo preparar sus corazones, ellas por lo general reciben el Espíritu fácilmente. Si se enseña la necesidad del bautismo del Espíritu, mucha gente será llenada. Por otro lado, si se presenta la experiencia como una bendición optativa no más, la mayoría de la gente no la recibirá. Si se enseñan el arrepentimiento y la fe, la mayoría de las personas que están orando para recibir el Bautismo del Espíritu Santo lo recibirá en las aguas del bautismo o cuando se les impongan las manos después del arrepentimiento.

Los niños, los ancianos, los incultos, los educados, los pobres, y los ricos todos reciben el Espíritu. Muchos budistas y otros de trasfondos no cristianos reciben el Espíritu en su primera visita a una iglesia cristiana. Los relatos de Cornelio y de los Efesios muestran que una persona puede recibir el Espíritu al instante, en el momento que se arrepiente y cree.

La Obra del Espíritu

Cuando una persona es bautizada con el Espíritu, recibe el Espíritu de Cristo en su vida en un sentido permanente (Romanos 8:9; Efesios 3:16-17). Llega a ser una parte de la familia espiritual de Dios, y el Espíritu de Dios empieza a guiarle. La Biblia describe esto en varias maneras: (1) Por el Espíritu nacemos en el reino de Dios (Juan 3:5); (2) el Espíritu nos adopta en la familia de Dios (Romanos 8:15-16; Gálatas 4:5-6); (3) el Espíritu nos bautiza en el cuerpo de Jesucristo (1 Corintios 12:13); (4) el Espíritu nos santifica (1 Corintios 6:11; 1 Pedro 1:2); (5) el Espíritu es el sello de nuestra salvación (Efesios 1:13); y (6) el Espíritu es las arras (la prenda, la garantía, el pago inicial) de nuestra herencia (Efesios 1:14). En resumen, recibir el Espíritu es una parte de nuestra salvación. Por supuesto, como hablamos en el capítulo 4, no debemos separar de modo incisivo el bautismo del Espíritu del bautismo en agua puesto que ellos se juntan para completar el nuevo nacimiento y para traer todos los beneficios de salvación.

Además de ser parte de la salvación, el bautismo del Espíritu trae poder (2 Timoteo 1:7). Esto incluye: (1) el poder de dar testimonio y de ser un testimonio viviente que Cristo salva de los pecados (Hechos 1:8); (2) el poder de vencer sobre el pecado, de vivir honestamente, y de hacer morir las obras de la carne (Romanos 8:4, 13); y (3) el poder de la resurrección cuando Cristo venga para Su iglesia (Romanos 8:11).

El Espíritu trae el descanso y el refrigerio (Isaías 28:11-12; Hechos 3:19), y dominio propio (2 Timoteo 1:7). El Espíritu llega a ser un maestro, una guía a toda la verdad, y uno que ilumina la Palabra de Dios (Juan 14:26; 16:13). También llega a ser nuestro intercesor y nuestro camino de acceso a Dios (Romanos 8:26-27; Efesios 2:18). Finalmente, el Espíritu obra en nuestras vidas para producir el fruto del Espíritu; a saber, amor, gozo, paz, paciencia, benignidad, bondad, fe, mansedumbre, y templanza (Gálatas 5:22-23; Romanos 5:5; 14:17).

Todos estas obras del Espíritu refuerzan la doctrina que recibir el Espíritu es esencial a la salvación. Sin todas aquellas obras del Espíritu que acabamos de mencionar, no podríamos vivir con éxito una vida cristiana victoriosa que le agrade a Dios. Alguien que trata de ser salvo sin recibir el Espíritu de Dios, está intentando ser salvo por sus propios esfuerzos, y está destinado a fracasar.

Conclusión

El bautismo del Espíritu Santo es la experiencia neotestamentaria con Dios que es básica y normal. Es el nacimiento del Espíritu. Dios ha prometido esta experiencia a todos los que creerán en El y ha mandado que todos reciban Su Espíritu. Hoy mismo una persona puede recibir el Espíritu simplemente por arrepentirse de sus pecados, tener fe en Dios, y pedir a Dios que le dé este don. Una vez que recibe el Espíritu Santo, Dios le dará el poder de vencer sobre el pecado y de vivir una vida santa. Si una persona deja que el Espíritu le llene continuamente (mandarle y guiarle), producirá el fruto del Espíritu y verdaderamente vivirá un vida como Cristo.

NOTAS

[1] Bloesch, II, 22.
[2] Anthony Hoekema, *¿Qué Del Hablar En Lenguas?* (Grand Rapids: Eerdmans, 1966), pág. 114.
[3] Anthony Hoekema, *El Bautismo del Espíritu Santo* (Grand Rapids: Eerdmans, 1972), págs. 20-21.
[4] *El Comentario del Púlpito*, XVIII (Hechos), 251.
[5] Hoekema, *El Bautismo del Espíritu Santo*, págs. 36-37.
[6] *El Comentario del Púlpito*, XVIII (Hechos), 279; Bloesch, II, 12.
[7] Hoekema, *El Bautismo Del Espíritu Santo*, pág., 39.
[8] Bloesch, II, 18.
[9] Hoekema, *¿Qué Del Hablar En Lenguas?*, pág. 73.
[10] Ibidem, pág. 77.

9

EL HABLAR EN LENGUAS

"Y fueron todos llenos del Espíritu Santo, y comenzaron a hablar en otras lenguas, según el Espíritu les daba que hablasen" (Hechos 2:4).

Una Definición de Hablar en Lenguas

Hablar en lenguas es "el don sobrenatural de hablar en un otro idioma sin haberlo estudiado o aprendido."[1] La palabra griega que es la base de esta frase es *glossa*, que significa una lengua como el órgano del cuerpo o como un idioma. Entonces, un término teológico moderno por hablar en lenguas es *glossolalia*. Algunas versiones modernas traducen la frase "hablar en otras lenguas" como "hablar en lenguas extranjeras" (Moffat), "hablar en idiomas extranjeros" (Goodspeed), y "hablar en idiomas diferentes" (Phillips).

El Nuevo Testamento contiene cuatro pasajes que indiscutiblemente describen el hablar en lenguas: Hechos 2, Hechos 10:44-47, Hechos 19:6, y 1 Corintios 12-14.

En cada caso, los que hablaron en lenguas lo hicieron por el poder del Espíritu de Dios, "como el Espíritu les daba que hablasen" (Hechos 2:4).

Hablar en lenguas no es galimatías o meramente una pronunciación ininteligible o extática sin un propósito objetivo. Los que hablan en lenguas hablan en idiomas genuinos, aunque los que hablan no entienden lo que están diciendo. Muchas veces los observadores reconocen estos idiomas (Hechos 2). Los idiomas pueden ser de naturaleza humana o angélica (1 Corintios 13:1). Hablar en lenguas no es un fenómeno accidental, inaplicable, insignificante, o raro; es un don de Dios y una parte significante del plan de Dios para la iglesia neotestamentaria.

Isaías 28:11-12

Isaías predijo el papel de las lenguas en la iglesia: "Porque en lengua de tartamudos, y en extraña lengua hablará a este pueblo, a los cuales El dijo: Este es el reposo; dad reposo al cansado; y este es el refrigerio; mas no quisieron oír" (Isaías 28:11-12). El reposo y el refrigerio son el bautismo del Espíritu Santo (Hechos 2:38 con 3:19), e Isaías predijo que la lengua del tartamudo y los idiomas extranjeros lo acompañarían.

Algunos afirman que Isaías se refería meramente a una invasión de Israel por extranjeros, pero este argumento ignora varios puntos importantes: (1) Isaías asoció el hablar en lenguas con el descanso y el refrigerio y no con una invasión. (2) Las palabras de Pedro se asocian aun más este refrigerio con el Espíritu Santo. (3) Pablo aplicó las palabras de Isaías al hablar en lenguas: "creen la ley está escrito: En otras lenguas y con otros labios hablaré a este pueblo; y ni aun así me oirán, dice el Señor. Así que, las lenguas son por señal, no a los creyentes, sino a los incrédulos" (1 Corintios 14:21-22). Pablo usó el pasaje en Isaías para enseñar que Dios ha escogido el hablar en lenguas como una señal a la iglesia neotestamentaria para animar a los incrédulos a creer Su Palabra.

Si Isaías 28:11-12 sí se refiere a una invasión extranjera de Israel, entonces tiene un cumplimiento inmediato (la invasión por Asiria) y un cumplimiento distante (el hablar en lenguas en la iglesia neotestamentaria). El cumplimiento doble de la profecía o de la tipología es un suceso tan común en la Biblia que se conoce como "la ley de referencia doble." De todos modos, sobre la autoridad de Pedro y Pablo, Isaías 28:11-12 tiene una aplicación válida al hablar en lenguas en la iglesia neotestamentaria.

Marcos 16:17

Justo antes de la ascensión de Cristo, El prometió que el hablar en lenguas seguiría a los creyentes como una señal: "Y estas señales seguirán a los que creen: En mi nombre echarán fuera demonios; hablarán nuevas lenguas" (Marcos 16:17). Algunas versiones traducen "nuevas lenguas" como "nuevos idiomas" (LBA) o "lenguas extranjeras" (Goodspeed).

Los que se oponen al hablar en lenguas han atacado este versículo por enfatizar al versículo 18 que nombra varias otras señales: "Tomarán en las manos serpientes, y si bebieren cosa mortífera, no les hará daño; sobre los enfermos pondrán sus manos, y sanarán." Algunas sectas pequeñas en la parte sudeste de los Estados Unidos interpretan este versículo para indicar que los cristianos deben demostrar su fe por tomar en las manos serpientes venenosas, y los críticos tratan de asociar el hablar en lenguas con la toma de serpientes con el fin de desacreditar el hablar en lenguas. En el efecto ellos dicen, "No entendemos el versículo 18, por tanto no vamos a escuchar al versículo 17." Sin embargo, la mejor cosa es entender ambos versículos.

El versículo 18 no significa que debemos a propósito tomar en nuestras manos serpientes venenosas como una prueba de nuestra fe. Un ejemplo de la tentación de Jesucristo por Satanás hace muy clara esta verdad. Satanás citó una promesa de protección del Antiguo Testamento y exigió a que Jesús intentara el suicidio para demostrar la verdad de las Escrituras y de Su propia justicia (Mateo 4:6). Jesús contestó, "Escrito está también: No tentarás al Señor tu Dios" (Mateo 4:7). No debemos tratar de obligarle a Dios a actuar de una cierta manera, y no debemos a propósito buscar los problemas para ver lo que Dios hará. No podemos probar ni nuestra fe ni Su Palabra al tratar de hacernos daño porque eso no está de acuerdo con Su voluntad.

Entendemos que Marcos 16:18 promete la protección en caso de accidentes. Si por accidente un hijo de Dios es picado por una serpiente, El puede confiar que Dios le vaya a librar. Esto armoniza bien con el resto de versículo 18 que nos dice que podemos confiar en Dios en los casos de enfermedad o de envenenamiento accidental. Como por ejemplo, cuando por accidente Pablo fue mordido por una víbora mortífera, él serenamente la sacudió en el fuego y milagrosamente salió ileso (Hechos 28:1-6).

Es probable que Marcos 16:18 también tiene una aplicación espiritual que promete que el creyente tendrá poder sobre los poderes demoníacos. De Génesis a Apocalipsis, la Biblia caracteriza al diablo como una serpiente. Cuando Jesús les dio a setenta de Sus discípulos poder sobre los espíritus malos, El dijo, He aquí os doy potestad de hollar serpientes y escorpiones, y sobre toda fuerza del enemigo, y nada os dañará" (Lucas 10:19). Es lógico concluir que Marcos 16:18 promete tanto la protección contra el efecto de las mordeduras de serpientes como la victoria en la batalla contra los enemigos espirituales. A la vez, la promesa no nos instruye a tentarle a Dios por tomar a propósito en nuestras manos a las serpientes como una prueba de nuestra fe. No debemos tratar de desacreditar el versículo 18 para ignorar el versículo 17, sino debemos tratar de entender y aplicar ambos versículos a nuestras vidas.

Una segunda objeción a Marcos 16:17 es que dos importantes manuscritos griegos de la Biblia no contienen Marcos 16:9-20. Entonces los críticos dan de entender que este pasaje no es Palabra inspirada de Dios. Sin embargo, muchos eruditos conservadores creen que este pasaje es una parte de la Palabra de Dios por las siguientes razones.[2]

(1) El argumento contra el pasaje está basado principalmente en los dos manuscritos más antiguos que existen. Ellos son el Códice Sinaíticus y el Códice Vaticanus. Sin embargo, es un hecho conocido que ambos contienen otras añadiduras y omisiones incorrectas. Por ejemplo, los dos contienen varios libros apócrifos, y el último omite el resto del Nuevo Testamento después de Hebreos 9:14. También contiene una columna vacía dónde el texto de Marcos 16:9-20 debe estar escrito. La edad de los manuscritos no necesariamente significa que son más fidedignos. Quizás estos manuscritos no se usaban mucho debido a conocida falta de exactitud, mientras otros manuscritos más correctos se gastaban debido al gran uso y fueron destruidos cuando se hacían nuevas reproducciones de ellos.

(2) Un gran número de otros manuscritos importantes contiene el pasaje, incluyendo el tercero más viejo en la existencia, el Códice Alejandrinus.

(3) El pasaje aparece en muchas versiones tempranas, incluyendo la del antiguo latín, la Siríaca Pesita, la Cóptica, y la Gótica.

(4) Muchos padres de la iglesia temprana, incluyendo Ireneo, Papias, Justino, Tertuliano, Hipólito, Ambrosio, Crisóstomo, Jeromo, y Agustino citaron o aludieron al pasaje.

(5) El pasaje es consistente con los otro relatos del Evangelio.

(6) Las doctrinas enseñadas en el pasaje son afirmadas en otros pasajes de las Escrituras.

(7) Es sumamente improbable que alguien a propósito fabricaría este pasaje que contiene las enseñanzas acerca del hablar en lenguas, acerca del poder sobre los demonios, acerca de la protección divina, y acerca de la sanidad divina. Si la iglesia no creyera estas doctrinas (como los críticos del hablar en lenguas mantienen), ¿por qué agregaría alguien este pasaje? y ¿por qué lo aceptaría la iglesia primitiva?

(8) Dice Marcos 16:8, "Y ellas se fueron huyendo del sepulcro, porque les había tomado temblor y espanto; ni decían nada a nadie, porque tenían miedo." Esto simplemente no parece una conclusión creíble para el Evangelio según Marcos. No creemos que Dios dejaría el relato a estas alturas de miedo y desesperación sin mencionar la resurrección y la comisión de los discípulos.

(9) El pasaje probablemente entró en cuestión debido a la desaparición gradual de la operación de los dones mientras la mayoría de la cristiandad perdió contacto con el Espíritu Santo. De hecho, algunos críticos modernos lo rechazan principalmente debido a su contenido.

(10) Si por alguna razón se circularan unas reproducciones de Marcos en una condición no acabada, esto no necesariamente significa que otras copias no contenían el pasaje.

En resumen, simplemente no hay suficiente evidencia para descartar de la Biblia a Marcos 16:9-20. Debemos aceptar las palabras de Jesús en el versículo 17 tales como son. El hablar en lenguas es una señal que seguirá a los creyentes cristianos por todas partes.

El Día de Pentecostés

El cumplimiento inicial de las profecías acerca del hablar en lenguas ocurrió en el Día de Pentecostés. En esta ocasión, 120 discípulos judíos de Cristo fueron bautizados con el Espíritu y hablaron en lenguas, incluso los apóstoles, los hermanos de Jesús, María la madre de Jesús, y varias mujeres: "Cuando llegó el día de Pentecostés, estaban todos unánimes juntos. Y de repente del cielo un estruendo como de un viento recio que soplaba, el cual llenó toda la casa donde estaban sentados; y se les aparecieron lenguas repartidas, como de fuego, asentándose sobre cada uno de ello. Y fueron todos llenos del Espíritu Santo, y comenzaron a hablar en otras lenguas, según el Espíritu les daba que hablasen." (Hechos 2:1-4).

El sonido sobrenatural llenó el cuarto y esto significó que el Espíritu había venido a ese lugar para manifestarse de una manera especial y para hacer una obra especial. Lenguas como de fuego se sentaron en cada individual y esto significó que el Espíritu estaba listo a bautizar y a llenar a cada persona. "Y se les aparecieron lenguas repartidas, como de fuego, asentándose sobre cada uno de ellos" (Hechos 2:3). Después de esto, fueron todos llenos del Espíritu y comenzaron a hablar en otras lenguas como el Espíritu les dio que hablasen. Hechos 2:4 enseña que el milagro ocurrió cuando el Espíritu se movió sobre los que hablaban y no sobre los oyentes. Ellos empezaron a hablar en lenguas sólo después de que el Espíritu hubo entrado, así que el hablar en lenguas fue la única señal que indicó que cada persona había sido bautizada o llenado con el Espíritu.

El sonido del viento y las lenguas repartidas, como de fuego, nunca más aparecen en las Escrituras. Al parecer éstos acompañaron el establecimiento de la iglesia neotestamentaria y el primer derramamiento del Espíritu en la misma manera que el relámpago, los truenos, y el fuego habían acompañado la entrega de la Ley en el Antiguo Testamento (Exodo 19:16-19). Una vez que Dios había demostrado que Su Espíritu estaba libremente disponible a todos, no había ninguna necesidad de enfatizarlo de nuevo en esta manera. Sin embargo, en opuesto al sonido y el fuego, el hablar en lenguas sí ocurre varias veces en la Biblia. Puesto que es la única señal particularmente asociada con un bautismo individual del Espíritu (las otros son señales de la disponibilidad del Espíritu), el hablar en lenguas tiene una importancia duradera y una función que las otras señales no tienen.

Unos judíos de muchas naciones estaban en Jerusalén para celebrar la fiesta de Pentecostés. Cuando los 120 recibieron el Espíritu y empezaron a hablar en lenguas, muchos de estos visitantes comenzaron a juntarse. Catorce países extranjeros fueron representados (Hechos 2:5-11). Estos judíos extranjeros empezaron a oír los varios idiomas de sus países nativos y se maravillaron que estos galileos incultos podían hablar todos estas lenguas extranjeras.

Algunos afirman que Dios hizo este milagro para que

los extranjeros pudieran oír el evangelio predicado a ellos, pero poco después, Pedro entregó un sermón a todos ellos en un solo idioma. Este idioma probablemente era el arameo, el idioma materno de todos los judíos en ese momento, o posiblemente era el griego, el idioma internacional del comercio. De todos modos, el público no necesitaba el milagro del hablar en lenguas para traerles el mensaje del evangelio.

En cambio, Dios usó el hablar en lenguas como una señal milagrosa para mostrarlos que El había dado de Su Espíritu. Pedro usó las preguntas y los comentarios del pueblo acerca del hablar en lenguas para abrir su sermón, y El les dijo inmediatamente que esto fue el cumplimiento de la profecía de Joel acerca del derramamiento del Espíritu (Hechos 2:14-21). Más adelante en su sermón, Pedro dijo, "Así que, exaltado por la diestra de Dios, y habiendo [Jesús] recibido del Padre la promesa del Espíritu Santo, ha derramado esto que vosotros veis y oís" (Hechos 2:33, NVI). El público había visto y oído justamente antes a la gente hablar en lenguas, entonces Pedro lo enfatizó como la evidencia del Espíritu Santo prometido.

Cornelio Habló en Lenguas

Hallamos el próximo relato explícito de hablar en lenguas en la historia de los primeros gentiles de recibir el Espíritu: "Mientras aún hablaba Pedro estas palabras, el Espíritu Santo cayó sobre todos los que oían el discurso. Y los fieles de la circuncisión que habían venido con Pedro se quedaron atónitos de que también sobre los gentiles se derramase el don del Espíritu Santo. Porque los oían que hablaban en lenguas, y que magnificaban a Dios." (Hechos 10:44-46).

Los cristianos judíos que acompañaron a Pedro no esperaban que los gentiles recibieran el Espíritu Santo de inmediato, porque los judíos creían tradicionalmente que primeramente uno tenía que convertirse al judaísmo para ser salvo (Hechos 15:1). A pesar de esta fuerte preconcepción, los judíos que estuvieron con Pedro tuvieron que confesar que Cornelio y su casa de hecho habían recibido el Espíritu, porque les oyeron hablar en lenguas. Como dice *El Comentario del Púlpito*, "Esta fue la evidencia incontrovertible de que habían recibido del Espíritu Santo."[3] No hay ninguna mención de viento ni de lenguas como de fuego. Solo el hablar en lenguas fue la prueba indisputable.

Los gentiles que habían recibido el Espíritu también "magnificaron a Dios." Esto quiere decir que alabaron a Dios, o en lenguas o en su propio idioma. Si le alabaron en su propio idioma, fue porque habían recibido el Espíritu pero ciertamente no fue la señal milagrosa que convenció a los judíos escépticos.

Pedro informó a la iglesia en Jerusalén de estos eventos, diciendo, "Y cuando empecé a hablar, cayó el Espíritu Santo sobre ellos también, como sobre nosotros al principio" (Hechos 11:15). El hablar en lenguas es la única señal que Hechos 2 y Hechos 10 tienen en común, pero esta señal sola no era suficiente para convencer a Pedro que los gentiles habían recibido la experiencia pentecostal.

Los Efesios Hablaron en Lenguas

Los discípulos de Juan el Bautista en Efeso también hablaron en lenguas cuando recibieron el Espíritu: "Y habiéndoles impuesto Pablo las manos, vino sobre ellos el Espíritu Santo; y hablaban en lenguas, y profetizaban" (Hechos 19:6).

Este relato demuestra que el bautismo del Espíritu con lenguas es para todos los creyentes. Quizás el hablar en lenguas en Hechos 2 y 10 podrían ser explicadas como señales de una sola vez para los judíos y para los gentiles respectivamente, pero Hechos 19 no tiene ningún valor para establecer precedentes fuera de establecer esta experiencia como la norma para la iglesia neotestamentaria. El único propósito que lograron el hablar en lenguas en esta escena era de ser una señal para esos creyentes individuales que ya habían recibido la misma experiencia que ya había sido dada a otros. Este uso de lenguas es tan válido y tan necesario en el día de hoy. No sabemos la razón porque Dios dio la señal de lenguas a los efesios, pero esas razones siempre existen hoy en día.

Estos efesios también "profetizaron" después de recibir el Espíritu. La profecía es "declarar la mente y el consejo de Dios" o "declarar la voluntad de Dios."[4] Según la *Concordancia Exhaustiva de Strong*, una definición del verbo profetizar es "habla bajo la inspiración." Esto puede significar el don de la profecía en que Dios habla un mensaje directo a través de los labios humanos (1 Corintios 12:10), o puede significar una predicación ungida, una alabanza ungida, o un testimonio ungido (1 Corintios 11:4-5; Apocalipsis 19:10). Tal como los 120 en el día de Pentecostés contaron de las obras maravillosas de Dios cuando hablaron en lenguas (Hechos 2:11), aparentemente estos efesios profetizaron cuando hablaron en lenguas. Es posible que el Espíritu ungió a estos hombres para que hablasen palabras en su propio idioma después de que habían hablado en lenguas. De todos modos, la profecía fue el resultado del bautismo del Espíritu pero no era una señal como fueron el hablar en lenguas.

Presentamos las siguientes pruebas: (1) el hablar en lenguas precedió la profecía, de manera que el hablar en lenguas fue la señal inicial. (2) Ningún otro relato del bautismo del Espíritu menciona la profecía, entonces no es una señal uniforme. (3) Se puede identificar fácilmente al hablar en lenguas como una señal sobrenatural y milagrosa pero no se puede identificar a la profecía de ese modo, sobre todo con respecto a un observador inconverso.

Los Samaritanos Hablaron en Lenguas

El relato en Hechos 8 de los samaritanos que recibieron el Espíritu Santo no menciona explícitamente el hablar en lenguas. No proporciona ninguna descripción de las señales de su experiencia. A pesar de la falta de una descripción detallada, alguna señal tangible estuvo presente. El bautismo del Espíritu fue un fenómeno que fue tan notable que los creyentes y los inconversos lo reconocieron inmediatamente como sobrenatural. Es lógico suponer que esta señal fue el hablar en lenguas.

(1) A pesar de los milagros, el gozo, la creencia, y el bautismo en agua, todos supieron que los samaritanos todavía no habían recibido el Espíritu. Felipe, Pedro, y Juan todos esperaban una señal en particular y supieron que los samaritanos no tenían el Espíritu debido a la ausencia de aquella señal.

(2) Todos supieron que los samaritanos recibieron el Espíritu en el momento que Pedro y Juan les impusieron las manos. Debe haber habido una señal definida para que todo el mundo pudiera percibir esto con certeza. Además, esta señal era más que un sen-

timiento emocional, una confesión de fe, o un bautismo en agua, puesto que todos estos ya habían ocurrido antes. Ni estaban buscando una manifestación de algún milagro o de algún don espiritual, porque gente ya había sido sanada y espíritus malos ya habían sido echados fuera.

(3) Debe haber habido una señal definida y sobrenatural para que Simón el Mago fuera impresionado suficiente para desearla. Aparentemente Simón quiso comprar este milagro y usarlo en sus funciones mágicas. Deseaba el poder de poner sus manos sobre la gente y experimentar una manifestación de aquella señal milagrosa. Otra vez la señal era mucho más que una expresión de gozo, una confesión de fe, o las alabanzas a Dios, porque todas estas señales podrían ser fingidas con facilidad y ninguna de ellas impresionaría a un mago o a su público escéptico. Además, esta señal impresionó a Simón de un cierto modo que todos los otros milagros no le habían impresionado.

El Comentario del Púlpito reconoce la existencia de una señal: "Hay señales de un impartir del Espíritu por los apóstoles que parece que no entendemos totalmente, porque este impartir del Espíritu difiere de cualquier otro impartir del Espíritu con que hemos tenido experiencia."[5] Sigue diciendo, con respecto a Hechos 8: "Estos punto suponen que las indicaciones de la llegada del Espíritu sobre los discípulos eran como las que encontramos en el día de Pentecostés. Había algún don de lenguas, o de predicación, o de oración—alguna señal exterior que todos podían comprender."[6] Por supuesto, en el relato pentecostal solamente el hablar en lenguas sirvieron como la señal exterior del mismo bautismo del Espíritu. Ni la predicación ni la oración es una posibilidad, puesto que ninguna es una señal única o milagrosa y puesto que los samaritanos ya habían observado ambas cosas.

Cuando comparamos la experiencia de los samaritanos con los otros relatos, es obvio que la señal milagrosa acompañante fue el hablar en lenguas. De hecho, Hoekema—quien no cree que el hablar en lenguas es para la iglesia de hoy—llega a la misma conclusión. El declara, "Aunque no nos dice en unas cuantas palabras que los samaritanos hablaron en lenguas . . . debe haber habido alguna evidencia pública de que ellos recibieron el Espíritu. Entonces podemos concordar con nuestros amigos Pentecostales en ese punto que los samaritanos probablemente hablaron en lenguas."[7]

Pablo Habló en Lenguas

Hechos 9 indica que Pablo recibió el Espíritu pero no da ninguna descripción del evento. Como resultado, el pasaje no menciona el hablar en lenguas. Sin embargo, Pablo hablaba en lenguas frecuentemente, porque El dijo mas tarde, "Doy gracias a Dios, que hablo en lenguas más que vosotros todos" (1 Corintios 14:18). Puesto que él enseñaba que el hablar en lenguas venía del Espíritu (1 Corintios 12:8-10), es consistente suponer que él habló en lenguas cuando recibió el Espíritu, así como todos los demás.

Como el relato de los efesios, el testigo de Pablo demuestra que el hablar en lenguas no era un evento que ocurrió una sola vez en la iglesia primitiva y no se repetía. Pablo, un judío, habló en lenguas mucho tiempo después de que los judíos en el día de Pentecostés, y seguía hablando en lenguas en sus devociones y en su ministerio.

La Comparación entre los Relatos en el Libro de los Hechos

Hemos investigado todos los cinco casos anotados en las Escrituras que nos hablan de la gente que recibió el Espíritu Santo. En tres casos (el día de Pentecostés, Cornelio, y los Efesios) los que recibieron el Espíritu hablaron en lenguas inmediatamente. Un cuarto caso (Samaria) no describe explícitamente ninguna manifestación externa en particular pero claramente requiere la presencia de una señal externa y milagrosa que se puede identificar inmediatamente, y la mayoría de los comentaristas está de acuerdo que eso era el hablar en lenguas. En el quinto caso (Pablo) la Biblia no da ninguna descripción del bautismo del Espíritu, pero revela más tarde que El que lo recibió hablaba en lenguas a lo largo de su vida cristiana.

¿Qué de otras posibles señales del bautismo del Espíritu? Los Hechos 2 anota un sonido como un viento y lenguas repartidas como de fuego, pero estas señales precedieron el primer derramamiento del Espíritu y no se mencionan en ningún otro relato. Hechos 8 no demuestra que todos los dones y milagros espirituales fueron considerados como señales. Hechos 19 menciona la profecía, pero solo después de mencionar el hablar en lenguas. Hechos 10 menciona el magnificar a Dios (alabarle), pero eso no es una señal milagrosa. Lo que es más importante es que identifica el hablar en lenguas como la única señal que es suficiente para demostrar claramente que el Espíritu había sido dado. La siguiente tabla resume esta comparación:

El Bautismo del Espíritu y el Hablar en Lenguas

Pentecostés	Samaria	Pablo	Cornelio	Efesios
•Un sonido como el viento (llenó el cuarto).	•Señal pública y milagrosa (no nombrada, pero evidentemente el hablar en lenguas).	•No se da descripción	•Hablar en lenguas.	•Hablar en lenguas.
•Lenguas repartidas, como de fuego (en o asentadas sobre cada persona).		•Paul hablaba a menudo en lenguas como cristiano.	•Magnificación de Dios (alabanza).	•Profecía (probablemente alabanza o testimonio inspirados).
•Hablaron en lenguas (llenamiento individual).				

El hablar en lenguas es la única manifestación externa que aparece en más de un relato y es la única que ocurre en el momento actual del bautismo del Espíritu individual. El Libro de Los Hechos enseña que una persona hablará en lenguas cuando recibe el Espíritu Santo. Entonces, el hablar en lenguas es la señal inicial (la evidencia) que alguien ha recibido el don (el bautismo) del Espíritu Santo.

Otras Posibles Referencias

Quizás Jesús estuvo pensando del hablar en lenguas cuando dijo, "El viento sopla de donde quiere, y oyes su sonido; mas ni sabes de dónde viene, ni a dónde va; así es todo aquel que es nacido del Espíritu" (Juan 3:8).

El hablar en lenguas por lo menos inicialmente cumple a Romanos 8:16 que dicen "El Espíritu mismo da testimonio a nuestro espíritu, de que somos hijos de Dios." Pablo probablemente estuvo pensando en eso cuando escribió que confesar con la boca al Señor Jesús es una parte de salvación (Romanos 10:9-10), porque nadie puede confesar verdaderamente a Jesús como Señor sino por el Espíritu (1 Corintios 12:3).

¿Es Necesario Hablar en Lenguas?

El hablar en lenguas no salva. No obstante, la relación entre el bautismo del Espíritu y el hablar en lenguas es semejante a la relación entre la fe y las obras. Somos salvos por la fe, no por las obras, sin embargo las obras siempre acompañan la fe genuina. De la misma manera, el hablar en lenguas no nos puede salvar, pero el bautismo del Espíritu produce el hablar en lenguas como la señal inicial.

¿Siempre acompaña el bautismo del Espíritu el hablar en lenguas? El Libro de Los Hechos indica que así es. Describe el hablar en lenguas y nada más como la señal inicial asociada con la experiencia individual. Un bautismo del Espíritu sin el hablar en lenguas es un concepto que no es bíblico. La Biblia ni discute aquella posibilidad. Siempre debemos esperar el hablar en lenguas cuando alguien recibe el bautismo del Espíritu Santo.

Razones por el Hablar en Lenguas

¿Por qué escogió Dios el hablar en lenguas como la

señal inicial del bautismo del Espíritu? Debemos comprender que Dios es soberano. El puede establecer un plan sin explicar Sus razones a nosotros. Lo insensato de Dios es más sabio que los hombres, y Dios a veces usa cosas que son raras, tontas, o despreciadas en los ojos de los hombres para lograr Su voluntad (1 Corintios 1:25-29). Unos ejemplos son el bautismo en agua para perdón de los pecados y la oración al Dios invisible.

Debemos aceptar el hablar en lenguas porque Dios escogió esta señal. Históricamente Dios ha usado señales externas y físicas para acompañar Sus pactos para con el hombre y las bendiciones prometidas bajo aquellos pactos. Unos ejemplos son el arco iris a Noé y la circuncisión a Abraham.

Los seres humanos no inventaron el hablar en lenguas en una búsqueda desesperada e incrédula de una señal tangible de la salvación. Dios mismo ordenó el hablar en lenguas para la iglesia, y aceptamos Su plan por la fe. El hablar en lenguas no puede sustituir la fe en la vida del cristiano con Dios, pero Dios da el hablar en lenguas como la confirmación de su fe (Marcos 16:17).

Habiendo dicho esto, podemos identificar varias razones por qué Dios escogió el hablar en lenguas como la señal inicial del bautismo del Espíritu.

(1) La lengua parece ser el miembro del cuerpo más difícil de domar. Es un miembro pequeño, pero puede dirigir, controlar, y contaminar todo el cuerpo (Santiago 3:2-6). "Ningún hombre puede domar la lengua, que es un mal que no puede ser refrenado, llena de veneno mortal" (Santiago 3:8). Si un hombre no puede dominar su lengua, su religión es vana, pero si puede dominar su lengua, también puede controlar el cuerpo entero (Santiago 1:26; 3:2). Antes de que alguien reciba el Espíritu Santo, debe rendir todo su ser a Dios, y el últi-

mo miembro de rendirse es la lengua. Al suceder esto, Dios entra y toma el mando completo y así demuestra su señorío al usar al miembro más desobediente para Su gloria. Puesto que el cerebro domina el hablar, esto significa actualmente que Dios ha tomado el mando de nuestro centro de conciencia, razonamiento, y voluntad—en resumen, el ser entero.

(2) El hablar en lenguas simboliza la unidad de la iglesia. Después del diluvio, los seres humanos persistieron en desobedecer a Dios e intentaron competir con Dios por construir la Torre de Babel. Para detener sus maquinaciones malas y esparcir a la gente, Dios les dio muchos idiomas en lugar de uno solo (Génesis 11:1-9). Empezando con el día de Pentecostés, Dios invirtió el proceso tomando gente de muchas naciones y uniéndolas en una familia espiritual por medio de la señal del hablar en lenguas. La iglesia contiene gente de cada tribu, nación y lengua, pero todos son uno por medio del idioma del Espíritu. El hablar en lenguas llega a ser el nuevo idioma asociado con la ciudadanía en el reino de Dios.

(3) El hablar en lenguas es universal en aplicación, y una señal válida bajo cualquier circunstancia. No obstante la nacionalidad, el idioma, o el lugar de un pueblo, pueden reconocer el hablar en lenguas cuando sucede entre ellos.

(4) El hablar en lenguas da una certeza acerca de una experiencia Dios, ya que significa que uno ha recibido el bautismo del Espíritu en un cierto momento,. Si uno ha sido bautizado en el nombre de Jesús, ha recibido el Espíritu Santo con la evidencia inicial de hablar en lenguas, y continúa obedeciendo la Palabra de Dios, puede saber que es salvo.

Muchas iglesias niegan este papel comprobatorio, y

como resultado sus miembros luchan con la incertidumbre en cuanto a la salvación. Un escritor protestante declaró, "Probablemente la mayoría de los cristianos tiene un problema en algún momento durante su experiencia cristiana con la certeza de su salvación. En algunos casos la dificultad dura por años. . . . Muchos son los que pasan continuamente al altar en busca de la certeza—y siempre se van sin encontrarla."[8] Este escritor también dijo, "Un cristiano puede saber intelectualmente, 'Soy salvo' y todavía ser atacado por el sentimiento, 'No soy salvo.'"[9] Su solución es esto: Si uno cree que Jesús es el Hijo de Dios y le ha pedido que entre en su vida como Señor y Salvador, entonces debe ignorar todo los sentimientos y reclamar la salvación. Reconocemos que la salvación no está basada en los sentimientos humanos, pero sí debemos prestar atención a la convicción de Dios, sobre todo si nuestra experiencia no se conforma al modelo bíblico.

Unos comentarios por otro autor protestante demuestran por qué muchos miembros de la iglesia todavía tienen dudas a pesar de la fórmula simplista que acabamos de presentar: "Es posible hacer una profesión pública de fe en Cristo y bautizarse, y todavía no experimentar la salvación. Podría haber sido solamente una creencia histórica sin un compromiso personal. Sus dudas pueden significar que usted realmente necesita ser convertido."[10] Por ejemplo, si un miembro prominente de una iglesia que enseña la seguridad eterna incondicional empieza a vivir en pecado abierto, la iglesia dirá que desde el principio él nunca tuvo una conversión genuina. Esto hace que muchos se pregunten cómo ellos pueden saber si su propia conversión es genuina. El escritor que acabamos de citar a menudo encuestaba a estudiantes de seminario para determinar cuántos en algún momento hicieron una confesión pública de fe, después se convencieron que no fueron salvos, y entonces tuvieron una segunda experiencia que creían ser una conversión genuina. El encontró que, por lo general, el veinte por ciento se hallaba en esta categoría. Su conclusión: "Esto probablemente es representantativo de la mayoría de nuestras iglesias. Algunos de nuestros miembros luchan con dudas y concluyen que no han sido verdaderamente convertidos. Esto puede ser verdad de usted."[11] La solución (según El): Deje los pecados, invite a Cristo a entrar en su corazón como Salvador y Señor, y crea en El. Estas instrucciones están bien, pero de algún modo deben ser aplicadas espiritualmente y no solo intelectualmente. El Señor proporciona evidencia objetiva de una plena dedicación a El y eso es que cuando uno se arrepiente de sus pecados y cree en Jesús según las Escrituras, recibirá el Espíritu Santo y hablará en lenguas.

No Es una Señal de la Presencia Permanente del Espíritu

El hablar en lenguas es la señal Inicial de recibir el Espíritu, pero el hablar en lenguas por sí solo no comprueba la morada permanente del Espíritu en el creyente. Existen muchas evidencias más importantes de la morada permanente del Espíritu, como el fruto del Espíritu (Gálatas 5:22-23). En particular, el amor es la última prueba verdadera del discipulado (Juan 13:34-35). El verdadero hijo de Dios amará a Dios, obedecerá Sus mandamientos, andará en el Espíritu, y será guiado por el Espíritu (1 Juan 2:3-5; Romanos 8:4, 14). En la ausencia de estas características, el hablar en lenguas no garantiza que el Espíritu mora en alguien y controla su vida.

Después de que alguien haya recibido el Espíritu Santo, una capacidad incesante de hablar en lenguas indica solamente que él tiene fe ese don en particular y puede rendirse a Dios para ese propósito en particular. Pudiera aún creer la doctrina falsa, comenzar a vivir de nuevo una vida pecaminosa, o rechazar la dirección de Dios en otras áreas de su vida. Siempre debemos adherirnos a la doctrina bíblica, obedecer las instrucciones bíblicas, y someternos al Espíritu de Dios para ser salvos.

Alguien puede tener la capacidad de hablar en lenguas y no estar listo para encontrarse con Dios, porque Dios siempre honrará la fe en una cierta porción de Su Palabra a pesar de una falta de sumisión en otras áreas. Esto explica por qué Dios contesta las oraciones de los pecadores, llena a gente con el Espíritu Santo antes de que sea bautizada en el nombre de Jesús, y hace milagros cuando unos hipócritas predican. Muchos experimentan milagros y predican en el nombre de Jesús pero no son salvos porque no siguen la Palabra y la voluntad de Dios (Mateo 7:21-27).

Romanos 11:29 dicen, "Porque irrevocables son los dones y el llamamiento de Dios." Aunque este versículo se encuentra en un otro contexto, quizás enseña un principio con una aplicación general: una vez que Dios da un don espiritual, El nunca lo revoca completamente. Aun si el recibidor se aparta de Dios o abusa el don, parece que Dios deja una porción para animar al reincidente a arrepentirse.

También es posible que la mente humana o el espíritu humano pueda "aprender" a hablar en lenguas. Cuando Dios permite que alguien hable en lenguas, aparentemente Dios pone las palabras en su cerebro. Dios dirige el habla pero lo hace por usar el aparato físico de aquella persona y esto incluye las células del cerebro, los nervios, la laringe, la boca, y la lengua. Es posible, entonces, que el cerebro puede guardar estas palabras así como guarda otra información. La próxima vez que Dios se mueve en el individuo, puede dar nuevas palabras o puede activar las palabras que existen en la memoria. Esto podría explicar porque algunos repiten las mismas frases cuando el Espíritu se mueve en ellos.

Por un período de tiempo es posible que el cerebro por su propia cuanta pueda subconscientemente "aprender" a activar esta combinación de palabras. En ese caso, aun sin el mover del Espíritu, la persona podría proferir palabras que le fueron dadas una vez por el Espíritu. Esto explicaría cómo algunas personas pueden "hablar en lenguas" en cualquier momento aun sin el mover del Espíritu o aun después de que el Espíritu haya dejado sus vidas.

Además, no debemos pasar por alto la posibilidad de imitaciones falsas de lenguas por los hombres o incluso las lenguas falsas causadas por el poder de Satanás. Satanás tiene el poder de hacer muchos milagros, y él a menudo trata de imitar la obra de Dios (Exodo 7:10-12; Apocalipsis 13:2, 11-15). Algunos incrédulos o apóstatas pueden "hablar en lenguas" por el poder de Satanás. Por supuesto, la existencia de lenguas falsas producidas por los espíritus de los hombres o por los demonios no destruye la realidad de las lenguas bíblicas dadas por el Espíritu de Dios.

Después del Bautismo del Espíritu

La Biblia no enseña que el hablar en lenguas es una señal necesaria después del bautismo inicial del Espíritu. Tal como el hablar frecuentemente en lenguas no necesariamente significa la espiritualidad, una falta de hacerlo no necesariamente significa la falta de la espiritualidad. El hablar en lenguas no juega ningún papel comprobatorio sino quizá como algo que le hace recordar y que confirma la experiencia anterior. Por supuesto, Pablo habló en lenguas frecuentemente (1 Corintios 14:18), y los que reciben el Espíritu por lo general hablan en lenguas de nuevo y de nuevo a lo largo de sus vidas.

El don de lenguas es uno de los dones que están puestos a la disposición de los que tienen el Espíritu (1 Corintios 12:8-10). Primera de Corintios 12:30 da de entender que no todos siguen hablando en lenguas como una costumbre, aunque en realidad este pasaje probablemente se refiere principalmente a los mensajes públicos.

Alguien que está lleno del Espíritu pero que no sigue hablando en lenguas no es nada menos un cristiano a causa de esto. Sin embargo, si alguien buscare el don de lenguas, ejerciere la fe, y se rindiere al Espíritu así como hizo en la experiencia inicial, puede hablar en lenguas de nuevo.

Puesto que el hablar en lenguas es para la edificación particular, creemos que Dios desea que el creyente busque y use el don de lenguas. Una vez que este don haya sido recibido, una falta de usarlo puede indicar que alguien se está apartando de Dios. El don de lenguas está puesto a la disposición de todos ellos que están llenos del Espíritu y que lo piden en la oración persistentemente y con fe (Mateo 7:7-11; 21:22; Juan 14:12-14; 1 Corintios 12:31).

El Don de Lenguas

Pablo del don de lenguas en 1 Corintios 12-14. El escribió este libro a creyentes salvos, los cuales habían sido todos bautizados con el Espíritu, y por consiguiente todos habían hablado en lenguas (1 Corintios 1:2;

12:13). Su propósito era de instruirlos en el uso del don de lenguas, particularmente en las reuniones públicas. Puesto que estos tres capítulos son tan importantes a cualquier discusión de lenguas en la iglesia del día de hoy, permítanos resumir los puntos principales con relación a este asunto.

1 Corintios 12

Versículo 1: El propósito de Pablo aquí es de enseñar acerca de los dones espirituales.

Versículo 2: Los corintios habían sido totalmente ignorantes de las cosas espirituales antes de su conversión.

Versículo 3: El Espíritu siempre exaltará a Jesús. Nadie puede entender que Jesús es el Señor sino por la iluminación del Espíritu, y nadie puede tener actualmente a Jesús como el Señor de su vida sino por medio del poder del Espíritu.

Versículos 4-11: Hay muchos dones espirituales, pero todos vienen del Espíritu de Dios para el beneficio de la iglesia. Pablo nombró a nueve dones: palabra de sabiduría, palabra de ciencia, fe, dones de sanidades, el obrar milagros, profecía, discernimiento de espíritus, diversos géneros de lenguas, e interpretación de lenguas.

Versículos 12-27: Los creyentes renacidos son todos los miembros de un cuerpo, el cuerpo de Cristo. Somos bautizados en un cuerpo por un solo Espíritu de Dios.

Versículos 28-30: Dios ha dado funciones diferentes a los distintos miembros del cuerpo. Pablo nombró a ocho oficios y dones que Dios ha puesto en la iglesia: apóstoles, profetas, maestros, los que hacen milagros, los que sanan, los que ayudan, los que administran y los que tienen don de lenguas. Todos no tienen estos oficios públicos ni ejercen estos dones públicos.

Versículo 31: Debemos desear sinceramente los dones mejores. Sin embargo, hay algo más grande y mayor en importancia a los dones espirituales.

1 Corintios 13

Ninguno de los dones espirituales tiene valor sin el amor. El hablar en lenguas (sean humanas o angélicas de origen) es inútil sin el amor. Cuando llegue la perfección al mundo, se acabarán la profecía, cesarán las lenguas, y se acabará la ciencia, pero el amor permanecerá para siempre. Hay tres cosas grandes en este mundo—la fe, la esperanza, y el amor—pero la mayor de estas es el amor.

1 Corintios 14

Versículo 1: Debemos seguir el amor pero también debemos procurar los dones espirituales, particularmente el don de la profecía.

Versículos 2-4: El hablar en lenguas edifica (beneficia) al que habla en lenguas, pero la profecía (la palabra inspirada en una lengua conocida por todos) edifica a otros.

Versículo 5: Pablo quería que todos hablaran en lenguas, pero quería más que profetizaran. En la iglesia (la reunión pública de creyentes), la profecía es más importante que el hablar en lenguas, a menos que las lenguas sean interpretadas.

Versículo 6-11: Sin una interpretación, un mensaje

público en lenguas no edifica a la iglesia.

Versículos 12-14: Debemos procurar abundar en los dones espirituales para la edificación de toda la iglesia. Específicamente, si alguien da un mensaje público en lenguas, debemos orar por la interpretación.

Versículos 15-19: Pablo personalmente oraba y cantaba tanto en el espíritu (es decir, en lenguas) como en un idioma comprensible. Una oración pública y representativa debe hacerse en el idioma de los oyentes. Pablo personalmente hablaba en lenguas más que cualquiera de los corintios, pero en la iglesia (las reuniones públicas) hablaba en un idioma conocido con el fin de enseñar a otros.

Versículo 20: Debemos ser lo suficientemente maduros como para poder comprender cuándo el don de lenguas es apropiado y cuando no es apropiado.

Versículos 21-22: El hablar en lenguas es una señal para los incrédulos, mientras que la profecía ayuda a los creyentes. En otras palabras, el hablar en lenguas atraerá la atención e inspirará la fe, pero posteriormente la instrucción actual debe hacerse en un idioma conocido.

Versículos 23-25: Si todos hablan continuamente en lenguas en la iglesia, los observadores creerán que los que hablan son dementes. Sin embargo, si todos profetizan en un idioma conocido, pueden guiar los oyentes a Dios. Aunque el hablar en lenguas atraerá la atención de los incrédulos inicialmente, no los beneficiará si todo el culto se dedica al hablar en lenguas.

Versículos 26-31: Un resumen para las reuniones públicas. Un culto normal puede y debe incluir salmos (los cantos), doctrina, el hablar en lenguas, las revelaciones (las verdades espirituales en una lengua conocida), y la interpretación de lenguas. Todos esto debe ser para el beneficio de todos.

Unas pautas por implementar este principio son: (1) Que haya dos o a lo más tres mensajes públicos en lenguas. (2) Que se haga esto por turno en vez de hablar todos a la vez. (3) Que se deje que alguien interprete cada mensaje. (4) Si no hay interpretación, el que habla en lenguas debe dejar de dar los mensajes públicos aunque sí puede hablar calladamente en lenguas para su propio beneficio. (5) Que haya dos o a lo más tres mensajes de profecía. (6) Los oyentes mismos deben juzgar si el mensaje es de Dios. (7) Que la profecía sea por turno y así todos pueden profetizar.

Versículos 32-33: El don de profecía está sujeto a los que lo ejercen. Dios desea que todos los dones se ejerzan en la iglesia en una manera ordenada.

Versículos 34-35: Las mujeres no deben interrumpir el culto en la iglesia para hacer preguntas en voz alta, sino deben preguntarles a sus maridos en casa. (Por supuesto, las mujeres pueden profetizar en la iglesia, 1 Corintios 11:5-6 y 14:31.)

Versículos 36-38: Que todos reconozcan que estas pautas son de Dios.

Versículo 39: Todos deben procurar profetizar y nadie debe prohibir el hablar en lenguas.

Versículo 40: Debemos hacer todo decentemente y con orden.

Conclusiones Acerca de 1 Corintios 12-14

(1) El hablar en lenguas es una parte normal de la iglesia neotestamentaria. Pablo hablaba en lenguas, animaba a otros creyentes a hacer lo mismo, dio instrucciones para el uso apropiado de lenguas, y mandó que la iglesia no prohibiera el hablar en lenguas.

(2) El hablar en lenguas es el mismo fenómeno en 1 Corintios como en Hechos. Es la misma palabra griega en ambos libros. Pablo hablaba de idiomas literales, como en Hechos 2, y no de galimatías incoherentes e ininteligibles (1 Corintios 13:1).

(3) En Hechos, el hablar en lenguas es la señal inicial del bautismo del Espíritu, pero en 1 Corintios aprendemos que el hablar en lenguas tiene dos propósitos adicionales. Específicamente, el hablar en lenguas tiene el valor continuo de la edificación del individuo en su devoción personal y de la edificación de la iglesia cuando haya interpretación.

(4) Un mensaje público en lenguas tiene poco beneficio a menos que sea interpretado.

(5) El hablar en lenguas es de mucho beneficio en la devoción personal.

¿Cómo Ocurre el Hablar en Lenguas?

El hablar en lenguas genuino y bíblico solo viene según el Espíritu de Dios dé el habla (Hechos 2:4). Si uno desea hablar en lenguas, primeramente tiene que recibir el Espíritu Santo. No debe empezar por buscar hablar en lenguas, porque el hablar en lenguas por sí solo no es muy importante. El hablar en lenguas ocurrirá automáticamente cuando alguien recibe el Espíritu, aunque sepa poco o nada sobre la evidencia de las lenguas.

Claro, si uno no conoce el fenómeno del hablar en lenguas, puede inconscientemente refrenar el hablar. En tal caso, la persona que está orando para recibir el Bautismo del Espíritu Santo debe ser exhortada a relajarse y a rendirse totalmente al Espíritu de Dios, pero en ningún caso debe ser "enseñada" a hablar en lenguas. Es erróneo y no es bíblico exhortarle a formar galimatías o a repetir sílabas desconocidas. Esto trata de producir el hablar en lenguas sin el Espíritu, y cualquier "hablar en lenguas" no inspirado por el Espíritu es balbuceo vano. Alguien que no ha recibido el Espíritu no debe preocuparse demasiado por lo de las lenguas sino debe concentrarse en arrepentirse y creer en Dios para el Espíritu.

Alguien que ha recibido el Espíritu puede y debe buscar el don de lenguas como una parte regular de su vida, pero también debe reconocer que no todos ejercen el don público (1 Corintios 12:28-30). Es mucho más importante llevar el fruto del Espíritu y vivir una vida llena del Espíritu que cultivar el hablar en lenguas. Por supuesto, el cristiano maduro tiene tanto el fruto como los dones del Espíritu.

Unas Objeciones

Mucha gente hoy en día levanta unas objeciones al hablar en lenguas. Presentamos aquí un análisis de las más prominentes, como son parafraseadas en el libro del profesor protestante Anthony Hoekema, *¿Qué del Hablar en Lenguas?*[12]

(1) "La Biblia no enseña que cada creyente debe buscar un bautismo del Espíritu después de su conversión." Esta objeción se refiere a muchos grupos "pentecostales," pero no a la doctrina presentada en este libro. El bautismo del Espíritu es una parte de la conversión, pero el hablar en lenguas siempre lo acompaña.

(2) "*El Pentecostalismo* implica una subordinación no bíblica de Cristo al Espíritu Santo." Otra vez, esto es aplicable. Creemos que el Espíritu Santo es el Espíritu de Cristo. Recibimos a Cristo cuando recibimos el Espíritu. De manera que la doctrina del bautismo del Espíritu le

magnifica a Jesucristo sobre todos.

(3) "*El Pentecostalismo* tiende a crear dos niveles de cristianos: los que han recibido el bautismo del Espíritu y los que no lo han recibido." Esto tampoco es aplicable a nosotros. Puesto que el bautismo del Espíritu es una parte de la conversión, esto distingue entre los verdaderos cristianos apostólicos y todos los demás.

(4) "*El Pentecostalismo* implica que desde el fin del primer siglo hasta el principio del vigésimo, la iglesia no ha tenido la plenitud de la verdad." El capítulo 11 mostrará que el hablar en lenguas ha existido a lo largo de la historia de la iglesia. De todos modos, la historia y la tradición no pueden contra las Escrituras. El pecado del hombre, la rebelión, el error, y la ignorancia pueden afectar drásticamente a la historia del pueblo de Dios, pero esto no significa que es la voluntad de Dios. La recaída de Israel y el cautiverio subsiguiente no significa que Dios deseaba esto desde el principio. Actualmente, todo el protestantismo se basa en la creencia que durante siglos la iglesia visible descartaba muchas verdades esenciales del evangelio.

(5) "Una bendición espiritual no tiene que ser atestada por un fenómeno físico." Podemos aceptar esta declaración, pero esto no le impide a Dios designar uno si El desee hacerlo, y en el caso del bautismo del Espíritu, El ha escogido hacerlo. La Biblia describe el hablar en lenguas como la evidencia del bautismo del Espíritu (Hechos 10:46) y como una "señal" (1 Corintios 14:22).

Dios a menudo escoge una señal física para acompañar a una obra espiritual. El bautismo en agua consiste tanto de una bendición espiritual (el perdón de los pecados) como de una manifestación física, la cual es una parte necesaria del bautismo (la ceremonia exterior). Otros ejemplos que combinan una bendición espiritual con una manifestación física son la oración, el ungir a los enfermos, la ordenación, la cena del Señor, la santidad de la vida, y la Segunda Venida. La evidencia a largo plazo del bautismo del Espíritu es el fruto espiritual, pero esto no le prohíbe a Dios a establecer una señal física inicial.

(6) "No se puede comprobar que los milagros son para la iglesia del día de hoy." Hablaremos mas abajo acerca de esta objeción con todas sus variaciones.

Los Milagros Existen Hoy en Día

El argumento más popular hoy en día contra el hablar en lenguas es que los días de los milagros han pasado. El capítulo 8 estableció que el bautismo del Espíritu Santo es para la gente de nuestro día, de modo que es lógico que el hablar en lenguas también es para la gente del día de hoy. Abajo analizamos cada variante del argumento que los milagros, y específicamente el hablar en lenguas, ya no ocurren.

(1) "Los milagros eran solamente para los apóstoles." Podemos refutar esta declaración fácilmente por usar los ejemplos de los 120 en el día de Pentecostés, de Cornelio, y de los Efesios, todos de los cuales hablaron en lenguas. Esteban y Felipe quienes no eran de los Doce también hicieron muchos milagros (Hechos 6:8; 8:6-7).

(2) "Solamente los apóstoles o los que fueron comisionados por ellos (por la imposición de manos) podían hacer o recibir un milagro." Esta modificación con el fin de explicar los ejemplos que acabamos de citar siempre falla. Ananías oró por Pablo y éste recibió su vista (Hechos 9:17-18), pero no hay absolutamente nada que indique que Ananías recibió una comisión especial de los Doce. Pablo y Bernabé no eran de los Doce ni fueron

comisionados por ellos, pero Dios hizo muchos milagros en su ministerio (Hechos 14:3).

El Nuevo Testamento promete los milagros a todos los creyentes sin restricción ni discriminación. Jesús prometió que todos los creyentes podrían hablar en lenguas y también hacer otros milagros (Marcos 16:17-18). Todos los creyentes pueden recibir respuestas a sus oraciones, incluso milagros (Mateo 21:22; Marcos 11:22-24; Juan 14:12-14; 15:7). Los ancianos locales pueden orar con éxito por los santos para la sanidad divina y todos los santos pueden orar los unos por los otros para su sanidad (Santiago 5:14-16). Los milagros y el hablar en lenguas son dones de Dios para toda la iglesia (1 Corintios 12:8-10, 28).

(3) "Los milagros eran solamente para los días de los apóstoles." Los pasajes que acabamos de citar desacreditan esta declaración, porque ninguno especifica una limitación de tiempo. Al contrario, cada uno fue dado a todos los creyentes o a toda la iglesia sin ninguna restricción con relación al tiempo. Pablo escribió 1 Corintios a toda la iglesia de todo las edades y la dirige "A la iglesia de Dios que está en Corinto, a los santificados en Jesucristo, llamados a ser santos con todos los que en cualquier lugar invocan el nombre de nuestro Señor Jesucristo, Señor de ellos y nuestro" (1 Corintios 1:2). El expresó la confianza que "nada os falta en ningún don, esperando la manifestación de nuestro Señor Jesucristo" (1 Corintios 1:7). Ese libro habla de los dones del Espíritu y esto incluye los dones de sanidades, del hacer milagros, y diversos géneros de lenguas (1 Corintios 12:8-10), de manera que Pablo claramente esperaba que la iglesia retuviera todos los dones espirituales y los usara correctamente hasta el retorno de Cristo.

Todos están de acuerdo que la Gran Comisión pertenece a la iglesia del día de hoy, y su cumplimiento también debe. La iglesia primitiva la cumplió: "Y ellos, saliendo, predicaron en todas partes, ayudándoles el Señor y confirmando la palabra con las señales que la seguían" (Marcos 16:20); "Testificando Dios juntamente con ellos, con señales y prodigios y diversos milagros, y repartimientos del Espíritu Santo según su voluntad" (Hebreos 2:4). Si tenemos el mismo Señor, la misma comisión, el mismo evangelio, la misma fe, y el mismo mundo necesitado, ciertamente tendremos las mismas señales acompañando y confirmando nuestro mensaje.

El Hablar en Lenguas No Ha Cesado

Primera de Corintios 13:8-10 dice, "El amor nunca deja de ser; pero las profecías se acabarán, y cesarán las lenguas, y la ciencia acabará. Porque en parte conocemos, y en parte profetizamos; mas cuando venga lo perfecto, entonces lo que es en parte se acabará." Algunos usan este pasaje para enseñar que el hablar en lenguas ha cesado y dicen que "lo perfecto" es el Nuevo Testamento completado. Este argumento falla por varios razones:

(1) Los dones espirituales, incluyendo el hablar en lenguas, morarán en la iglesia hasta la segunda venida de Jesucristo (1 Corintios 1:2, 7).

(2) Siendo así, es lógico identificar "lo perfecto" con Jesucristo o, más específicamente, con la Segunda Venida de Jesucristo. La palabra griega que fue traducida como "perfecto" es *teleion*, que es el neutro singular; en cambio, el idioma griego siempre se refiere a las Escrituras en el plural femenino.

(3) Según el versículo 8, cuando cesen la profecía y la ciencia, también cesará el hablar en lenguas,. La profecía incluye la predicación inspirada, las alabanzas

inspiradas, y el testimonio inspirado. Obviamente, la iglesia todavía tiene la profecía y la ciencia.

(4) La Biblia y los milagros no tienen papeles intercambiables. La Biblia presenta la Palabra de Dios en forma escrita, pero Dios siempre usa los milagros, las señales, y los dones espirituales para confirmar la Palabra (Marcos 16:20; Hebreos 2:4).

(5) En 1 Corintios 13:11-13, Pablo comparó los niveles de crecimiento espiritual al crecimiento físico y mental, pero no clasificó el hablar en lenguas como infantil. El comparó nuestro conocimiento parcial al conocimiento perfecto que tendremos cuando Cristo vuelva. Si ya hemos alcanzado la última fase, ello significa que somos más maduros de lo que era Pablo, porque él murió antes de completarse el Nuevo Testamento. Si el hablar en lenguas es infantil, Pablo nunca dejó la fase infantil, porque hablaba continuamente en lenguas (1 Corintios 14:1-8).

(6) El Nuevo Testamento es la Palabra de Dios, pero hasta ahora no somos perfectos, ni es el mundo perfecto. La perfección sólo vendrá después del la venida de Cristo.

(7) Es difícil ver cómo el fin de la compilación del Nuevo Testamento podría frenar el hablar en lenguas, la profecía, y la ciencia. ¿Cesó el hablar en lenguas inmediatamente después de que Juan escribió "Amén" al Libro de Apocalipsis? ¿Dejó cada persona de hablar en lenguas al leer por primera vez todo el Nuevo Testamento?

¿Se Puede Recibir el Espíritu Santo Sin Hablar en Lenguas?

Previamente, analizamos todos los cinco relatos bíblicos acerca del bautismo del Espíritu y concluimos que en cada caso el hablar en lenguas estaba presente. Muchos otros pasajes describen a los creyentes como "llenos del Espíritu" sin mencionar el hablar en lenguas, pero ellos se refieren a la gente que ya había sido bautizada con el Espíritu. El hablar en lenguas no necesariamente acompaña todas las subsiguientes experiencias con Dios después del bautismo inicial.

Algunos relatos de conversiones en el Libro de Los Hechos no mencionan específicamente el hablar en lenguas. El plan del Libro de los Hechos es el de describir en detalle unas conversiones representativas y después mencionar brevemente otras conversiones. Tres pasajes muy importantes describen el hablar en lenguas y estos relatos detallados fijan el modelo para los relatos generales y no viceversa. Ningún argumento del silencio puede derrotar ni borrar estos testimonios explícitos.

No es extraño que no se menciona mas el hablar en lenguas. Las cosas importantes son el arrepentimiento, la fe, y recibir el Espíritu. El hablar en lenguas simplemente acompaña el bautismo del Espíritu y no tiene ninguna importancia aparte de esta experiencia. Apropiadamente, la Biblia pone más énfasis en creer y recibir el Espíritu y esto nos hace saber justamente lo suficiente para no enfatizar demasiado el hablar en lenguas.

La discusión en *Los Comentarios Tyndale del Nuevo Testamento* acerca del hablar en lenguas en la conversión de Cornelio (Hechos 10:45-46) hace una concesión que es asombrosa para una obra que no es pentecostal: "No podemos decir con toda seguridad si el don de lenguas era el acompañamiento inevitable de la venida del Espíritu."[13] En otras palabras, admite que, según la evidencia bíblica, puede ser que el hablar en lenguas siempre acompañaba el derramamiento del Espíritu en la iglesia apostólica. Trata de evitar esta conclusión por medio de dos hechos: (1) El hablar en lenguas no se menciona frecuentemente en Hechos. (2) En 1 Corintios Pablo indica que no todos los miembros de la iglesia tenían el don de lenguas. Se explica el primer hecho en la siguiente manera: esto es como la Biblia enfatiza el bautismo del Espíritu sin poner demasiado énfasis en el hablar en lenguas en sí mismo y de sí mismo. Con respecto al segundo hecho, Pablo no estaba hablando del hablar en lenguas en el bautismo inicial del Espíritu (que todos habían recibido). Más bien, él implicó que no todos los creyentes que habían sido llenos del Espíritu Santo ejercieron el subsiguiente don de lenguas, particularmente en el sentido de dar mensajes públicos en lenguas.

Conclusión

Estamos de acuerdo con algunos puntos de *El Comentario del Púlpito*, que son: (1) El hablar en lenguas significa la pronunciación milagrosa de un idioma extranjero que le es desconocido al que habla. (2) No es el don de un idioma extranjero para propósitos misioneros. (3) Es un idioma actual y no galimatías. (4) Puede ser un idioma celestial o humano. (5) El hablar en lenguas en Corinto era el hablar idiomas actuales. (6) El hablar en lenguas es un símbolo de la unidad que la iglesia tiene en Jesucristo.[14]

En conclusión presentamos tres funciones que el hablar en lenguas ejerce en la iglesia neotestamentaria:

(1) El hablar en lenguas es la señal inicial del bautismo del Espíritu Santo (Hechos 2:4; 10:46; 19:6). Esto debe ser distinguido en el propósito del "don de lenguas," que Dios concede posterior a la conversión a

los creyentes que son llenos del Espíritu.

(2) Alguien que ha sido lleno del Espíritu puede ejercer el don de lenguas en sus devociones personales (o privadas o congregacionales) para su propia edificación personal (1 Corintios 12:8-10; 14:1-5, 14-18, 23, 28).

(3) Alguien que ha sido lleno del Espíritu puede ejercer el don de lenguas para la edificación de la asamblea local. Esto ocurre cuando un mensaje público en lenguas es dado y es interpretado (1 Corintios 12:8-10, 28-30; 14:5, 12-13, 27-28).

Si entendemos lo que el hablar en lenguas es y los propósitos por los cuales se nos ha dado, podemos entender correctamente todas las enseñanzas de las Escrituras acerca del asunto y podemos armonizarlas. El hablar en lenguas es una parte normal de la experiencia con Dios del creyente, la devoción personal del creyente, y las reuniones públicas de la iglesia. Sobre todo, podemos esperar que alguien vaya a hablar en lenguas cuando recibe el Espíritu Santo la primera vez en su vida.

NOTAS

[1] Vine, pág., 1165.

[2] Norman Geisler y William Nix, *Una Introducción General A La Biblia* (Chicago: Moody Publishing House, 1968), págs. 270-74, 372; David Otis Fuller, ed., *¿Cuál Biblia?* (Grand Rapids: Grand Rapids International Publications, 1975), págs. 168-69. Para una discusión más extensa, véase David Otis Fuller, ed., *¿Falso o Genuino? ¿Marcos 16? ¿Juan 8?* (Grand Rapids: Grand Rapids International Publications, 1975).

[3] *El Comentario del Púlpito*, XVIII (Hechos), 336.
[4] Vine, pág., 903.
[5] *El Comentario del Púlpito*, XVIII (Hechos), 279-80.
[6] Ibidem
[7] Hoekema, *¿Qué Del Hablar En Lenguas?*, pág. 70.
[8] Charles Salomón, "Rincón Del Consejero," *Fulness*, el 1980 de noviembre-diciembre, págs. 30-31.
[9] Ibidem
[10] James Eaves, "Pasos A Una Seguridad Bendita," *Fulness*, el 1980 de noviembre-diciembre, pág., 12.
[11] Ibidem
[12] Hoekema, *¿Qué Del Hablar En Lenguas?*, págs. 103-23.
[13] Howard Marshall, *Los Hechos De Los Apóstoles*, Tomo V, *Los Comentarios Tyndale del Nuevo Testamento*, (Grand Rapids: Eerdmans, 1980), pág. 194.
[14] *El Comentario del Púlpito*, XVIII (Hechos), págs. 48-50.

10

EL TESTIGO EN LA HISTORIA DE LA IGLESIA: EL BAUTISMO

"Por tanto, nosotros también, teniendo en derredor nuestro tan grande nube de testigos, despojémonos de todo peso y del pecado que nos asedia, y corramos con paciencia la carrera que tenemos por delante" (Hebreos 12:1).

Puesto que toda doctrina debe ser basada únicamente en las Escrituras y no en las tradiciones, los credos, o las filosofías de los hombres (Gálatas 1:8-9; Colosenses 2:8; 2 Timoteo 3:16-17), hemos basado todas las conclusiones de este libro en la Biblia. Sin embargo, mucha gente nunca ha oído las doctrinas que hemos presentado, y algunos piensan que son invenciones modernas. Aunque la historia no puede alterar o reemplazar la verdad bíblica, se aprende mucho al estudiar estas doctrinas en la historia de la iglesia.

Unos Problemas en el Estudio de la Historia de la Iglesia

Hay varias dificultades que el estudiante de la historia de la iglesia y en particular la historia antigua debe considerar:

(1) El prejuicio doctrinal de historiadores de la iglesia. A veces los historiadores modernos interpretan las declaraciones de los escritores antiguos desde la perspectiva de sus propias creencias y hallan enseñanzas que simplemente no están allí. Por otro lado, las posiciones doctrinales de los historiadores pueden limitar su comprensión de las doctrinas que sí existían.

(2) El prejuicio doctrinal de los escritores de tiempos antiguos de la iglesia. Conscientemente o inconscientemente, los escritores de tiempos antiguos a veces torcieron o falsearon las ideas de sus antagonistas doctrinales. Como resultado, no siempre tenemos una presentación adecuada de ciertas ideas antiguas y especialmente de las ideas minoritarias. Por ejemplo, ¿qué concepto de la doctrina de la Unicidad tendrían las generaciones futuras si su única fuente de información fuese artículos escritos por los trinitarios? De la misma manera, a veces los observadores escépticos han descrito a los adoradores en maneras que los han hecho parecer ridículos, absurdos, ignorantes, o enfermos mentalmente. Por ejemplo, ¿qué pensaría una persona de los pentecostales si solamente hubiese leído los relatos de los antagonistas cínicos?

(3) La posibilidad de las interpolaciones (las añadiduras a los manuscritos antiguos). La mayor parte de nuestra información sobre la historia de la iglesia viene de manuscritos que fueron copiados siglos después de las escrituras originales. En muchos casos los copistas cambiaron o insertaron ciertas líneas para crear el apoyo

por ciertas doctrinas particulares. Por ejemplo, varias de las epístolas de los padres postapostólicos existen en versiones largas y abreviadas. Obviamente, una forma (probablemente la más larga) es corrupta y refleja cambios hechos por generaciones de editores y escribas. Como otro ejemplo, una antigua escritura cristiana llamada el *Didache* aparentemente fue escrita en el segundo siglo, pero el único manuscrito griego que tenemos data del siglo undécimo. Esto quiere decir que unos errores y cambios deliberados podrían haberse acumulado durante un período de 900 años, y el documento puede reflejar unas enseñanzas del Catolicismo romano.

(4) Los documentos existentes no pueden reflejar las ideas del creyente común de ese período. En tiempos cuando mucha gente no estaba instruida y los libros eran escritos a mano, los documentos teológicos tendían ser escritos y copiados por la élite educada. En ese entonces, como ahora, frecuentemente los teólogos eran más liberales en sus doctrinas que la mayor parte de los creyentes.

(5) Los vencedores escriben la historia. Muchos de los que oficialmente se oponían a las doctrinas aceptadas eran perseguidos, por lo cual tenían poca oportunidad de dejar un adecuado registro escrito de sus creencias. Por lo general los documentos que ellos escribieron fueron destruidos y no copiados de nuevo. A veces el hecho de que la evidencia de una doctrina minoritaria haya sobrevivido en absoluto significa que debe haber sido muy prevaleciente en su tiempo. Los archivos supervivientes probablemente revelan solamente un fragmento de los que actualmente mantenían aquella creencia.

(6) Las doctrinas falsas existían desde los tiempos más tempranos. Hay evidencia suficiente en las escrituras bíblicas de Pablo, Pedro, Juan, y Judas para probar que las doctrinas falsas abundaban aun en los días de los

apóstoles y que amenazaban abrumar a la iglesia. Por esta razón, la antigüedad de un escritor no es ninguna garantía de su pureza doctrinal.

El Arrepentimiento y el Bautismo en Agua

Los líderes de la iglesia de la era postapostólica temprana (D.C. 90-140) enseñaban que el bautismo era solamente para los creyentes y que el arrepentimiento era necesario para que el bautismo fuera válido. El profesor luterano Otto Heick declara, "Por supuesto, el propósito del bautismo no era de obrar mágicamente. Sin el arrepentimiento y la fe no valdría nada."[1] El profesor luterano E. H. Klotsche dice de la creencia en ese período: "La relación más cercana al bautismo es el arrepentimiento. Es preparatorio al bautismo."[2] Sin embargo, al empezar a ser aceptado el bautismo infantil, los teólogos empezaron a enseñar que la fe y el arrepentimiento podían seguir al bautismo. Esto llevó últimamente al sacramento católico romano de la penitencia. "Cuando el orden original del arrepentimiento y el bautismo fue invertido por la práctica del bautismo infantil, la penitencia . . . adquirió el estado de un sacramento."[3]

El Bautismo en Agua por Inmersión

Los historiadores de la iglesia generalmente están de acuerdo que la iglesia postapostólica temprana practicaba la inmersión. Klotsche dice, "La práctica de inmersión indudablemente era universal en la iglesia temprana."[4] Kenneth Scott Latourette afirma esta idea: "Parece que el bautismo era por inmersión, por lo menos normalmente."[5]

Algunos historiadores afirman que se practicaban otros modos en esos tiempos tempranos, pero ellos concuerdan que la inmersión era el modo predominante y preferido aun cuando otros modos empezaron a desarrollarse.

Hermas (el segundo siglo temprano) describió el bautismo por la inmersión e Ireneo (¿murió 202?) denunció el bautismo por aspersión.[6] Tertuliano (¿murió 220?) enseñaba el bautismo por inmersión y desaprobaba del bautismo infantil. Cipriano ((¿murió 258?) es el apologista más temprano en rociar, pero incluso él consideraba que la inmersión era la práctica normal. El describió el bautismo como un hundimiento pero aconsejaba que los enfermos debían ser rociados. El *Didache* enseña el bautismo por inmersión, pero permite la aspersión si no hay suficiente agua. Las *Constituciones de los Santos Apóstoles* (del siglo 2 o 3) que contiene un pasaje paralelo a esta porción del *Didache* enseña la inmersión pero no menciona la aspersión.

La Iglesia Ortodoxa Oriental siempre practica la inmersión y aun para los infantes,[7] a pesar de que sus colegas en el oeste, los católicos romanos, practican la aspersión. Muchos protestantes siguen la tradición católica aunque la mayoría de los líderes protestantes tempranos reconocían que la inmersión era el método bíblico. Martín Lutero expresaba una preferencia para la inmersión basada en la palabra griega *bapto*; Juan Calvino reconocía la inmersión como la práctica de la iglesia primitiva; y John Wesley interpretaba a Romanos 6:3-5 para significar la inmersión.[8]

El Bautismo en Agua Como Parte de la Salvación

Los cristianos postapostólicos tempranos afirmaban que el bautismo era una parte de la salvación. Latourette comentó, "Se creía que el bautismo lavaba todos los pecados que habían sido cometidos antes de que fuera administrado. Se suponía que el cristiano no pecaría después del bautismo."[9] También dijo, "Parece que el bautismo era considerado como un requisito para 'perdón de los pecados' y para el nuevo nacimiento que solamente por medio del cual alguien podría entrar en el Reino de Dios."[10]

Con respecto al bautismo en los siglos primero y segundo *Enciclopedia De Religión Y Etica* dice, "Las ideas dominantes eran las del perdón de los pecados, de la regeneración, y del don del Espíritu Santo . . . El cambio efectuado por el bautismo era atribuido al 'nombre' y al agua que eran considerados realmente eficaces y no meramente simbólicos."[11] Según Heick, los padres postapostólicos (D.C. 90-140) enseñaban que "el bautismo confiere el perdón de los pecados."[12] Por ejemplo, esto era la enseñanza de la *Epístola de Bernabé* y el *Pastor de Hermas*. Para los apologistas griegos (D.C. 130-180) el bautismo era "un lavamiento de perdón y una regeneración."[13] Ellos dijeron que "trae perdón y la vida nueva, y por consiguiente es necesario para la salvación."[14]

Otros teólogos tempranos que enseñaban que Dios perdona los pecados en el bautismo en agua eran Justino Mártir, Ireneo, Origen, Tertuliano, y Agustino.[15] Ireneo, Tertuliano, Hipólito, y Cipriano describían el bautismo en agua como el nacimiento de agua en Juan 3:5, e Hipólito y Cipriano identificaban el bautismo en agua como el lavamiento de la regeneración en Tito 3:5. Las *Constituciones de los Santos Apóstoles* parafrasean a Juan 3:5 como, "El que no se bautice de agua y del Espíritu, de ningún modo puede entrar en el reino de los cielos."[16]

Tertuliano enseñaba que en el bautismo en agua el creyente experimenta el lavamiento de sus pecados, nace del agua, y se prepara para recibir el Espíritu Santo.[17] El creía que el bautismo de Juan hablaba del perdón futuro de los pecados y que los discípulos de Jesucristo seguían practicando el bautismo de Juan durante el ministerio terrenal de Jesucristo. El describió el bautismo como un sello de fe que es necesario para la salvación, diciendo que Juan 3:5 "ha unido la fe con la necesidad del bautismo."

Estos hombres y sus escrituras representan muchas diferentes facciones teológicas, y no respaldamos todas sus doctrinas; no obstante es interesante ver que todos estaban de acuerdo en la necesidad del bautismo. Las controversias del siglo tercero acerca de los bautismos herejes demuestran que toda la cristiandad de ese tiempo estaba de acuerdo que "puede haber un solo bautismo, y que este bautismo es esencial para la salvación."[18]

Los católicos romanos siempre han enseñado la esencialidad del bautismo, pero lo han transformado de un hecho de fe a un hecho sacramental por enseñar la necesidad y la validez del bautismo infantil a pesar de la falta de fe personal y de arrepentimiento. Esto asume incorrectamente que la regeneración viene por el poder de la ceremonia misma en lugar de por la gracia por la fe.

Entre los protestantes, Martín Lutero sostenía que el bautismo es una parte necesaria de la salvación.[19] Artículo IX de la Confesión de Augsburgo (un credo luterano temprano) dice, "El bautismo es necesario para la salvación."[20]

El Catequismo Luterano dice, "El bautismo no es algo ligero, sino fue instituido por Dios mismo . . . se ordena muy solemnemente que debemos bautizarnos o no podemos ser salvos."[21] De acuerdo con su énfasis en la justificación por la fe, Lutero enseñaba que el bautismo se hacía eficaz solamente por la fe, pero siempre sostenía que Dios perdona el pecado en el momento del bautismo en agua. Lutero aun enseñaba la validez del bautismo infantil y esta enseñanza la basaba en la teoría que Dios les da fe a los infantes. En nuestra estimación, Lutero no tenía razón en sus instrucciones acerca de la fe infantil y del bautismo de los infantes, pero sí tenía razón al afirmar simultáneamente la doctrina de la justificación por fe y la esencialidad del bautismo en agua.

La mayoría de los protestantes que vivían después de Lutero empezaban a enseñar que el bautismo solo es simbólico, pero esto es comparativamente una nueva doctrina en la historia de la iglesia y no todos los protestantes la aceptan. Además de Lutero y sus seguidores, las Iglesias de Cristo enseñan que el bautismo en agua es necesario para obtener el perdón de los pecados. El teólogo Donald Bloesch de la Iglesia Unida de Cristo declaró, "El bautismo juega un papel prominente en nuestra conversión y no es solamente un símbolo de nuestra conversión."[22] También escribió, "El testigo global del Nuevo Testamento parece ser que el bautismo por si solo no es indispensable para la salvación, pero el bautismo junto con el arrepentimiento y la fe llega a ser el medio por el cual la gente recibe el don de la regeneración."[23]

La Fórmula Más Temprana

Los cristianos postapostólicos tempranos administraban el bautismo en agua usando el nombre de Jesús en la fórmula. Según Heick, "En el principio el bautismo se administraba en el nombre de Jesús, pero gradualmente en el nombre del Dios Trino: Padre, Hijo, y Espíritu Santo."[24] De un pasaje en las escrituras de Justino (qué vamos a analizar un poco mas adelante) El concluyó que durante el periodo entre 130 a 140 D.C. la fórmula bautismal trinitaria gradualmente recibió la aceptación.[25]

Enciclopedia De Religión Y Etica dice: "La forma más temprana, representada en los Hechos, era la inmersión simple . . . en agua, el uso del nombre del Señor, y la imposición de manos. A estos se agregaron, en distintos tiempos y lugares que no pueden ser identificados con certeza, (a) el nombre trino (Justino), (b) un voto moral (Justino y quizás Hermas, así como ya en el NT en 1 Pedro), (c) la inmersión trina (Justino), (d) una confesión de fe (Ireneo, o quizás Justino), (e) la unción (Tertuliano), (f) los patrocinadores (Tertuliano), (g) la leche y la miel (Tertuliano)."[26]

Elabora aun más: "En relación con el nombre . . . se levanta la cuestión de una fórmula. La fórmula conocida más temprana era 'en el nombre del Señor Jesús,' o alguna frase similar; esto se encuentra en los Hechos, y quizás fue usado todavía por Hermas, pero por el tiempo de Justino Mártir la fórmula trina estaba en uso general. Es posible que la fórmula más antigua sobrevivía en las comunidades aisladas, pero no hay ninguna evidencia contemporánea firme."[27]

Los Siglos Primero y Segundo

El *Diccionario de la Biblia* de Hastings confiesa que alguien podría deducir la siguiente conclusión de la evidencia histórica: "La forma original de las palabras era 'en el nombre de Jesucristo' o 'el Señor Jesús'. El bautismo en el nombre de la trinidad era un desarrollo posterior. Después de la única mención de ello en Mateo 28:19, no lo encontramos ninguna otra vez hasta Justino Mártir, y su fórmula no es idéntica con aquella en el Evangelio."[28]

El diccionario prefirió una de las siguientes dos explicaciones que a veces son dadas por los trinitarios acerca del uso del nombre de Jesús, puesto que son más consistentes con la práctica tradicional: (1) El bautismo en el nombre de una persona de la trinidad es el bautismo en el nombre de la trinidad entera y por eso es válido. (Esta explicación confiesa que la fórmula original realmente era "en el nombre de Jesús.") (2) La intención de la frase "en el nombre de Jesús" no era de que sería una fórmula, sino solamente significaba que los que eran bautizados reconocían a Jesús como Señor y Cristo. (Por supuesto, esta lógica podría referirse igualmente a Mateo 28:19 y eso nos dejaría sin fórmula alguna para el bautismo cristiano.)

Además de las fuentes que hemos citado, la mayoría de los demás historiadores de la iglesia concuerdan que el bautismo en el nombre de Jesús era la fórmula más antigua. Se reproducen mas citas en una anotación.[29]

Temprano en el segundo siglo Hermas escribió del bautismo "en el nombre del Señor" y en "el nombre del Hijo de Dios."[30] El enseñaba que el bautismo causó hizo que se llevara a cabo un cambio esencial en la vida de alguien debido al uso del nombre, pero enfatizaba que el nombre no era una fórmula mágica y no podría ser eficaz en la ausencia de las virtudes cristianas.[31] Escribió él, "Si tú llevas Su nombre pero no posees Su poder, será en vano que lleves Su nombre."[32]

El *Didache*, un otro documento cristiano del segundo siglo, habla del bautismo "en el nombre del Señor" pero también habla del bautismo "en el nombre del Padre y del Hijo y del Espíritu Santo."[33] Algunos concluyen que el *Didache* reconoce ambas fórmulas como válidas. No debemos pasar por alto la posibilidad de interpolaciones, porque aunque los eruditos han fechado el *Didache* con diversas fechas desde 120 hasta 200 D.C., el único manuscrito griego existente data al año 1056.[34] Este manuscrito enseña otras practicas que no son bíblicas con relación al bautismo, tales como la aspersión como una alternativa a la inmersión, el ayuno antes del bautismo, y la inmersión triple.

La mayoría de los eruditos afirma que la Primera Apología de Justino Mártir, escrita alrededor de 150 D.C. contiene la referencia histórica más vieja a la fórmula trina. Aquí está la frase clave que describe a las personas bautizadas: "Porque, en el nombre de Dios, el Padre y el Señor del universo, y de nuestro Salvador Jesucristo y del Espíritu Santo, ellos entonces reciben el lavamiento con el agua."[35] Sin embargo, debemos notar que Justino no recitó la fórmula trinitaria moderna sino explícitamente incluyó el nombre de Jesús, probablemente en deferencia a la práctica más antigua.

Justino enseñaba que Jesús era un ser secundario y subordinado creado por Dios Padre. El no distinguía claramente al Espíritu Santo como una tercera persona. Por consiguiente, no es de gran consuelo que los trinitarios hallen en sus escrituras alguna evidencia de su fórmula. De hecho, la doctrina moderna de la trinidad no llegó a ser dominante hasta los concilios de Nicea (325) y Constantinopla (381). Solo porque un hombre en el año 150 D.C., quién no creía en la deidad plena de Jesucristo, se refirió a una fórmula bautismal semejante a la fórmula trinitaria moderna no significa que todos ni aun la mayoría de su día había abandonado la fórmula mas antigua del nombre de Jesús. La evidencia del uso general de la fórmula trinitaria moderna a esta fecha temprana no es tan conclusiva como algunos han indicado.

La historia registra una posible referencia al bautismo en el Nombre de Jesús poco después del tiempo de Justino. Ireneo, obispo de Leones, escribió, "Somos hechos limpios por medio del agua sagrada y la invocación del Señor."[36] Su última obra mayor, sin embargo, describe una fórmula bautismal que al parecer era igual que la de Justino.

La doctrina de la Deidad está estrechamente asociada con la fórmula bautismal. Los padres postapostólicos tempranos, como Ignacio, Clemente de Roma, Policarpo, y Hermas, ciertamente no eran trinitarios.[37] Ellos creían básicamente en un Dios y en Jesús como Dios manifestado en carne. Entonces, es escasamente sorprendente que no se halle ninguna referencia en sus escrituras a una fórmula bautismal trinitaria.

El hereje Marción salió de la iglesia durante aquel tiempo, y sus seguidores conservaban el bautismo mas antiguo, "en el nombre de Jesucristo."[38] *Los Hechos de Pablo y Tecla*, escrito por un presbítero asiático en el segundo siglo, da un relato del bautismo "en el nombre de Jesucristo."[39]

El Tercer Siglo

Significativamente, siempre encontramos referencias al bautismo en el nombre de Jesús mucho tiempo después del tiempo de Justino. En el tercer siglo, un debate surgió sobre la validez del bautismo realizado por "los herejes." Esteban, obispo de Roma (los católicos romanos le llaman un papa), consideraba que aquel bautismo era válido, mientras el teólogo Cipriano de Africa del Norte sostenía que no era válido. En oposición a Esteban, Cipriano habló del caso de "los herejes" quienes bautizaban en el nombre de Jesús. El preguntó, "Pueden los que entre los herejes se dice que son bautizados en el nombre de Cristo ser juzgados de haber obtenido el perdón de los pecados?"[40] El sostenía que los judíos en Hechos recibieron correctamente el bautismo en el nombre de Jesús solo porque ya reconocían al Padre, pero los gentiles que no reconocían al Padre debían bautizarse en la trinidad completa.

> "Entonces, dicen algunos, ¿cómo es que un gentil bautizado fuera, fuera de la Iglesia y aun en contra la Iglesia—en el sentido de que por todas partes es solamente en el nombre de Cristo Jesús—y de cualquier modo, puede obtener el perdón de los pecados, cuándo Cristo mismo le manda al pagano que sea bautizado en la trinidad completa y unida?"[41]

Cipriano argüía además que los herejes niegan al Padre y le blasfeman, de modo que el bautismo en el nombre de Jesús sólo no les puede salvar.

Los antagonistas de Cipriano decían que el bautismo en el nombre de Jesús siempre era válido, aun si fuera realizado por los herejes, debido al poder en el nombre de Jesús. Firmiliano, el obispo de Cesarea en Capadocia, escribió a Cipriano en 256. Le citó a Esteban donde dijo que "el nombre de Cristo es de gran ventaja a la fe y a la santificación del bautismo; entonces quienquiera en cualquier parte que sea bautizado en el nombre de Cristo obtiene inmediatamente la gracia de Cristo."[42]

Cipriano respondió a la idea de Esteban en la siguiente manera: Si esto fuera así, entonces los herejes también podrían recibir el Espíritu Santo simplemente por medio de la imposición de manos y la invocación del nombre de Jesús. Esto significaría que ellos habían nacido de agua y del Espíritu y entonces serían verdaderos cristianos, aunque estaban fuera de la Iglesia Católica. Cipriano decía que esto no podía ser correcto. Tal como el nombre de Jesús no podría impartir el Espíritu Santo fuera de la Iglesia Católica, así el bautismo solo en el nombre de Jesús no era válido fuera de la Iglesia:

> "Si ellos atribuyen el efecto del bautismo a la majestad del nombre, entonces los que son bautizados en cualquier parte en el nombre de Jesucristo son juzgados ser renovados y santificados; mientras, en el nombre del mismo Cristo, ¿no se ponen las manos sobre las personas bautizadas entre ellos para la recepción del Espíritu Santo?"[43]

Los historiadores concluyen de estas escrituras que muchos en el día de Cipriano usaban la fórmula del nombre de Jesús, y que probablemente Esteban permitía el uso de la fórmula.[44] Algunos creen que Cipriano aun aceptaba este bautismo siempre en cuando la Iglesia Católica lo realizara y la trinidad no fuera negada.[45] En cualquier caso, el debate entero demuestra que mucha gente practicaba el bautismo en el nombre de Jesús durante el tercer siglo D.C.

Una comprobación notable viene de *Un Tratado por un Escritor Anónimo Sobre Bautizarse De Nuevo*. Algunos eruditos creen que el autor era un monje del cuarto siglo llamado Ursino, pero la mayoría cree que era un obispo en el tercer siglo que estaba en oposición a Cipriano. El tratado habla de lo que se debe hacer acerca de aquellos "que, aunque han sido bautizados en la herejía, siempre han sido bautizados en el nombre de nuestro Señor Jesucristo" y quienes vuelvan de su herejía a la Iglesia Católica. Concluye que no es necesario bautizarse de nuevo: "Los herejes que ya son bautizados en agua en el nombre de Jesucristo solo deben ser bautizados con el Espíritu Santo."

El autor hace varios puntos interesantes en su discusión: (1) Su posición tenía el apoyo de "la costumbre y la tradición eclesiástica más antiguas" y "la autoridad de tantos años, y de tantas iglesias y apóstoles y obispos." (2) "El poder del nombre de Jesús invocado sobre cualquier persona por el bautismo . . . le da . . . una ventaja no poca para conseguir la salvación," y cita a Hechos 4:12 y a Filipenses 2:9-11. (3) "La invocación del nombre de Jesús no debe ser considerada sin valor debido a la veneración y el poder de ese mismo nombre en que toda clase de poder se acostumbra a ejercerse." (4) La invocación del nombre de Jesús por sí sola no trae la salvación al hereje, pero si corrige su error, reconoce la verdad, y recibe el Espíritu Santo, entonces se hace eficaz; el hereje no "pierde esa invocación anterior del nombre de Jesús." (5) Esta enseñanza no contradice a Mateo 28:19. (6) Los herejes no solamente eran bautizados por "invocar el nombre del Señor Jesús," sino mucha gente, "tanto los judíos como los gentiles, creyendo completamente como debían creer, eran bautizados en la misma manera."

El Siglo Cuarto

Aun después del Concilio de Nicea, hallamos unas menciones del bautismo en el nombre de Jesús, lo que indica que siempre era un asunto vivo. Ambrosio (340-398), aunque era trinitario, al parecer sostenía que era válido basado en el hecho que el bautismo en el nombre de una persona de la trinidad es lo mismo que el bautismo en el nombre de toda la trinidad.[47] La nota al pie de la página de un editor dice, "Este pasaje ha dado lugar a la pregunta si San Ambrosio enseñaba, como algunos otros ciertamente enseñaban (probablemente con su autoridad) que el bautismo en el nombre de Cristo solamente, sin mencionar las otras personas, es válido."[48]

El Consejo de Constantinopla, en el año 381, condenó específicamente el bautismo sabeliano, al cual describió como prevaleciente en Galacia.[49] Una agregación del cuarto o quinto siglo a las *Constituciones de los Santos Apóstoles* condena a los que realizan "una sola inmersión, la cual es dada en la muerte de Cristo" y exige que todos los bautismos se realicen por tres inmersiones en la fórmula trinitaria.[50] Una variante oriental de este pasaje une aun más la inmersión única en Cristo con el modalismo. Por tanto, ésta insiste que el candidato bautismal sea enseñado que el Padre o el Espíritu Santo no vino en la carne y que el Espíritu Santo no es ni el Padre ni el Hijo.

La Edad Medieval

En una carta a Antioquía alrededor del año 450, la iglesia en Constantinopla condenó al bautismo sabeliano. El Código Justiniano del año 529 (el imperio bizantino) declaró la pena capital tanto por el antitrinitarismo como por ser bautizado de nuevo. El Consejo de Constantinopla en el año 553 condenó otra vez el bautismo sabeliano y Martín Dumiun (quien murió en el año 579), el obispo de Braga, condenó el bautismo sabeliano por "retener la inmersión única bajo un solo nombre."[51]

Bede (de los años 673-735) de Inglaterra, basado en el razonamiento atribuido a Ambrosio, aceptó la validez del bautismo en el nombre de Jesús tal como hizo el Consejo de Freyo (792) y el Papa Nicolás (858-867).[52] Otros escritores medievales que mencionaron la fórmula del nombre de Jesús eran Peter Lombard (murió en 1160), Hugo Victor (murió en 1141), y Tomás Aquino (1225-1274).[53]

De esta evidencia concluimos que: (1) A lo largo de la historia de la iglesia algunos conocían la fórmula del nombre de Jesús. (2) Muchos teólogos la consideraban como válida. (3) Puesto que reaparece repetidas veces como un asunto, aparentemente la gente de diferentes épocas mantenían la práctica.

De la Era de la Reforma en Adelante

Martín Lutero encontró una disputa acerca de la fórmula del nombre de Jesús en su día.[54] Muchos antitrinitarios bautizaban en el nombre de Jesús en el decimosexto y el decimoséptimo siglos. Por ejemplo, en el año 1572 George Schomann fue bautizado en "el nombre de Cristo."[55] Thomas Edwards de Inglaterra escribió en el año 1646 acerca de algunos "herejes" quienes enseñaban que el bautismo que usando las palabras Padre, Hijo, y Espíritu Santo era una tradición artificial y que el bautismo cristiano era "solamente en el nombre de Jesucristo."[56] En el decimonoveno siglo muchos de los Hermanos de Plymouth, así como de algunos otros grupos ingleses, enseñaban—basados en la autoridad de Hechos 2:38—que el bautismo debía ser solamente en el nombre de Jesús.[57]

Los Creyentes de la Unicidad a lo Largo de la Historia

A lo largo de la historia muchos han afirmado la doctrina de la Unicidad (la creencia en un solo Dios, quien vino en la carne como Jesús, sin distinción de personas). Puesto que estos creyentes de la Unicidad negaban la trinidad, suponemos que la mayoría bautizaba en el nombre de Jesús, aunque los archivos de la historia por lo general no dicen nada del asunto. Abajo presentamos una lista breve de la historia de no trinitarios que creían en la deidad de Jesús y probablemente bautizaban en Su nombre.[58]

(1) *La era antenicence*: Los padres postapostólicos (incluyendo a Clemente de Roma, a Policarpo, a Hermas, y a Ignacio), posiblemente Ireneo, algunos montanistas, Noeto, Praxeas, Epígono, Cleómenes, probablemente los obispos romanos Calisto y Ceferino, "la mayoría de los creyentes" en el día de Tertuliano, Sabelio.

(2) *La era nicence*: Marcelo de Ancira, Fotino, Comodiano, Prisciliano, los sabelianos.

(3) *La era medieval*: los sabelianos, los priscilianistas, posiblemente "unos herejes" desconocidos.

(4) *La era de la reforma*: Miguel Serveto (cuya doctrina era conocida por Lutero, Zwingli, y Calvino y quién fue quemado en una estaca con la aprobación de Calvino), Emmanuel Swedenborg (quien reconocía el error de la trinidad pero enseñaba algunas doctrinas raras y no bíblicas), algunos anabautistas, muchos antitrinitarios, William Penn y muchos cuáqueros tempranos.

(5) *El decimonoveno siglo*: Juan Clowes (Inglaterra), John Miller (EE.UU.), algunos congregacionalistas de Nueva Inglaterra.

(6) *El siglo XX*: Los pentecostales de la Unicidad, algunos sabatarianos, algunos carismáticos.

El Siglo XX

Este siglo ha visto un gran avivamiento del bautismo en el nombre de Jesús. El movimiento pentecostal moderno empezó el 1 de enero de 1901, y su primer líder, Charles Parham, empezó a bautizar en el nombre de

Jesús alrededor de 1901 o 1902.59 El razonaba en la siguiente manera: Puesto que el bautismo nos identifica con la muerte y la sepultura de Jesucristo y puesto que Jesucristo es el único que murió por nosotros, debemos ser bautizados en el nombre de Jesús.

El eminente evangelista pentecostal Andrew Urshan empezó a bautizar en el nombre de Jesús tan temprano como 1910.[60] Comenzando en 1913, las doctrinas del bautismo en el nombre de Jesús y la Unicidad de Dios empezaban a inundar el movimiento pentecostal norteamericano bajo la dirección de Frank Ewart, R. E. McAlister, Glenn Cook, y otros.[61] Cada caso (Parham, Urshan, el avivamiento de 1913) era independiente uno de los otros. Cada uno empezó con un estudio devoto de la Biblia y una experiencia específica en que Dios dio iluminación de Su Palabra.

En 1915, Andrew Urshan trajo el mensaje pentecostal a Rusia, dónde algunos de sus conversos le pidieron que les bautizara en el nombre de Jesús; no sabían que Urshan y otros ya habían visto esta verdad.[62] Esto dio inicio al movimiento pentecostal en esa tierra. Unos años después, basado solamente en su lectura de la Biblia, un grupo de cristianos chinos empezó a enseñar la Unicidad y el bautismo en el nombre de Jesús y pensaban que nadie más en el mundo lo creía. En 1917 organizaron la Iglesia Verdadera de Jesús, iglesia que existe actualmente en la China comunista y en Taiwán hoy en día.[63]

Muchos líderes prominentes en el movimiento pentecostal temprano fueron bautizados en el nombre de Jesús, incluyendo a: A. H. Argue, Frank Bartleman (Un participante en el avivamiento de la calle Azusa y un historiador), E. N. Bell (uno de los dos organizadores de las Asambleas de Dios y su primer Presidente General), William Booth-Clibborn, Glenn Cook, Frank Ewart (socio temprano de William Durham y un prominente evangelista), Howard Goss (uno de los dos organizadores de las Asambleas de Dios y uno de sus presbíteros ejecutivos), L. C. Hall, G., T. Haywood (un prominente líder negro), B. F. Lawrence, Harry van Loon, R. E. McAlister (un evangelista prominente), Aimee Semple McPherson, D. C. O. Opperman (un presbítero ejecutivo de las Asambleas de Dios), y H. G. Rodgers.[64]

Mas tarde, bajo presión de sus colegas trinitarios, Bell abandonó el bautismo en el nombre de Jesús, tal como hicieron Aimee McPherson, quien más tarde fundó la Iglesia Internacional del Evangelio Cuadrangular, y R. G. Hoekstra, quien ha logrado el éxito financiero con su programa radial "El Capellán Ray".[65]

La historia de Bell es interesante en particular.[66] En el principio el rechazó lo que llamaba "El Nuevo Y Triste Asunto," pero entonces fue bautizado en el nombre de Jesús y dio tres razones por qué fue bautizado así: (1) Durante algún tiempo Dios había tratado con él personalmente acerca del asunto; (2) Dios quitó todos los demás mensajes de su predicación hasta que él obedeciera; y (3) esto es lo que los apóstoles enseñaban y practicaban.

Bell reveló que había sido bautizado de nuevo en un artículo poderoso titulado "¿Quién Es Jesucristo?" Sin embargo, antes de la publicación, las Asambleas de Dios eliminaron muchas partes del artículo, incluyendo el hecho de su otro bautismo. El artículo habló de su "visión que era totalmente nueva" acerca de Quién era Jesús en realidad, y la intensa experiencia emocional que acompañó su nueva comprensión y bautismo.[67] Eventualmente, sin embargo, Bell suprimió su nueva práctica bautismal para poder mantener su confraternidad con las Asambleas de Dios, y en 1920 llegó a ser su Presidente

General por segunda vez.

La posición de las Asambleas de Dios en este asunto es muy interesante también.[68] En el año 1915, el grupo aceptó el bautismo en el nombre de Jesús como válido. Un corto tiempo después recomendó fuertemente una fórmula de transigencia que incluía tanto las palabras de Mateo 28:19 como Hechos 2:38. Finalmente, en el año 1916 rechazaron la fórmula del nombre de Jesús y exigieron que todos aceptaran el uso de los títulos Padre, Hijo y Espíritu Santo.

Todos menos uno de los predicadores de las Asambleas de Dios en el estado de Luisiana aceptaron el bautismo en el nombre de Jesús, al igual que casi todos los líderes pentecostales canadienses tempranos, incluyendo los fundadores de las Asambleas Pentecostales de Canadá.[69] Sin embargo, en el año 1919 las Asambleas Pentecostales de Canadá renunciaron a la Unicidad, aceptaron el trinitarismo, y se afiliaron con las Asambleas de Dios.[70]

Aproximadamente veinticinco por ciento de todos los pentecostales americanos creen en la Unicidad y bautizan en el nombre de Jesús.[71] Además, algunos pentecostales trinitarios bautizan en el nombre de Jesús, incluyendo: (1) Templo Bet-el y La Escuela Bíblica en Seattle, fundados por W. H. Offiler; (2) La Iglesia Pentecostal de Indonesia, que fue el resultado de los esfuerzos misioneros de ese grupo; (3) Templo Misionero Betesda en Detroit, pastoreado por James Lee Beall; y (4) El Templo Evangélico y La Escuela Bíblica de California Norte, dirigidos por Ernest Gentile.[72] Muchos carismáticos modernos han empezado a bautizar en el nombre de Jesús, inclusive algunos en los Ministerios Universitarios Maranatha que existen en mas de sesenta universidades.[73] Hay aproximadamente quince a veinte grupos pequeños que guardan el sábado (aparentemente no son pentecostales) que enseñan la Unicidad y que bautizan en el nombre de Jesús.[74]

Conclusión

El bautismo en el nombre de Jesús ha existido aparentemente a lo largo de la historia de la iglesia y ahora está disfrutando un gran avivamiento.

El capítulo 11 investigará la historia del bautismo del Espíritu Santo con el hablar en lenguas. Al final de aquel capítulo presentaremos algunas conclusiones generales acerca de la doctrina apostólica en la historia de la iglesia.

NOTAS

[1]Otto Heick, *Una Historia del Pensamiento Cristiano* (Filadelfia: La Prensa Fortaleza, 1965), , 215.
[2]E. H. Klotsche, *La Historia De La Doctrina Cristiana*, ed. rev. (Grand Rapids: Baker Book House, 1979), pág. 100.
[3]Heick, 217, N.17.
[4]Klotsche, pág. 99.
[5]Kenneth Latourette, *Una Historia de la Cristiandad* (Nueva York: Harper & Row, 1953), 193.
[6]Henry Morris III, *El Bautismo: ¿Cuán Importante Es?* (Denver: Accent Books, 1978), pág. 24. Para documentación mas extensa de este párrafo véase *Los Padres Antenicences* [de aquí en adelante LPA], Alexander Roberts y James Donaldson, eds. (Rpt. Grand Rapids: Eerdmans, 1977), II, 22 & 49; LPA, III, 94 & 678; LPA, V, 377 & 400-01, LPA, VII, 379, 431 & 469.
[7]Morris, pág., 10.
[8]W. H. Murk, *Cuatro Tipos de Bautismo En Agua* (San Pablo, Minn.: Northland Publ. Co., 1947), págs. 16, 17, 100. Para la doctrina de Lutero véase Philip Schaff, *Historia de la Iglesia Cristiana*, 3ra ed. (1890; Rpt. Grand Rapids: Eerdmans 1958), VII, 98-99.
[9]Latourette, 135.
[10]Ibidem, pág. 194.
[11]"El Bautismo (Cristiano Temprano)," *ERE*, II, 389.
[12]Heick, 54; véase Klotsche, págs. 20-21, 99.
[13]Heick, 62.
[14]Ibidem; véase Klotsche, pág. 27.
[15]Heick, 62, 122, 129, 135; "El Bautismo (Cristiano Temprano)," *ERE*, II, 385. Para documentación más extensa de este párrafo véase LPA, I, 444 & 574; LPA, III, 674-75; LPA, V, 237, 276, & 378.
[16]*Constituciones de los Santos Apóstoles*, 6.3.15, LPA, VII, 457,.
[17]Tertuliano, *Acerca Del Bautismo*, LPA, III, 669-679.
[18]"El Bautismo (Cristiano Temprano)," *ERE*, II, 391.
[19]Klotsche, pág., 180.
[20]Ibidem, pág. 198.
[21]Ibidem, pág. 180, citando el Catecismo Luterano, 733.
[22]Bloesch, II, 15.
[23]Ibidem, pág. 12.
[24]Heick, K., Véase también J. F. Bethune-Baker, *Una Introducción A La Historia Temprana de La Doctrina Cristiana*

(Londres: Methuen & Co., 1933), pág. 25 n.1 & pág. 378 n.1.
[25]Heick, , 87.
[26]"El Bautismo (Cristiano Temprano)," *ERE*, II, 389.
[27]Ibidem
[28]"El Bautismo," ADB, I, 241.
[29]Jean Danielou, *El Desarrollo de la Doctrina Cristiana Antes del Concilio de Nicea, Tomo I: La Teología de la Cristiandad Judía*, Juan À. Baker, ed. y trad. (Londres: Darton, Lonman, y Todd, 1964), la pág. 323 dice, "La fórmula trina y la inmersión triple" no provienen de la práctica cristiana judía. Wilhelm Bousset, *La Cristiandad Kirios—Una Historia de la Creencia en Cristo desde el Principio de la Cristiandad Hasta Ireneo*, 5ta ed., Juan Steely, trad. (Nueva York: Abingdon, 1970), pág. 292 dice, "El bautismo en la edad paulina era un bautismo en el nombre del Señor Jesús." Reed, pág., 220 dice, "La fórmula más arcaica indudablemente era alguna forma de Señor Jesucristo." Williston Walker, *Una Historia de la Iglesia Cristiana* (Nueva York: Charles Scribner's Sons, 1947), pág. 58 afirma, "La fórmula bautismal trinitaria . . . estaba tomando el lugar del bautismo más antiguo, el cual era en el nombre de Cristo." Para unas citas adicionales, véase William Chalfant, *Campeones Antiguos de la Unicidad* (1979; Rpt. Hazelwood, Mo.: Word Aflame Press, 1982), Cap. V.
[30]Hermas, *El Pastor* [El Pastor De Las Ovejas], 1.3.7 & 3.9.16, LPA, II, 15 & 49.
[31]"El Bautismo (Cristiano Temprano)," *ERE*, 385; véase Hermas, 3.9.14-16, LPA, II, 48-49,.
[32]Hermas, 3.9.13, LPA, II, 48,.
[33]*Las Enseñanzas de los Doce Apóstoles*, 7.1 & 9.5, LPA, VII, 379 & 380.
[34]LPA, VII, 372.
[35]Justino, La Primera Apología, 61, LPA, , 183,.
[36]Ireneo, *Unos Fragmentos De Las Escrituras Perdidas De Ireneo*, 34, LPA, , 574.
[37]Para una discusión y una documentación mas completas de las creencias de estos hombres, así como las de Justino, véase a David Bernard, *La Unicidad De Dios* (Hazelwood, Mo.: Word Aflame Press, 1983), capítulos 9 y 10.
[38]Cipriano, *Las Epístolas*, 72.4, LPA, V, 380,.
[39]*Los Hechos De Pablo y de Tecla*, LPA, VIII, 490.
[40]Cipriano, *Las Epístolas*, 72.17, LPA, V, 383,.

⁴¹Ibidem
⁴²Ibidem, 74.18, LPA, V, 395.
⁴³Ibidem, 73.5, LPA, V, 387.
⁴⁴Bethune-Baker, pág. 378 n.1.
⁴⁵Ibidem, pág. 25 n.1.
⁴⁶*Un Tratado Por un Escritor Anónimo Acerca De Bautizarse De Nuevo*, LPA, V, 665-78.

⁴⁷Ambrosio, *En Cuanto al Espíritu Santo*, I, iii, 43, *Los Padres Nicences Postnicences* [de aquí en adelante LPP], Philip Schaff y Henry Wace, eds. (Rpt. Grand Rapids: Eerdmans, 1976), 2da serie, X, 98. Véase también *"El Bautismo,"* ADB, , 241; Bethune-Baker, pág., 25 n.1. & pág. 378 n.1.

⁴⁸LPP, 2da serie., X, 98 n.2.
⁴⁹Chalfant, pág., 78.
⁵⁰*Constituciones de los Santos Apóstoles*, 47.50, LPA, VII, 503,.
⁵¹Chalfant, págs. 78-80.
⁵²*"El Bautismo,"* ADB, I, 241.
⁵³Ibidem

⁵⁴Vinson Synan, ed., *Aspectos de los Orígenes Pentecostal-Carismáticos* (Plainfield, N.J.: Logos International, 1975), pág. 158, citando a John Dillenger, ed., Martín Lutero (Garden City, NY: Doubleday, 1961), pág. 297.

⁵⁵Thomas Weisser, *Según el Camino Llamado Herejía* (N.p., 1981), pág. 80, citando a Robert Wallace, *La Biografía Antitrinitaria* (Londres: E. T. Whitfield, 1850), II, 350.

⁵⁶Weisser, pág. 80, citando a Wallace, I, 90.

⁵⁷W. Robertson Nicoll, ed., *La Biblia Del Expositor* (Grand Rapids: Eerdmans, 1956), V, 330.

⁵⁸Véase a Bernard, el Cap. 9; Chalfant, passim; "El Monarquianismo," *ERE*, passim; Weisser, passim. Para el testimonio acerca de los Montanistas véase a Hipólito, *Refutación de Todas las Herejías*, 8.12, LPA, V, 123-24.

⁵⁹Fred Foster, *Su Historia: Los Pentecostales del Siglo 20* (Hazelwood, Mo.: Word Aflame Press, 1981), págs. 120-21, citando a Parham, *Voz Que Clama en el Desier*to, págs. 23-24.

⁶⁰Andrew Urshan, *La Vida de Andrew Bar David Urshan* (Stockton, Ca.: Apostolic Press, 1967), pág. 141.

⁶¹Frank Ewart, *El Fenómeno del Pentecostés*, ed. rev. (Hazelwood, Mo.: Word Aflame Press, 1975); Foster, págs. 88-90, 102-03.

[62]A. Urshan, págs. 235-37.
[63]David Barrett, ed., *La Enciclopedia Cristiana Del Mundo* [de aquí en adelante ECDM] (Nueva York: Oxford University Press, 1982), pág. 234.
[64]Foster, pág., 107; Walter Hollenweger, Los Pentecostales, R., À. Wilson, trad. (Minneapolis: *Augsburg Publ. House*, 1972), págs. 32 & 43 n.21.
[65]N. À. Urshan, *Una Disertación y Una Entrevista Personales*, del 11-13 de julio de 1982, Granby, Colorado.
[66]Reed, págs. 109-123.
[67]El artículo de Bell *"¿Quién Es Cristo Jesús?"* reproducido por Oliver Fauss, *Compra La Verdad y No la Vendas* (San Louis: Pentecostal Publishing House, 1965), cap. 2.
[68]Reed, págs. 124-136.
[69]Hollenweger, pág. 32, pág. 43 n.21, pág., 312.
[70]Ibidem, pág. 312; Reed, pág. 108.
[71]Tim Dowley et al, eds., *Manual Eerdman a la Historia de la Iglesia* (Grand Rapids: Eerdmans, 1977), pág. 619.
[72]Reed, págs. 343-46.
[73]Véase "Y Ahora—Se Está Haciendo La Desprogramación De Cristianos," *Christianity Today*, 22 de abril de 1983, pág., 31.
[74]Reed, pág., 199, citando, el *Directorio De Los Grupos Que Guardan el Sábado*, 4 ed. (Fairview, Okla.: La Asociación Bíblica Sabática, 1974).

11

EL TESTIGO EN LA HISTORIA DE LA IGLESIA: EL HABLAR EN LENGUAS

"Nosotros también, teniendo en derredor nuestro tan grande nube de testigos . . ." (Hebreos 12:1).

Este capítulo investiga la existencia del bautismo del Espíritu Santo con el hablar en lenguas en la historia de la iglesia y hace unas conclusiones acerca del mensaje apostólico completo a lo largo de la historia. Como mencionamos en el capítulo 10, debemos tener presente todas las dificultades asociadas con tal estudio. Las palabras de La *Enciclopedia Britannica* sirven bien como nuestra proposición central: "Las instancias postapostólicas de la glossolalia han sido notadas a lo largo de *Historia de la Iglesia Cristiana.*"[1]

El Primer y Segundo Siglo

Los padres postapostólicos de los primeros dos siglos creían en el don del Espíritu Santo, practicaban la imposición de manos para el bautismo del Espíritu Santo, y testificaban que los dones del Espíritu, incluyendo el hablar en lenguas, existían en su día.[2] En las siguientes citas de estos hombres, la palabra *dones* representa la palabra griega *carismata* en los textos originales[3], siendo esta la misma palabra que empleó Pablo para los nueve dones del Espíritu. Esto incluía el hablar en lenguas (1 Corintios 12).

Clemente de Roma (¿murió en el año 100?) les recordó a los corintios que "un derramamiento completo del Espíritu Santo estaba sobre todos ustedes."[4]

Ignacio (¿murió en el año 107?) escribió a la iglesia en Esmirna: "Ignacio . . . a la Iglesia de Dios Padre, y del amado Jesucristo, que por medio de la misericordia ha adquirido toda clase de don, que está llena de fe y de amor, y es deficiente en ningún don, sumamente digno de Dios, y adornado con la santidad. . . . Sean fuertes, les ruego, en el poder del Espíritu Santo."[5] También amonestó a Policarpo que orara para que "no me falte nada, y . . . abunde en cada don."[6]

El Didache dice, "Porque el Padre desea que los dones sean dados a todos" y también describe a los profetas que hablan "en el Espíritu."[7]

Justino Mártir escribió, "Porque los dones proféticos permanecen con nosotros, aun hasta el día de hoy . . . Ahora es posible ver entre nosotros a mujeres y a hombres que poseen los dones del Espíritu de Dios."[8]

Ireneo (¿130? - ¿202?), Obispo de Leones, escribió, "[Los que de veras son Sus discípulos, quienes reciben la gracia de El, en Su nombre hacen (milagros) . . . No es posible nombrar los números de los dones que la Iglesia (que está esparcida) a lo largo del mundo entero, ha recibido de Dios, en el nombre de Jesucristo."[9] El enseñaba la necesidad de recibir el Espíritu y describió específicamente el hablar en lenguas como la evidencia del Espíritu:

"[El hombre perfecto consiste en el mezclarse y en la unión del alma recibiendo el espíritu del Padre . . . Por esta razón el apóstol declara, 'Hablamos la sabiduría entre los que son perfectos, llamando 'perfectos' a los que han recibido el Espíritu de Dios, y quienes por el Espíritu de Dios hablan en todos los idiomas, tal como El usaba a si mismo a hablar. En esta manera también oímos a muchos hermanos en la Iglesia, que poseen los dones proféticos y quienes por medio del Espíritu hablan todo tipo de idiomas . . . a quienes también el apóstol les llama 'espirituales,' siendo espirituales porque participan del Espíritu."[10]

Celso, un pagano, cerca del fin del segundo siglo escribió que los cristianos en su día hablaban en lenguas. El teólogo Origen (¿murió en el año 254?) conservó su testimonio sin negar la existencia y la validez del hablar en lenguas, y aceptaba los dones del Espíritu para su día.[11]

Un grupo llamado los montanistas enfatizaba el Espíritu Santo y hablaba en lenguas.

El Tercer Siglo

Tertuliano escribió contra el hereje Marción un poco después del año 200 D.C.: "El Creador prometió el don de Su Espíritu en los últimos días; y . . . Cristo ha aparecido en estos últimos días como el dispensador de los dones espirituales."[12] Tertuliano mencionó específicamente el don de lenguas y citó a 1 Corintios 12:8-11 y a Isaías 28:11 como pertinentes en su día. El consideraba el hablar en lenguas como una de las características de una verdadera iglesia: "Permita entonces que Marción exhiba, como dones de su dios, algunos profetas, quienes no han hablado por el sentido humano, sino con el Espíritu de Dios . . . permítale producir un salmo, una visión, una oración—pero que sea por el Espíritu, en un éxtasis, es decir, en un rapto, siempre que una interpretación de lenguas le haya ocurrido a él . . . Ahora todas estas señales (de dones espirituales) vienen de mi lado sin ninguna dificultad."[13]

Novaciano (¿murió en el año 257?), un presbítero en Roma, escribió lo siguiente acerca del Espíritu Santo: "Este es El que coloca a los profetas en la Iglesia, instruye a los maestros, dirige el hablar en lenguas, da poderes y sanidades, hace obras maravillosas, ofrece la discriminación de espíritus, da poderes de gobierno, ofrece consejos, y ordena y arregla lo que sean los otros dones de carismata; y así hace que sea perfeccionada y completa la Iglesia del Señor por todas partes."[14]

Aparentemente Sabelio enseñaba el bautismo del Espíritu Santo con el hablar en lenguas. Ninguna de sus escrituras ha sobrevivido, pero Epifanio dijo que Sabelio enseñaba la regeneración por el Espíritu Santo y Pseudo-Atanasio anota que Sabelio enseñaba acerca de los dones espirituales de 1 Corintios 12.[15]

Asterio Urbano (alrededor del año 232) indicó que los cristianos de su día esperaban que los dones espirituales permanecieran permanentemente en la iglesia. Escribiendo en contra de los Montanistas posteriores, él preguntó por qué ellos ya no tenían profetas después de que su profeta Montano y sus colaboradores murieran.

Urbano notó que la verdadera iglesia siempre tendría los
dones proféticos (la profecía, el hablar en lenguas, la
interpretación de lenguas): "Porque el apóstol [Pablo]
pensaba que los dones de la profecía habían de permanecer en toda la iglesia hasta el tiempo del último
advenimiento."[16]

Los Siglos Cuarto y Quinto

Hilario (¿murió en el año 367?), el obispo de Poitiers,
mencionó tanto el hablar en lenguas como la interpretación de lenguas y los describió como "agentes del
ministerio," ordenados de Dios.[17]

Ambrosio (340-98), el obispo de Milán, enseñaba que
todos los dones de 1 Corintios 12 eran parte de la experiencia cristiana normal.[18]

Al fin del cuarto siglo y a comienzos del quinto siglo,
la cristiandad había evolucionado por la mayor parte en
lo que llegó a ser conocida como la Iglesia Católica
Romana. Al parecer, el hablar en lenguas prácticamente
había desaparecido de la mayor parte de los lugares en la
iglesia apóstata, pero la memoria del hablar en lenguas
permanecía a cierta magnitud. Juan Crisóstomo (345-
407), el obispo de Constantinopla, escribió un comentario acerca de 1 Corintios 12: "Todo este pasaje es muy
oscuro: pero la oscuridad se produce por nuestra ignorancia de los hechos que a los cuales se refiere y por su
cesación, siendo que antes sucedían pero que ahora ya
no ocurren . . . Bueno, ¿qué, entonces, sucedía?
Quienquiera que fuera bautizado inmediatamente hablaba en lenguas . . . Ellos recibieron el Espíritu inmediatamente después de su bautismo . . . empezaban a hablar,
uno en el idioma de los persas, otro en el idioma de los

romanos, otro en el idioma de los de la India, o en algún otro idioma. Y esto revelaba a los ajenos que era el Espíritu dentro del que hablaba."[19]

Agustino (354-430) testificó que la iglesia en su día no esperaba hablar en lenguas al recibir el Espíritu Santo, pero confesó que antes esto era el caso: "Porque el Espíritu Santo no solo se da por la imposición de manos en medio del testimonio de milagros sensatos y temporales, tal como fue dado en los días anteriores . . . Porque en estos días ¿quién espera que aquellos sobre quienes se ponen las manos para que puedan recibir que el Espíritu Santo deben empezar inmediatamente a hablar en lenguas?"[20]

Evidentemente algunos "herejes" en el día de Agustino creían en recibir el Espíritu Santo con la evidencia de hablar en lenguas. El trató de refutarles por el siguiente argumento: (1) El hablar en lenguas no tiene valor sin el amor (1 Corintios 13); (2) El amor solo viene por el Espíritu (Romanos 5:5); (3) Ellos no tenían el Espíritu porque ellos no pertenecían a la Iglesia Católica; y (4) En todo caso, ya nadie esperaba hablar en lenguas.[21]

La Edad Medieval

La evidencia del hablar lenguas en los tiempos medievales es poca, probablemente porque la Iglesia Católica Romana era tan eficaz en silenciar a "los herejes." Sin embargo, hay informes oficiales del hablar en lenguas entre los siguientes grupos:

(1) Valdenses, 1100, Europa.[22] Un grupo que rechazó la autoridad papal e intentó basar sus creencias en la Biblia no mas.

(2) Albigenses, 1100, Europa.[23] Un otro grupo que

rechazó la autoridad papal y enfatizó la pureza de la vida.

(3) Los franciscanos y posiblemente otros órdenes mendicantes, 1200, Europa.[24] Unos monjes Católicos que abrazaban un estilo de vida muy sencillo y que viajaban a lo largo del campo predicando.

De La Era De La Reforma En Adelante

Los informes del hablar en lenguas aumentan mucho después de la reforma protestante, debido a varias cosas: (1) mas libertad religiosa, (2) un renovado énfasis en el estudio de la Biblia, la doctrina apostólica, la conversión, y las experiencias espirituales, (3) la invención de la maquina impresora, y (4) una proximidad mayor a nuestro tiempo. Según los historiadores respetados, el hablar en lenguas ha ocurrido entre muchos grupos (de los años 1500 a 1900):

(1) Los anabautistas, 1500, Europa.[25] Una de las cuatro ramas principales del movimiento protestante temprano (junto con los luteranos, los reformados, y los anglicanos). No como otros protestantes, los anabautistas enfatizaban a la restauración de los modelos apostólicos de culto y de estilo de vida, la importancia de una experiencia de conversión, el bautismo de creyentes únicamente, el bautismo por inmersión, la separación total entre la iglesia y el estado, el poder de vencer sobre el pecado después de la conversión, y la necesidad de vivir una vida santa. Un líder anabautista prominente llamado Meno Simones, cuyos seguidores llegaron a ser conocidos como los menonitas, escribió acerca del hablar en lenguas como si fuera una evidencia esperada de haber recibido el Espíritu Santo.[26] Muchos anabautistas tempranos adoraban con mucha demostración; en las palabras de un texto

de la historia secular algunos participaban en prácticas evangélicas "muy emocionadasy entusiasmadas". . . que los norteamericanos conocen como "darse vueltas santas" . . . A veces la congregación gritaba y bailaba, y siempre cantaba los himnos con gran fervor."[27] En vista de su doctrina y culto, no es raro que el hablar en lenguas ocurriera entre los anabautistas tempranos.

(2) El movimiento de la Profecía, 1500, Inglaterra.[28]

(3) Camisardos, 1600 y 1700, Francia del sur (a veces llamado los Profetas del Cevenas).[29] Un grupo de hugonotes (protestantes franceses), principalmente campesinos quienes resistieron los esfuerzos del gobierno de Luis XIV para convertirlos al Catolicismo romano. Muchos fueron encarcelados, torturados, y martirizados. Los observadores informaron que había el hablar en lenguas, que los campesinos incultos y los niños jóvenes profetizaban en un francés puro y elegante, que había culto entusiástico y demostrativo, y que había gente que era "apoderada por el Espíritu."

(4) Los Cuáqueres, 1600, Inglaterra.[30] Un grupo que enfatizaba una experiencia espiritual y que esperaba el mover del Espíritu en sus cultos. Los Cuáqueres ("estremecedores") tempranos recibieron su nombre porque ellos literalmente "se estremecían" bajo el poder del Espíritu.

(5) Los Jansenistas, de los años 1600 y 1700, Francia.[31] Un movimiento reformista católico.

(6) Los Pietistas (incluyendo a los Moravios), a fines de los años 1600, Alemania.[32] Los Pietistas enfatizaban una experiencia espiritual y una vida cristiana.

(7) Conversos de los camisardos, a comienzos de los años 1700, Inglaterra.[33] Algunos camisardos huyeron a Inglaterra para evitar la persecución, e hicieron conversos allí.

(8) Los Metodistas, 1700, Inglaterra, particularmente en las campañas de Wesley y Whitefield y las campañas que siguieron después en AméricaAmérica del Norte.[34]

El propio Wesley creía que los dones del Espíritu prácticamente habían desaparecido pero que una iglesia totalmente restaurada los tendría de nuevo.[35] Cuando un cierto Dr. Middleton escribió que el don de lenguas estaba ausente de la historia posterior de la iglesia, Wesley contestó que (1) muchas escrituras antiguas ya no existían, (2) que muchos cristianos no escribieron libro alguno, (3) que los padres antenicenses no dijeron que el hablar en lenguas cesó con los apóstoles, y (4) solo porque el hablar en lenguas no fue específicamente anotado no quiere decir que no era practicado.[36] El dijo, "Puede ser que muchos hayan hablado en nuevas lenguas, de quienes esto no está anotado; a lo menos, los archivos están perdidos en el transcurso de tantos años."[37] Respondiendo a la objeción que el hablar en lenguas no existía en su día, Wesley contestó, "Se ha oído de esto más de una vez, y a no más distancia que los valles de Delfinia" [Francia del sur].[38]

Debemos notar también el fuerte énfasis en el arrepentimiento y en las demostraciones físicas en las campañas metodistas. Un historiador hostil escribió, "Grandes perturbaciones emocionales, éxtasis y ataques corporales de varias clases eran comunes en el avivamiento de Wesley del decimoctavo siglo en Inglaterra," con la gente en las reuniones de Wesley exhibiendo "unas reacciones motrices violentas . . . como convulsiones y sacudidas" y gritos.[39] Uno fenómeno similar ocurrió en los años 1700 en cl Gran Despertar, un período de avivamiento en América del Norte dirigido por Jonatán Edwards, Jorge Whitefield, y otros.[40]

(9) Campañas de Avivamiento y Reuniones en el

Campo, 1800, América. Se informa que se ocurrían mas tarde unas demostraciones físicas en las campañas de avivamiento en América del Norte, un período llamado el Segundo Despertamiento que empezó con unas reuniones en el campo en el estado de Kentucky y se extendió por toda la frontera americana.[41] En las reuniones en el campo la gente "gritaba, sollozaba, brincaba en el aire, se retorcía en el suelo, se caían al suelo como hombres muertos y se quedaban insensibles para unos períodos considerables, y hacían unas raras contorsiones corporales," además de manifestar "una risa santa," "unos ladridos," y "unos espasmos."[42] Unos observadores en las varias reuniones de avivamiento en América del Norte informaban que la gente sollozaba, lanzaba unos chillidos, gritaba, se sacudía, se caía en el suelo, se revolcaban en el suelo, corrían, danzaban y ladraban. Congregaciones enteras respiraban en dolor y lloraban, y centenares de personas sentían la convicción por sus pecados y estaban en el suelo arrepintiéndose.[43]

Estas reuniones eran dirigidas por metodistas, bautistas, algunos presbiterianos, y mas tarde por el movimiento Santidad. Con un énfasis tan fuerte en el arrepentimiento y en la adoración libre y demostrativa, no es raro que tanta gente recibiera el Espíritu Santo y hablara en lenguas. Un gran avivamiento se extendió por la Universidad de Georgia en los años 1800-1801, y los estudiantes "gritaban y hablaban en lenguas desconocidas."[44]

En muchos casos no hay registro del hablar en lenguas porque los observadores no lo reconocían y no se daban cuenta de su importancia y no lo distinguían de otros fenómenos físicos. Un historiador dijo, "A lo largo del decimonoveno siglo el hablar en lenguas ocurrió de vez en cuando en las campañas y en reuniones del campamento que se hallaban en diversas partes del campo.

Quizás el fenómeno fue considerado simplemente como otra de las muchas evidencias que uno había sido salvado o había sido santificado."[45]

(10) Los luteranos, a comienzos de los años 1800, Alemania.[46] Esto empezó entre los seguidores de Gustavo von Below.

(11) Los irvinguitas, 1800, Inglaterra y America.[47] El Espíritu se cayó entre la congregación Londinense de una Iglesia de Escocia pastoreado por un pastor prominente llamado Eduardo Irving y empezó con María Campbell y Santiago y Margaret MacDonald. Poco después, los irvinguitas formaron la Iglesia Católica Apostólica, que enfatizaba a los dones del Espíritu. Este avivamiento también dio comienzo a la Iglesia Católica Cristiana y a la Nueva Iglesia Apostólica, y había irvinguitas en las denominaciones tradicionales. Desgraciadamente, estos grupos poco a poco perdieron los dones del Espíritu, se degeneraron en el ritualismo, sufrieron un declive rápido, y casi ni existen en el día de hoy. Philip Schaff (1819-1893), un historiador de la iglesia, escribió de haber observado el hablar en lenguas en una iglesia irvinguita en Nueva York: "Hace varios años ví este fenómeno en una congregación irvinguita en Nueva York; las palabras eran interrumpidas, eyaculatorias, e ininteligibles, pero habladas con unos sonidos anormales, sorprendentes, impresionantes, en un estado de aparente inconsciencia y rapto, y sin ningún dominio sobre la lengua, la cual fue asida como por un poder extraño. Un amigo y colega (Dr. Brigges), quién lo vio en el año 1879 en la principal iglesia irvinguita en Londres, recibió la misma impresión."[48]

(12) Los Hermanos de Plymouth, 1800, Inglaterra.[49]
(13) Los Lectores (Lasare), 1841-43, Suecia.[50]
(14) Los Avivamientos, 1859, Irlandia.[51]
(15) La gente "Santidad," 1800, Tennessee y

Carolina del Norte.[52]

Debemos notar que un historiador alemán atribuyó el hablar en lenguas a Martín Lutero, y un amigo de Dwight Moody dijo que algunos de los seguidores de Moody hablaban en lenguas.[53] Sin embargo, no es cierto si uno de estos estuvo refiriéndose definitivamente al hablar en lenguas tal como lo conocemos. La Confesión de Westminster, una importante declaración del calvinismo presbiteriano adoptado por los puritanos ingleses en 1648, requería específicamente que la oración se hiciese en una lengua conocida.[54]

El Siglo XX

El movimiento pentecostal moderno empezó el 1º de enero de 1901, en un pequeño colegio bíblico en Topeka, Kansas. El colegio era operado por Charles Parham, un ministro con un trasfondo en el movimiento Santidad. Los estudiantes empezaron a buscar el bautismo del Espíritu con el hablar en lenguas, y Agnes Ozman fue la primera entre los alumnos de experimentar el hablar en lenguas. El avivamiento pronto se extendió a muchas denominaciones y alrededor del mundo. Desde ese tiempo el hablar en lenguas ha sido verificado y documentado muchos veces.[55]

A fines de la década de 1950, un avivamiento del hablar en lenguas, conocido como el movimiento carismático o neo-pentecostal, empezó entre las iglesias no pentecostales y ha extendido a lo largo del mundo Protestante, Católico Romano, y Ortodoxo.[56] Algunos carismáticos se han metido en las iglesias pentecostales, otros han formado sus propias iglesias, y muchos han permanecido en sus denominaciones tradicionales.

Las Estadísticas En Pentecostales Today

Según La Enciclopedia Del Mundo Cristiano, en el año 1970 había 160,509 congregaciones pentecostales, 18,694,038 adherentes adultos, y una afiliación total de 36,794,010; por el año 1980 la afiliación total había alcanzado un número estimado de ser 51,167,187 en todo el mundo.[57] Como notó la revista Time, esto significa que el grupo de los pentecostales es más grande que cualquier otro bloque de protestantes en el mundo hoy en día.[58] Además de estas figuras, el total de los carismáticos o neopentecostales fue 1,587,700 en 1970 y 11,005,390 en 1980.[59]

De acuerdo con la definición de esta fuente, la afiliación es mucho más que membresía o la asistencia regular. Incluye los adherentes adultos, los niños, los asistentes simpatizadores, y los asistentes irregulares.

Abajo presentamos una tabla de los grupos más grandes de pentecostales de la Unicidad en los Estados Unidos del día de hoy.[60]

Pentecostales De La Unicidad, EE.UU. (1970)

Nombre	Número de iglesias	Adultos	Afiliados
		(Una aproximación)	
Asamblea Apostólica De La Fe En Jesucristo (De habla hispana)	195	24,000	55,000
Santa Iglesia Apostólica De Dios Vencedora (Negra)	300	30,000	75,000
Asambleas Del Señor Jesucristo	300	25,000	60,000
Hermandad Asociada de Cristianos (De la comunión espiritual)	100	2,500	6,000
Iglesias Camino Bíblico de Nuestro Señor Jesucristo a Nivel Mundial (Negra)	350	30,000	42,000

Iglesia de Nuestro Señor Jesucristo De La Fe Apostólica (Negra)	200	45,000	60,000
Asambleas Pentecostales del Mundo (La mayoría negra)	550	45,000	60,000
Iglesia Pentecostal Unida Internacional (La mayoría blanca; muchos negros, hispanos)	2,300	250,000	450,000

Además de estas sumas, hay varias organizaciones menores, iglesias independientes, y grupos carismáticos que creen la doctrina pentecostal. Se debe notar que estas figuras de 1970 ya no son válidas puesto que la mayoría de los grupos pentecostales está experimentando un crecimiento rápido.

En el mes de septiembre del año 1983, la IPUI estimó tener aproximadamente 500,000 creyentes en los Estados Unidos y Canadá y 500,000 fuera de Norteamérica.[61] En ese momento tenía 3295 iglesias en los Estados Unidos y Canadá. Quinientos de aquellos grupos fueron considerados como misiones y se comenzaban aproximadamente cuatro iglesias nuevas en cada semana del año.[62] Las estadísticas de las misiones extranjeras de aquel tiempo incluyeron: las obras en 90 países, 5998 iglesias y puntos de predicación, 53 colegios bíblicos establecidos, y un aumento en doce meses de 534 iglesias y 86,686 creyentes.[63] Abajo presentamos una lista de los campos más grandes de misiones foráneas del año 1984.[64]

Los Campos Más Grandes de Misiones Foráneas (1984)

(Hay que multiplicar el número de los creyentes por 2 o 3 para obtener la afiliación)

País	Número de iglesias	Número de creyentes
Brasil	226	11,000
Birmania	160	9,000
El Salvador	439	14,000
Etiopía	445	95,278
Ghana	102	9,000
Haití	135	13,181
India del Noreste	613	53,356
India del Sur	175	10,000
Indonesia	203	12,901
Jamaica	160	23,000
Kenia	212	28,000
Madagascar	122	10,000
Pakistán	208	15,000
Filipinas	1,375	60,000
Venezuela	608	40,000

Muchos otros grupos de pentecostales de la Unicidad existen fuera de los Estados Unidos. La siguiente tabla nombra aquellos grupos que tienen mas de 10,000 adultos adherentes en el año 1970:[65]

Los Pentecostales del Nombre De Jesús Que No Son de la IPUI Ni de los EE.UU.

País	La Organización	Número de iglesias	Número de adultos	Afiliación
Canadá	Iglesia Apostólica de Pentecostés en			

	Canadá	100	12,000	30,000
China (PRC)	Iglesia del Verdadera Jesús	1700	15,000	35,000
Colombia	Iglesia Pentecostal Unida de Colombia	570	47,000	95,000
Indonesia	Iglesia Pentecostal de Indonesia (IPI)*	1500	750,000	1,000,000
México	Asamblea Apostólica de la Fe en Cristo Jesús	954	16,034	48,192
México	Iglesia La Luz del Mundo	20	15,000	30,000
Taiwán	Iglesia del Verdadero Jesús	187	25,000	50,000
Japón	Iglesia Espíritu de Jesús	453	37,000	62,726

*La IPI es oficialmente trinitaria pero bautiza en el nombre de Jesús.

La Iglesia del Verdadero Jesús es una iglesia indígena formada por los chinos en 1917 sin ningún contacto anterior con otros pentecostales de la Unicidad. Justo antes de la toma comunista, tenía 1260 iglesias y 125,000 afiliados. Desde entonces sus miembros se han escondido y celebran sus reuniones en casas.[66] Es una de las pocas iglesias de resistir con éxito los esfuerzos del gobierno para unir a todos los protestantes en un solo cuerpo registrado que se llama el Movimiento Patriótico Tres Egos.[67] La Verdadera Iglesia De Jesús enseña que el nacimiento de agua es el bautismo en agua, que el uso del nombre de Jesús en el bautismo es para el perdón de los pecados, que el nacimiento del Espíritu es recibir el Espíritu, y que la evidencia de recibir el Espíritu es el hablar en lenguas.[68]

La IPU de Colombia es una iglesia completamente autónoma establecida por misioneros de la IPUI. Tiene el crecimiento más rápido y es la denominación no católica más grande en el país. Su progreso asombroso ha sido el tema de dos libros eruditos escritos por estudiantes no pentecostales.[69]

Muchos cuerpos pentecostales más pequeños de la

Unicidad existen alrededor del mundo. Esto incluye algunos en México, muchos en el Caribe, muchos entre los inmigrantes caribeños a Inglaterra, y la Iglesia del Espíritu (del Lavamiento de Pies) en Yugoslavia.

La Enciclopedia Del Mundo Cristiano nombra un solo cuerpo pentecostal de la Unicidad en la Rusia, y eso es un grupo escondido que se conoce como los Cristianos EvangélicosEvangélicos en el Espíritu Apostólico. Este es el grupo más viejo de los pentecostales rusos y trazan sus raíces a las campañas de Andrew Urshan del año 1915. Ellos practican el lavamiento de los pies. La única iglesia que es registrada oficialmente y que contiene pentecostales es la Unión de Bautistas y Cristianos Evangélicos (UBCE).

En la década los años 1940 la gente de la Unicidad fue obligada a unirse a esta organización que fue controlada por el gobierno, pero muchos enseguida la dejaron, prefiriendo existir como una secta ilícita.[70] Al parecer, muchos permanecieron en este grupo, porque en el año 1974 un creyente de la Unicidad llamado Peter Shatrov fue elegido al presidio de la UCBE, y así llegó a ser el mayor portavoz pentecostal en la UCBE y en la Rusia.[71] De ahí, suponemos que muchos grupos que son clasificados como trinitarios podrían tener unos números significantes de creyentes en la Unicidad. Abajo presentamos unas estadísticas de los pentecostales rusos:[72]

Los Pentecostales Rusos (1970)

Nombre	Iglesias	Adultos	Afiliación
Los Cristianos de la Fe Evangélica (escondida, clasificada como trinitaria)	600	80,000	320,000
Los Cristianos Pentecostales Evangélicos Sionistas(escondida,			

clasificad como trinitaria)	100	10,000	20,000
Los Cristianos Evangélicos en el Espíritu Apostólico (escondida, todos de la Unicidad)	50	2,000	5,000
Los Cristianos de la Fe Evangélica (UCBE) (la iglesia registrada, clasificada como trinitaria pero eligió un líder de la Unicidad)	400	40,000	160,000
Otros Cuerpos Pentecostales (escondidos, no clasificados ni de la Unicidad ni como trinitarios)	900	80,000	160,000

La Enciclopedia Del Mundo Cristiano presenta estas estadísticas totales por los pentecostales de la Unicidad al nivel mundial en el año 1970: 13,350 iglesias; 1,593,999 adultos; 2,682,248 afiliados; y 4,205,428 proyectados a afiliarse por el año 1985.[73]

Conclusión

No estamos de acuerdo con todas las doctrinas de cada individuo o movimiento de los cuales hemos hablado en este capítulo; sin embargo, nuestra investigación ha demostrado una verdad básica: a lo largo de las edades ha habido gente que ha creído, predicado y experimentado el arrepentimiento, el bautismo por inmersión, el bautismo para el perdón de los pecados, el bautismo en el nombre de Jesús, el recibir el Espíritu Santo, y el hablar en lenguas. Estas no son invenciones de los días modernos, porque la Biblia los enseña y muchos a lo largo de la historia los han seguido.

En particular, se puede decir que algunos grupos se adhirieron simultáneamente al bautismo en el nombre de Jesús y al bautismo del Espíritu con el hablar en lenguas. Encontramos ambas doctrinas entre los padres postapostólicos tempranos (de los siglos 1 y 2), los sabelianos tempranos (3 siglo), y los pentecostales modernos (el siglo 20). La evidencia histórica también indica que ambas doctrinas existían entre los montanistas (de los siglos 2 y 3), los sabelianos posteriores (de los siglos 4, 5 y 6), varios "herejes" (de los siglos 3 y 4, las edades medianas), los anabautistas (del siglo16), los antitrinitarios (de los siglos 16 y 17), y los Hermanos de Plymouth (del siglo 19). Sin duda Satanás ha intentado suprimir los hechos, pero hay suficiente evidencia para indicar que Dios siempre ha tenido algunas personas quienes enseñaban toda la doctrina apostólica. Estamos seguros que la iglesia apostólica, tal como has sido definido por su mensaje y su experiencia, nunca ha estado ausente desde los días de los apóstoles.

La historia de la iglesia por sí sola nunca puede comprobar la validez de una doctrina, pero provee una idea de cómo estas doctrinas importantes fueron alteradas o fueron perdidas durante el transcurso los siglos. Ayuda a dispersar el mito de que estas doctrinas son de un origen reciente. La clara enseñanza de las Escrituras es suficiente en sí para quitar las mortajas de la tradición no bíblica, pero quizás este breve estudio histórico puede ayudar en el proceso.

En estos días postreros, la plena verdad apostólica se proclama alrededor del mundo. Este siglo ha visto un avivamiento milagroso del bautismo del Espíritu Santo con el hablar en lenguas. En menos de un siglo, el movimiento pentecostal ha crecido de un grupo pequeño a la agrupación más grande de protestantes en el mundo, y ha afectado a cada rama de la cristiandad. Creemos firmemente que un avivamiento del nombre de Jesús igualará al derramamiento de Su Espíritu. ¡La historia de la iglesia no ha terminado, y creemos que lo mejor siempre está por delante!

NOTAS

[1]"Iglesias Pentecostales," La *Enciclopedia Britannica* [de aquí en adelante EB] (Chicago: William Benton, 1976), XIV, 31.

[2]Heick, 47; Latourette, , 194.

[3]"Carismata" *ERE*, III, 371.

[4]Clemente de Roma, *Primera Epístola a los Corintios*, 2, LPA, , 5.

[5]Ignacio, *Epístola los Esmirnenses*, la inscripción & 12, LPA, , 86 & 92.

[6]Ignacio, *Epístola a Policarpo*, 2, LPA, , 99.

[7]"Carismata" *ERE*, III, 371. Véase *La Enseñanza de los Doce Apóstoles*, 1.5 & 11.7; LPA, VII, 377 & 380.

[8]Justino, *Diálogo con Trifo*, 82 & 88, LPA, , 240 & 243.

[9]Ireneo, *Contra Las Herejías*, 2.32.4, LPA, , 409.

[10]Ibidem, 5.6.1, LPA, , 531.

[11]Origen, *Contra Celso*, 7.9, LPA, IV, 614, citando a Celso, *El Verdadero Discurso*,. Origen, *Comentario Sobre Juan*, 2.6, LPA, el X, 329.

[12]Tertuliano, *Contra Marción*, 5.8, LPA, III, 446.

[13]Ibidem, III, 446-47.

[14]Novaciano, *Tratado Acerca De La Trinidad*, 29, LPA, el V, 641.

[15]Chalfant, págs. 133, 135.

[16]Asterio Urbano, *Las Escrituras Existentes*, 10, LPA, VII, 337,.

[17]Hilario, *Acerca De La Trinidad*, 8.33, LPP, 2da serie., IX, 147.

[18]Ambrosio, *En Cuanto al Espíritu Santo*, 2.8, LPP, 2da serie., El x, 134.

[19]Juan Crisóstomo, *Homilías Sobre Primera Corintios*, 29, LPP, 1ra serie., XII, 168.

[20]Augustino, *Acerca Del Bautismo, Contra los Donatistas*, 3.16.21, LPP, 1ra serie., IV, 443.

[31]Ibidem, IV, 442.

[22]Carl Brumback, *¿Qué Quiere Decir Esto?* (Springfield, Mo.: Casa Editorial Del Evangelio, 1947), pág. 92.

[23]Ibidem

[24]"Lenguas, El Don De," ADB, IV, 796; "Hablar En Lenguas, El Don Del," *Diccionario Smith de la Biblia* [de aquí en adelante DSB], H. B. Hackett, el ed. (1870; Rpt. Grand Rapids: Baker Book House, 1971), IV, 3310-11.

[25] Bloesch, II, 115-16; Michael Hamilton, *El Movimiento Carismático* (Grand Rapids: Eerdmans, 1975), págs. 73-74; "Las Iglesias Pentecostales" EB, XIV, 31.

[26] Hamilton, pág., 74.

[27] Crane Brinton et al, *Una Historia De La Civilización*, 3ra ed. (Englewood Cliffs, N.J.: Prentice-Hall, 1967), , 472, 480.

[28] "Lenguas, El Don De," SDB, IV, 3310-11.

[29] Ibidem; "Camisardos" *ERE*, III, 175-176; "Las Iglesias Pentecostales" EB, XIV, 31; Schaff, I, 114; "Lenguas, El Don De" ADB, IV, 796.

[30] Bloesch, II, 115-16; "Carismata" *ERE*, III, 370; Schaff, , 114.

[31] "Carismata," *ERE*, III, 370; "Las Iglesias Pentecostales," EB, XIV, 31; "Lenguas, El Don De" ADB, IV, 796; "Lenguas, El Don De," SDB, IV, 3310-11.

[32] Bloesch, II, 115-16; Hamilton, pág., 77.

[33] "Lenguas, El Don De," SDB, IV, 3310-11.

[34] Ibidem; "Lenguas, El Don De" ADB, IV, 796.

[35] Howard Snyder, Wesley Radical (Downers Grove Ill.: Inter-Varsity Press, 1980), pág. 96.

[36] John Wesley, "Una Carta al Reverendo Dr. Conyers Middleton" *Las Obras de John Wesley*, 3. el ed. (Rpt. Grand Rapids: Baker Book House, 1978), X, 54-55.

[37] Ibidem, pág. 55).

[38] Ibidem, pág. 56.

[39] Clark, págs. 111-12.

[40] Ibidem, págs. 112-13.

[41] Ibidem, págs. 114-17.

[42] Ibidem, págs. 116-17.

[43] William Sweet, *La Historia de la Religión en América* (Grand Rapids: Baker Book House, 1950), págs. 133, 227-31.

[44] Vinson Synan, *El Movimiento Pentecostal - Santidad en los Estados Unidos* (Grand Rapids: Eerdmans, 1971), pág. 25, citando a E. Merton Coulter, *College Life in the Old South* (Nueva York, 1928), págs. 194-95.

[45] Synan, pág., 25 n.29.

[46] Hamilton, págs. 84-85.

[47] "Irving Y Las Iglesias Apostólicas Católicas," *ERE*, VII, 422-25; "Las Iglesias Pentecostales" EB, XIV, 31; "Lenguas, El Don De," ADB, IV, 796; "Lenguas, El Don De," SDB, IV, 3310-11.

[48] Schaff, I, 115.

⁴⁹Bloesch, I, 115-116.
⁵⁰"Lenguas, El Don De," SDB, IV, 3310-11; Schaff, I, 114.
⁵¹Ibidem
⁵²"Iglesias Pentecostales" EB, XIV, 31.
⁵³Brumback, págs. 92-94, citando a Souer [o Sauer], *Una Historia de la Iglesia Cristiana*, III, 406 y R. Boyd, Pruebas y Triunfos De Fe (1875), pág. 402.
⁵⁴Justo González, Una Historia Del Pensamiento Cristiano (Nashville: Abingdon, 1975), III, 271.
⁵⁵Robert Dalton, Lenguas Como De Fuego (Springfield, Mo.: Gospel Publishing House, 1945); Ewart, págs. 59-93; Foster, págs. 41-69; Stanley Frodsham, Con Señales Que Siguen (Springfield, Mo.: Gospel Publishing House, 1941).
⁵⁶Don Basham, EncuEntrese Con Un Milagro (Springdale, Pa.: Whitaker House, 1967); Hamilton, passim; John Sherrill, *Hablan en Otras Lenguas* (Nueva York: McGraw-Hill, 1964).
⁵⁷*WCE*, págs. 6,14.
⁵⁸"Contando A Cada Alma En La Tierra" la Revista Time, el 3 de mayo de 1982.
⁵⁹*WCE*, pág., 6.
⁶⁰*WCE*, págs. 720-25. En la primavera de 1983 el autor envió una encuesta a la mayoría de estos grupos, pero solo recibió unas contestaciones de la IPUI y de la Santa Iglesia Apostólica de Dios Vencedora ,que dijo que tenía 198 iglesias. Para una descripción de estos grupos y de varios otros mas pequeños grupos pentecostales de la Unicidad, véase J. Gordon Melton, *La Enciclopedia de Religiones Americanas* (Wilmington, N.C.: Cía. Publicadora McGrath, 1978), págs. 287-94 y Arthur Piepkorn, *Reseñas Biográficas En Creencia: Los Cuerpos Religiosos de los Estados Unidos y Canadá* (San Francisco: Harper & Row, 1979), III, 195-219.
⁶¹"Perfil: Superintendente General, Reverendo Nathaniel A. Urshan" *Notificación IPUI a la Prena para el mes de septiembre de 1983*, pág., 14.
⁶²*Informes Financieras, IPUI, Año concluyendo el 30 de junio de 1983* (Hazelwood, Mo.: Pentecostal Publishing House), págs. 8, 78.
⁶³Ibidem, págs. 71-72.
⁶⁴Informe Anual IPUI Del Campo, División De Misiones Foráneas, 1984.
⁶⁵*WCE*, págs. 216, 234, 243, 327, 386-87, 490-91.
⁶⁶"Las Iglesias En La China: Floreciendo de Casa en Casa"

Christianity Today, el 18 de junio de 1982, págs. 24-25.

⁶⁷*WCE*, pág., 234.

⁶⁸John Yang, *Las Doctrinas Esenciales en la Santa Biblia*, traducido por M. H. Tsai (Taichung, Taiwán: La Asamblea General De La Verdadera Iglesia De Jesús En Taiwán, 1970), págs. 113, 119, 157-58.

⁶⁹Cornelia Butler Flora, *Los Pentecostales en Colombia: Bautismo Por Fuego y por el Espíritu* (Cranbury, N., J.: Associated University Presses, 1974); Donald Palmer, *Explosion of People Evangelism* (Chicago: Moody Press, 1974).

⁷⁰Walter Sawatsky, *Los Evangélicos Soviéticos Desde la Segunda Guerra Mundial* (Scottsdale, Pa.: Herald Press, 1981), pág. 95.

⁷¹Ibidem, pág. 484.

⁷²*WCE*, págs. 695-96.

⁷³*WCE*, págs. 792-93.

12

¿EXISTEN EXCEPCIONES?

"¿Cómo escaparemos nosotros, si descuidamos una salvación tan grande? La cual, habiendo sido anunciada primeramente por el Señor, no fue confirmada por los que oyeron, testificando Dios juntamente con ellos, con señales y prodigios y diversos milagros y repartimientos del Espíritu Santo según su voluntad" (Hebreos 2:3-4).

¿Puede haber alguna excepción al plan neotestamentario de salvación que hemos estudiado en este libro? Este capítulo analizará algunas propuestas excepciones a la luz de las Escrituras.

Unos Principios Básicos

En el comienzo, debemos establecer algunos principios básicos para guiar nuestra discusión: (1) Solo Dios juzgará la salvación de cada persona (Romanos 2:16; Hebreos 12:23). No hay ningún ser humano que pueda condenar a un alma al infierno o garantizarle un lugar en el cielo, porque la salvación es un asunto entre el individuo y Dios.

El Señor enseñó que no debemos juzgar los unos a los otros, sino debemos juzgarnos a nosotros mismos y dejar el juicio de otros a Dios (Mateo 7:1-5; Lucas 6:37). Jesús no vino a condenar al mundo sino a ofrecer la salvación (Juan 3:17), y debemos hacer lo mismo. Debemos proclamar el evangelio, animar que la gente lo obedezcan, y advertir de las consecuencias bíblicamente prescritas para la desobediencia, pero los resultados finales descansan en las manos de Dios.

No debemos rechazar apresuradamente a los que reverencian el nombre de Cristo, pero que aparentemente no tienen la plenitud de la verdad. Los discípulos reprendieron a un hombre que echo fuera a los demonios en el nombre de Jesús porque no era parte de ellos, pero Jesús dijo, "No se lo prohibáis; porque ninguno hay haga milagro en mi nombre, que luego pueda decir mal de mí. Porque el que no es contra nosotros, por nosotros es" (Marcos 9:39-40). Hay personas como ese hombre que no necesariamente son salvas (Mateo 7:21-23), pero siempre pueden ayudar a esparcir la Palabra de Dios y el nombre de Jesús (Filipenses 1:15-18). En lugar de oponerlos, debemos dar gracias por el bien que hacen y debemos esforzarnos a guiarles a más verdad. Si predicamos el evangelio completo en una manera positiva, la verdad hablará por sí misma y será su propia defensa.

(2) Dios es soberano en el repartimiento de Su dádiva de misericordia. El dijo, " Tendré misericordia del que yo tenga misericordia, y me compadeceré del que yo me compadezca" (Romanos 9:15). No obstante, El ha escogido voluntariamente un plan de salvación y lo cumplirá;

ha establecido claramente las condiciones en que concederá la misericordia. Pablo enseñó primeramente la soberanía de Dios en la salvación (Romanos 9:14-24), pero después explicó que Dios concederá la salvación a todos los que creen en Jesús, que lo confiesan como Señor, que invocan Su nombre, y que obedecen a Su evangelio (Romanos 10:9-17).

(3) la Biblia es la única autoridad para la doctrina y la instrucción en la salvación. Jesús dijo a los judíos, "Escudriñad las Escrituras; porque a vosotros os parece que en ellas tenéis la vida eterna; y ellas son las que dan testimonio de mí; y no queréis venir a mí, para que tengáis vida" (Juan 5:39-40). El no les reprendió por su dependencia en las Escrituras para poder hallar la vida eterna, sino por haberse negado a creer en El para vida eterna cuando las Escrituras señalaban tan claramente hacia El.

La Biblia contiene el único evangelio que podemos predicar. Pablo declaró, "Mas si sea anatema. Como antes hemos dicho, también ahora lo repito: Si alguno os predica diferente evangelio del que habéis recibido, sea anatema" (Gálatas 1:8-9).

Toda doctrina verdadera debe estar fundamentada en la Biblia. "Las Sagradas Escrituras . . . te pueden hacer sabio para la salvación por la fe que es en Jesucristo. Toda la Escritura es inspirada por Dios, y útil para enseñar, para redargüir, para corregir, para instruir en justicia, a fin de que el hombre de Dios sea perfecto, enteramente preparado para toda buena obra" (2 Timoteo 3:15-17).

No podemos imponer demandas que la Biblia no apoya, ni podemos hacer excepciones que la Biblia no concede. Precisamente porque Dios es soberano en conceder la salvación, debemos limitarnos a la enseñanza

clara de las Escrituras. Si Dios tiene planes que van más
allá de lo que El nos ha revelado en la Biblia, esa es Su
prerrogativa, pero nosotros tenemos solamente la
autoridad de enseñar el plan que Dios nos dio en las
Escrituras. No tenemos ningún derecho de ofrecer
esperanzas falsas o inciertas basadas en el pensamiento
deseoso, las especulaciones, el razonamiento, la
filosofía o las interpretaciones dudosas de pasajes difíciles. No podemos hacer excepciones por las situaciones que se hayan surgido de la falta de seguir las
enseñanzas y los ejemplos bíblicos. aun nosotros, o un
ángel del cielo, os anunciare otro evangelio diferente
del que os hemos anunciado,

(4) No debemos formular las enseñanzas doctrinales
en base de las situaciones raras o hipotéticas. La simpatía humana nos puede conmover, pero si intentamos
establecer alguna excepción, socavamos la autoridad de
la Palabra de Dios. Por ejemplo, Dios podría escoger perdonar los pecados sin el bautismo en agua, pero
excedemos nuestra autoridad si afirmamos que El lo hará
o si nombramos algunas circunstancias en las cuales El
lo hará. Si hacemos una excepción para uno que no fue
bautizado, entonces hablando lógicamente el bautismo
no es necesario para nadie.

Si juzgamos en esta manera, animaremos la desobediencia o un acercamiento casual a la Palabra de Dios.
Solo Dios tiene la capacidad de ser Juez, y como tal El
aplicará los principios generales a los hechos específicos
con el fin de llegar a una decisión justa y correcta legalmente. Debemos obedecer el evangelio completo al
máximo de nuestra comprensión y capacidad, debemos
animar a todos los demás a hacer lo mismo, y debemos
dejar el juicio eterno a Dios.

(5) Dios es el Juez más amante, misericordioso, y

justo que alguien podría tener. Su amor, misericordia, y sentido de justicia son perfectos, mientras los nuestros no son: "Porque Jehová es bueno; para siempre es su misericordia, y su verdad por todas las generaciones" (Salmo 100:5); "Grandes y maravillosas son tus obras, Señor Dios Todopoderoso; justos y verdaderos son tus caminos, Rey de los santos" (Apocalipsis 15:3). Tocante a la salvación, nuestro concepto de la justicia es defectuoso, porque nadie merece la salvación. Solo Dios tiene el derecho de conceder la misericordia. Solo El sabe qué es justo en cada situación, porque solo El tiene el conocimiento perfecto. Solo El sabe la condición del corazón, las oportunidades del pasado, y lo que un individuo hará si reciba unas oportunidades futuras.

(6) No podemos comprometer el plan de Dios porque solo unos pocos lo siguen. "¿Pues qué, si algunos de ellos han sido incrédulos? ¿Su incredulidad habrá hecho nula la fidelidad de Dios? De ninguna manera; antes bien sea Dios veraz, y todo hombre mentiroso" (Romanos 3:3-4). Jesús dijo, "Estrecha es la puerta, y angosto el camino que lleva a la vida, y pocos son los que la hallan" (Mateo 7:14). Alguien le preguntó, "Señor, ¿son pocos los que se salvan?" (Lucas 13:23). El contestó, "Esforzaos a entrar por la puerta angosta; porque os digo que muchos procurarán entrar, y no podrán" (Lucas 13:24).

En el día de Noé, Dios salvó solamente ocho almas de todo el mundo, porque solo ellos lo creyeron y obedecieron Su plan. En el primer siglo, casi todo el pueblo escogido de Dios (Israel) rechazó Su plan, y esto fue lo que incitó la declaración de Pablo en Romanos. Casi todos los líderes religiosos y la comunidad religiosa rechazaron el evangelio. ¿Debemos maravillarnos si es lo mismo en el día de hoy?

¿Están Perdidos los Paganos?

Usando estos principios, permítanos investigar la posibilidad de alguna excepción para aquellos que nunca han oído el evangelio.

Nadie puede heredar la vida eterna fuera del evangelio de Jesucristo: "El que no naciere de agua y del Espíritu, no puede entrar en el reino de Dios" (Juan 3:5). Jesús dijo, " Yo soy el camino, la verdad, y la vida; nadie viene al Padre, sino por mí" (Juan 14:6). El también dijo, "Si no creéis que yo soy, en vuestros pecados moriréis" (Juan 8:24).

Pablo escribió, "Y a vosotros que sois atribulados, daros reposo con nosotros, cuando se manifieste el Señor Jesús desde el cielo con los ángeles de su poder, en llama de fuego, para dar retribución a los que no conocieron a Dios, ni obedecen al evangelio de nuestro Señor Jesucristo; los cuales sufrirán pena de eterna perdición, excluidos de la presencia del Señor y de la gloria de su poder" (2 Tesalonicenses 1:7-9).

Aun los que nunca han oído el evangelio tienen un testigo suficiente de Dios en Su creación: "Porque lo que de Dios se conoce les es manifiesto, pues Dios se lo manifestó. Porque las cosas invisibles de El, su eterno poder y deidad, se hacen claramente visibles desde la creación del mundo, siendo entendidas por medio de las cosas hechas, de modo que no tienen excusa" (Romanos 1:19-20). Dios mantiene que todo el mundo es responsable de glorificarle como Dios y de ser agradecido con El (Romanos 1:21).

Dios también ha dado a todos una conciencia. Puede ser que los paganos no tengan un conocimiento completo de la voluntad de Dios, pero ellos sí tienen conciencia suficiente que (1) si la siguen Dios los llevará más hacia en Su voluntad y (2) si no la siguen serán condenados. Todo el mundo sabe que algunas cosas son malas moralmente y que la multa apropiada para estos pecados es la muerte (Romanos 1:32). Los que tenían la Ley de Moisés serán juzgados por ella, y los que no la tenían serán juzgados por la ley de la conciencia (Romanos 2:12-16). Esto no significa que alguien será salvo únicamente en base de la conciencia, porque nadie en ningún momento ha vivido una vida que haya reunido aun las demandas mínimas de la conciencia. Todos han transgredido por lo menos una vez (Romanos 3:10, 23). Nadie será salvo por las obras, ni por la adhesión a la ley, incluso la ley de la conciencia (Romanos 3:20; Efesios 2:8-9). La conciencia, entonces, servirá como una base justa para la condenación, pero no como una base para la salvación fuera de Jesucristo.

Si alguien sinceramente intenta seguir la conciencia y diligentemente busca a Dios, creemos que Dios le revelará suficiente verdad para que pueda ser salvo. Dios "es galardonador de los que le buscan" (Hebreos 11:6). El siempre honrará a un corazón quebrantado y contrito (Salmo 34:18; 51:17), y siempre se revela a la persona que Le busca (1 Crónicas 28:9; Jeremías 29:13-14; Mateo 7:7).

Dios no da la salvación fuera de la verdad. Es la voluntad de Dios que "todos los hombres sean salvos y vengan al conocimiento de la verdad" (1 Timoteo 2.4). Cornelio es un buen ejemplo. El era un hombre devoto que temía Dios, que daba limosnas a los pobres, y que oraba constantemente a Dios (Hechos 10:1-2). En resumen, él hacía todo que estaba a su alcance para buscar a Dios, rendirle culto, y obedecerle. Sus acciones llegaron a ser un memorial ante Dios, y como resultado, Dios le envió un ángel (Hechos 10:3-6). El ángel ni le diseñó un plan especial de la salvación ni le predicó el evangelio, sino que el ángel le dio instrucciones para poder encontrar a un predicador del evangelio. Cornelio no era salvo ya, porque el ángel le dijo, "Envía hombres a Jope, y haz venir a Simón, el que tiene por sobrenombre Pedro; El te hablará palabras por las cuales serás salvo tú, y toda tu casa" (Hechos 11:13-14).

Había una mujer en Seúl, Corea cuya madre era hechicera. Las prácticas supersticiosas de la madre y la comunicación constante con los espíritus malos hicieron que la hija llegara a ser tan deprimida que intentó suicidarse. Mientras estaba cerca de la muerte, ella vio una visión de dos americanos. Ella se recuperó, y un día pasó frente a la Primera Iglesia Pentecostal. Atraída por el sonido del culto, miró adentro y vio las dos caras americanas que habían aparecido en su visión. Aquellas personas eran Elton y Loretta Bernard, los fundadores de la iglesia. Como resultado de este milagro, la jovencita empezó a asistir a los cultos, se arrepintió de sus pecados, se bautizó en el nombre de Jesús, recibió el Espíritu Santo, y mas tarde ganó a su madre para el Señor. Ella no conocía nada del evangelio de Jesucristo, pero aparentemente Dios vio un anhelo en su corazón de más que la superstición y vio un deseo sincero de rendir culto a El. Como resultado, Dios la guió a la verdad.

Si los paganos son salvos sin el evangelio, entonces la muerte de Jesucristo no era necesaria y el mandamiento de Jesucristo de predicar el evangelio a cada criatura era un error. Si los paganos son salvos antes de oír el evangelio, entonces los misioneros realmente hacen que la gente salva sea condenada, porque muchos rechazan el evangelio cuando lo oyen. En este caso, la comisión de Jesucristo realmente haría que se pierda a más gente que es contrario a la voluntad declarada de Dios (2 Pedro 3:9).

Pablo dijo, "Porque todo aquel que invocare el nombre del Señor, será salvo. ¿Cómo, pues, invocarán a aquel en el cual no han creído? ¿Y cómo creerán en aquel no han oído? ¿Y cómo oirán sin haber quien les predique? ¿Y cómo predicarán si no fueren enviados? . . . Así que la fe es por el oír, y el oír, por la palabra de Dios" (Romanos 10:13-15, 17). La verdad es que todos los hombres están perdidos hasta que oyen, creen, y obedecen el evangelio de Jesucristo.

Basar la salvación únicamente en el evangelio no Le hace injusto a Dios, porque todos merecen perderse. Dios no fue responsable por el pecado del hombre y no tenía ninguna obligación de diseñar un plan de la salvación. Puesto que la salvación es por Su gracia, El la puede ofrecer en Sus propias condiciones. Además, nos es culpa de Dios que tanta gente no tiene conocimiento de El. Empezando con Adán y de nuevo con Noé, Dios reveló Su voluntad a toda la humanidad. En nuestra época El ha comisionado la iglesia a llevar el evangelio a todo el mundo. No es culpa de Dios que los hombres repetidamente no han transmitido el conocimiento de Dios a sus descendientes y a sus compañeros. Dios es más que justo—El es compasivo—en dar un testigo de El a todos los hombres por medio de la creación y la conciencia.

La Gente Moral y Sincera

Nadie es justo en sí mismo, nadie es bueno en los ojos de Dios, todos son pecadores, y nadie será salvo en base de sus buenas obras (Romanos 3:10-12, 23, 27-28; Efesios 2:8-9). Basta un solo pecado para condenar al alma, y no importa cuán bueno pueda ser alguno, sin Dios siempre es un pecador. Nadie puede ganar la salvación; es una dádiva libre de Dios y tiene que ser recibida de acuerdo a las condiciones que Dios imponga. Esto incluye la fe en Jesucristo y la obediencia a Su evangelio. No importa cuán moralmente una persone intenta vivir, si no sigue el plan de Dios no puede ser salva.

La moralidad y las buenas obras no son las cosas que determinan la salvación, porque ha habido musulmanes, judíos, budistas, hindúes, y otros que han rechazado a Jesucristo pero quienes han manifestado la moralidad y buenas obras de una manera igual o mayor a muchos que profesan ser cristianos. Sin duda, muchos de los judíos que rechazaron a Jesús eran muy morales y obedecían la Ley de Moisés en cada detalle. Pablo era irreprensible en cuanto a la justicia de la Ley; sin embargo, todavía necesitaba una conversión (Filípenses 3:5-7).

La sinceridad tampoco es suficiente, pues los de religiones falsas, los comunistas, ateos y otros a menudo son sumamente sinceros en sus creencias. Es absolutamente necesario adorar a Dios en ambos espíritu y verdad (Juan 4:24). Dios exige la obediencia antes del sacrificio (I Samuel 15:22), y ninguno será salvo que no obedece al evangelio, no obstante su sacrificio.

Solo Dios ve el corazón de un hombre y sabe lo que el hombre verdaderamente es (Jeremías 17:9-10). No debemos hacer acepciones para los que parecen merecer la salvación basados en su propia bondad de acuerdo a las percepciones del defectuoso juicio humano.

Los Que Profesan a Jesucristo

Una profesión sincera basada en un concepto defectuoso de Cristo no basta; uno debe creer y debe obedecer el evangelio. Los profetas falsos y los fanáticos profesan a Cristo, pero no son salvos. De acuerdo a Jesús, algunos lo profesarán sinceramente, creerán que son salvos, y aun profesarán hacer milagros en Su nombre, pero no serán salvos porque no obedecieron Su Palabra (Mateo 7:21-27). Muchos profesarán conocerle y aun profesarán haber disfrutado de Su presencia pero no serán salvos (Lucas 13:25-27).

¿Qué pasará con aquellos que tienen cierto grado de fe en Jesucristo pero no han obedecido el evangelio completo? Debemos darnos cuenta que ellos han respondido a la Palabra de Dios en alguna medida y que Dios ha tratado con ellos. Dios quiere llevarles a la verdad completa, y si ellos continúan siguiendo a Su Palabra y Su Espíritu, serán salvos. No debemos menospreciar ninguna experiencia genuina con Dios que ellos gocen. Ellas han empezado a seguir la Palabra de Dios, pero a estas alturas en su experiencia no son creyentes apostólicos. No han nacido de nuevo de agua y del Espíritu según Juan 3:5 y Hechos 2:38.

Apolos es un ejemplo bíblico de alguien en esta situación (Hechos 18:24-28). El era un hombre elocuente, fuerte en las Escrituras, instruido el camino del Señor, y ferviente en el espíritu. Enseñaba diligentemente las cosas del Señor y hablaba audazmente en la sinagoga, pero conocía solamente el bautismo de Juan. Cuando Aquila y Priscila le oyeron, le llevaron a un lado y le expusieron más perfectamente el camino de Dios. Aparentemente, le enseñaron el bautismo en el nombre de Jesucristo y el bautismo del Espíritu Santo, porque esto es lo que Pablo les enseñó a otros doce discípulos de Juan en el siguiente capítulo.

De este relato, podemos ver que alguien puede tener un conocimiento profundo de las Escrituras, un ministerio poderoso, y un fervor espiritual, y todavía no haber nacido de nuevo. Básicamente tales personas son creyentes tal como los de antes del día de Pentecostés y no son parte de la iglesia apostólica. A pesar de su verdadera experiencia religiosa con Dios, ellos necesitan ser guiados a una verdad mas profunda.

Quizás podríamos decir que ellos están en la etapa de la concepción y todavía no han recibido el nuevo nacimiento. Los líderes pioneros pentecostales como A. D. Urshan y G. T. Haywood usaban esta analogía.[1] La Palabra ha sido sembrada y como resultado la concepción ha ocurrido (Lucas 8:11; 1 Pedro 1:23), pero el nacimiento mismo no ha ocurrido todavía. Están en las etapas formativas de llegar a ser un cristiano y necesitan ser llevados a la plenitud de la verdad para que puedan tener un nacimiento bueno y normal.

Cristianos Profesantes en la Historia de la Iglesia

La Biblia revela solo un plan de salvación para la edad entera de la iglesia del Nuevo Testamento, y la Biblia ha estado disponible a lo largo de la historia de la iglesia. Los relatos históricos de la edad postapostólica temprana también han estado disponibles a las generaciones posteriores, y ellos confirman el mensaje apostólico del bautismo en el nombre de Jesús y el bautismo del Espíritu Santo en lenguas. Además, parece que estas doctrinas han existido a lo largo de la historia de la iglesia.[2]

No sabemos todo acerca de las vidas espirituales de los líderes importantes de la iglesia durante el periodo de la Reforma. Posiblemente algunos recibieron el Espíritu Santo y hablaron en lenguas sin comprender totalmente la importancia de esta experiencia. En muchos casos hay evidencia que ciertos líderes protestantes eran conscientes de ciertas doctrinas apostólicas importantes. Por ejemplo, durante la Reforma un médico español llamado Miguel Serveto proclamó la Unicidad de Dios, la deidad completa de Jesús, y la necesidad de ser bautizado de nuevo y esta vez en el nombre de Jesús. Lutero, Zwingli, y Calvino todos conocían su doctrina. En particular, Lutero era consciente de una controversia acerca de la fórmula bautismal en el nombre de Jesús. El hablar en lenguas ocurrió entre los anabautistas tempranos y es posible que los reformadores pudieran haber oído de esta experiencia. Lutero sabía definitivamente de "los entusiastas," un grupo que enfatizaba el mover del Espíritu y la comunicación con Dios por medio de la profecía y la inspiración (esto probablemente incluía el hablar en lenguas y la interpretación de lenguas). Ellos se oponían a Lutero porque le consideraban como un hombre de la letra solamente. A su vez, Lutero y la Fórmula Luterana de Concordia (1577) les rechazaron a ellos.[3] Aparentemente, entonces, los reformadores fueron expuestos a por lo menos algunas doctrinas apostólicas.

Los reformadores ciertamente no eran infalibles en cuanto a la doctrina, porque ellos mantenían ciertas doctrinas falsas como la predestinación del alma individual, el bautismo infantil, la aspersión, y la trinidad. Tampoco eran siempre ejemplos nobles de los principios cristianos. Lutero condonaba y aun recomendaba que un cierto gobernante alemán practicara la bigamia, creía que todos los anabautistas eran herejes y endosaba su ejecución, cuestionaban el valor del Libro de Santiago y lo llamaba "una epístola de paja," endosaba la persecución violenta de los judíos, y fuertemente apoyaba a los príncipes alemanes feudales en sus esfuerzos de aplastar las sublevaciones campesinas.[4] El escribió un tratado, titulado "Contra Las Multitudes Asesinas Y Ladronas De Campesinos", que condenaba las sublevaciones campesinas y qué decía, "Todo aquel que pueda, que los golpee, mate y apuñale" a los campesinos rebeldes.[5] Zwingli murió en una batalla por medio de la cual intentó extender el dominio protestante a las porciones católicas de su Suiza nativa.[6] Calvino consintió en la ejecución de Serveto y permitió que fuese quemado en la estaca cerca de Ginebra.[7]

El noble carácter básico de estos hombres y sus contribuciones significativas a la historia de la iglesia son bien documentadas, pero a la vez es verdad que ninguno de ellos era perfecto o infalible.

No podemos hacer excepciones especiales basadas ni en su valor personal, ni su celo, ni su entendimiento en ciertas áreas de las Escrituras. Muchas personas han demostrado valor, celo, determinación, y sacrificio por las religiones falsas, la política, y el nacionalismo. Muchos han sido perseguidos, torturados cruelmente, y martirizados por causa del judaísmo, el budismo, el mahometismo, el comunismo, las causas revolucionarias y el anarquismo. Muchos herejes y fanáticos han sufrido debido a su profesión de Cristo. Hombres han vivido y han muerto por unas causas nobles e incluso para unas causas que eran importantes a Dios, tal como la democracia, la libertad religiosa, la creencia en Jehová, y la creencia en la Biblia. Sin embargo, ninguna de estas personas fue salva debido a su sufrimiento o sacrificio. Bajo ninguna circunstancia debemos permitir que la vida de un antepasado piadoso o de un líder noble en la historia de la iglesia nos disuada de creer, de obedecer, y de proclamar lo que sabemos es la voluntad de Dios en el día de hoy.

Especulaciones Extrabíblicas

Todas las demás ideas y especulaciones acerca de la salvación para los que no experimentan el nuevo nacimiento están fuera de los límites de las Escrituras y deben ser tratadas como tal.

¿Una Segunda Oportunidad Después de la Muerte?

Algunas personas, inclusive los mormones y los Testigos de Jehová, enseñan la posibilidad de una oportunidad de ser salvos después de la muerte, por lo menos para los que no tenían una oportunidad "plena" en esta vida. Estas teorías pueden ser interesantes para la especulación, pero la Biblia no nos da la autoridad de predicarlas como verídicas. La Biblia no enseña en ninguna parte la doctrina de una oportunidad de aceptar el evangelio después de que esta vida terrenal se haya terminado, pero sí hay algo indica que en ninguna manera habrá tal oportunidad: "está establecido para los hombres que mueran una sola vez, y después de esto el juicio" (Hebreos 9:27); "No os maravilléis de esto; porque vendrá hora cuando todos los que están en los sepulcros oirán su voz; y los que hicieron lo bueno, saldrán a resurrección de vida; mas los que hicieron lo malo, a resurrección de condenación" (Juan 5:28-29); "Y el mar entregó los muertos que había en El; y la muerte y el Hades entregaron los muertos que había en ellos; y fueron juzgados cada uno según sus obras según sus obras" (Apocalipsis 20:13).

Dos pasajes de las Escrituras han sido usados para apoyar la doctrina de una segunda oportunidad. Uno es la alusión de Pablo al bautismo para los muertos (1 Corintios 15:29) que se exploró en el capítulo 6. El otro pasaje dice que el Espíritu de Cristo predicó a los espíritus encarcelados que habían sido desobedientes en los días de Noé (1 Pedro 3:18-20). Aquí presentamos algunas explicaciones alternativas para este versículo: (1) El Espíritu de Cristo predicó en el día de Noé por medio de Noé a los que ahora están actualmente encarcelados. La redacción y el tiempo de 1 Pedro 4:6 apoyan esta interpretación. (2) El Espíritu de Cristo fue al otro mundo mientras Su cuerpo estaba en la tumba y en la prisión de allí El anunció Su victoria sobre la muerte a los ángeles caídos (2 Pedro 2:4) o a todas las fuerzas satánicas. (3) El Espíritu de Cristo hizo este anuncio a los espíritus humanos en el otro mundo pero no ofreció a nadie ninguna segunda oportunidad de ser salvo.

Las últimas dos explicaciones reciben apoyo de la palabra griega traducida "predicó," que no es la palabra usual *euangelizo* que significa predicar las buenas nuevas de la salvación, sino *kerusso*, que significa proclamar como información. Ambas explicaciones caben bien con la doctrina del descenso de Cristo al infierno (el hades), cuando El ganó las llaves del infierno y de la muerte y llevó cautiva a la cautividad (Hechos 2:25-32; Romanos 10:7; Efesios 4:8-10; Apocalipsis 1:18).

¿Un Nuevo Nacimiento Subnormal?

En lugar de enseñar en el día de hoy la salvación sin el nuevo nacimiento, algunos dicen que uno puede nacer de nuevo con algo menos de una conformidad completa al modelo apostólico. Para apoyar este concepto, se refieren a unos ejemplos en que Dios salvó a gente de acuerdo a los requisitos de Su plan durante aquel período, pero cumplió Su plan de una manera original o inesperada. Unos ejemplos en el Antiguo Testamento son Jetro, Balaam, y Nínive. También, el ladrón en la cruz fue salvo bajo la Ley, pero con Jesús como su sacerdote y su sacrificio. Esto muestra que Dios tiene la libertad de cumplir Su plan a Su propia manera, pero no debemos hacer demasiado hincapié en este ejemplo puesto que ocurrió en una situación única y un período único de tiempo.

Hay dos posibilidades levantadas con respecto a la salvación en el Nuevo Testamento: (1) Algunos podrían nacer del Espíritu sin la señal del hablar en lenguas por no haberse enterado de ello, o no haberlo entendido, y como consecuencia no haber tenido fe para recibirlo. (2) Algunos podrían nacer de agua sin pronunciar verbalmente el nombre de Jesús en el bautismo por nunca haber oído una enseñaza acerca de esto o por no haberlo entendido. Esto presupone que en el bautismo ellos tenían una fe genuina en Jesús como Salvador y entendían prácticamente (si no teológicamente) que El es la plenitud de la Deidad.

Aunque estos argumentos parecen más lógicos e internamente consistentes, hay por lo menos dos dificultades graves: (1) La Biblia misma enseña la experiencia apostólica completa sin aludir a las excepciones. (2) A lo largo de la historia de la iglesia, y aun en el día de hoy, mucha gente sincera ha recibido el Espíritu Santo con la evidencia de hablar en lenguas, inclusive muchos que no estaban esperando hablar en lenguas, y muchos que nunca habían oído ninguna enseña acerca del bautismo en el nombre de Jesús han sido bautizados en el nombre de Jesús. A la luz de estas dificultades, nuestra responsabilidad clara es recibir y proclamar la experiencia apostólica completa mientras esperamos ver una repetición exacta del modelo apostólico.

El Destino de los Infantes

En nuestra discusión no hemos tratado el caso de los niños que se mueren antes de que tengan una suficiente edad para creer en Dios y arrepentirse de sus pecados, ni hemos tratado con los que son incompetentes mentalmente. Se han propuesto varias ideas:

(1) Debido a sus naturalezas pecaminosas no pueden ir a los cielos (Salmo 51:5; Romanos 5:12-21). Esto presupone que la naturaleza pecaminosa no solo incluye una compulsión de pecar sino también una culpa heredada que es aparte de los hechos personales. Los católicos romanos mantienen esta idea y enseñan que los infantes deben ser bautizados para lavarles el pecado original. Estos han inventado un lugar no bíblico para los infantes que no han sido bautizados, el cual es llamado por ellos "limbo", dónde no hay ni placer ni dolor.

(2) Ellos irán a los cielos. Jesús usó a los niños pequeños como unos ejemplos para ilustrar el reino de los cielos (Mateo 18:1-10; 19:14). Posiblemente esto implique que ellos son parte del reino. Esta idea presupone que—en base a la expiación de Cristo—Dios automáticamente eliminará su naturaleza pecaminosa.

(3) Serán resucitados en el Milenio y se les dará una oportunidad para aceptar o rechazar la salvación. Los Testigos De Jehová enseñan esto, pero esta enseñanza no tiene ningún apoyo bíblico.

(4) El juicio de Dios de los infantes será basado en Su presciencia de lo que ellos habrían hecho si hubieran vivido. Esto fomenta unas preguntas incontestables acer-

ca de la libertad de la voluntad y los hechos que contribuyen a la decisión de un individuo.

(5) La salvación de un infante es determinada por la salvación de sus padres. El problema aquí es ese Dios condenaría a algunos infantes debido a los pecados de sus padres y debido a su propia incapacidad de creer. Hay ejemplos en el Antiguo Testamento en que los niños sufrían debido a los pecados de sus padres, como en el diluvio. Esto no necesariamente significa que aquellos niños estaban condenados eternamente, pero simplemente demuestra que a menudo los niños sufren en esta vida como resultado de las acciones de sus padres.

Primera Corintios 7:14 dice que un marido incrédulo es santificado (separado) en la mujer creyente y que los niños de aquella unión son santificados (separados del mundo a Dios). Si esto se refiere a la salvación, entonces el esposo incrédulo y los niños adultos son incluidos. Sin embargo, parece claro que esto alude a la influencia piadosa que los creyentes tienen sobre sus familias, cosa que ciertamente puede ser un factor poderoso en llevarles a la salvación.

Concluimos que la Biblia simplemente no dice lo que pasa a los infantes y a los que son incompetentes mentalmente. Esto no es raro, porque la Biblia es un libro muy práctico y es dirigido solamente a los que tienen la capacidad de responder. Puede ser que la Biblia no trata con este asunto porque Dios no quiere que nos abstengamos de predicar el evangelio a cualquier grupo de personas, no obstante su edad. La Biblia nos enseña que debemos instruir al niño en el camino del Señor (Proverbios 22:6), y debemos hacer esto desde las edades más tempranas. Dios llena aun a los niños pequeños con Su Espíritu. Algunos miembros de familias han sido llenos a las edades de 6, 7, 9 y 10 años. La Biblia no especifica ninguna limitación de edad, quizá porque la edad de responsabilidad puede variar considerablemente y eso depende del tiempo de desarrollo, de las capacidades, y de la preparación del niño individual.

La falta de una enseñaza clara con respecto a los infantes y a los incompetentes mentalmente no nos debe perturbar. Debemos tener fe en Dios y confiar que El tiene un plan misericordioso para ellos tanto como para nosotros. Habiendo experimentado la gracia, misericordia y amor de Dios en nuestras propias vidas, podemos encomendar esta clasificación de personas a Su cuidado sin reserva alguna.

Grados de Castigo

La Biblia indica que los pecadores sufrirán grados distintos de castigo, basado en el conocimiento y oportunidad que tuvieron en la tierra. Esto no minimiza, sin embargo, la realidad del castigo que sufrirán todos los pecadores, ni la grandeza de la salvación que perderán.

Nos puede ayudar a entender un poco mejor la justicia de Dios, y nos puede animar a no hacer excepciones al evangelio debido a una simpatía por los que parecen merecer menos castigo que otros. Dios evaluará en una manera justa el grado de responsabilidad de cada pecador y de acuerdo con su juicio medirá el castigo. La Biblia no explica exactamente cómo Dios llevará a cabo este principio, pero lo siguiente pasajes lo enseñan:

(1) Jesús enseñó, "Porque a todo aquel a quien se haya dado mucho, mucho se le demandará" (Lucas 12:48). Como ilustración, El contó una parábola acerca de un amo que inesperadamente regresó a su posesión. El siervo que conocía la voluntad de su señor pero que

no la hizo fue castigado con muchos azotes, mientras el siervo que no comprendía completamente lo que su señor requería pero quien también cometió unos hechos dignos de castigo recibió pocos azotes (Lucas 12:42-48).

(2) Los hipócritas recibirán una condenación mayor a otros (Marcos 12:38-40).

(3) Los reincidentes serán castigados más severamente que si nunca hubieran conocido la verdad (Mateo 12:43-45; 2 Pedro 2:20-22).

(4) Los creyentes que son salvos por la fe recibirán galardones según sus buenas obras (1 Corintios 3:11-15). Si el mismo principio aplica a los pecadores, estos serán castigados según sus obras.

(5) Todos serán juzgados según sus obras como ellas hayan sido evaluadas en vista del conocimiento disponible a cada individuo (Romanos 2:6, 11-16). Nadie será salvo fuera del evangelio, pero los pecadores que hayan seguido la ley de conciencia en ciertas áreas serán excusados en aquellas áreas, mientras los que han transgredido serán castigados (Romanos 2:14-15). Esta distinción solo tiene significado si hay diferentes niveles de castigo.

(6) Si alguna persona hace una cosa buena para el evangelio o para un cristiano, de ningún modo perderá su recompensa (Mateo 10:40-42; Marcos 9:41). Posiblemente, algunas personas inconversas no recibirán su recompensa completa en esta vida pero de alguna manera segarán los beneficios en la vida venidera.

Conclusión

La Biblia no enseña ninguna excepción al mensaje sencillo del nuevo nacimiento, es decir, el arrepentimiento de los pecados, el bautismo en agua en el nombre de

Jesús, y el bautismo del Espíritu Santo. No debemos enseñar teorías y especulaciones extrabíblicas como si fueran la verdad revelada, sino debemos basar toda doctrina solamente en la enseñanza clara de la Palabra de Dios. Dios salvará a cualquiera que sinceramente busca la verdad con todo su corazón y que pone toda su fe en Jesucristo.

Debemos predicar el evangelio completo, el cual tiene a Hechos 2:38 como la norma para el nuevo nacimiento.

NOTAS

[1] Andrew Urshan, *Doctrina De La Fe Apostólica Del Nuevo Nacimiento* (Portland, Or.: Apostolic Book Publishers, n.d.), págs. 3, 15; G. T. Haywood, *El Nacimiento del Espíritu en los Días de los Apóstoles*, págs. 10-11, 21-22, Rpt. en Paul Dugas, ed. y comp., *La Vida y Las Escrituras del Anciano G. T. Haywood* (Stockton, Ca.: WABC Apostolic Press, 1968).

[2] Para la documentación de la información en esta sección, véase los capítulos 10 y 11.

[3] René Laurentin, *El Pentecostalismo Católico*, Mateo J., O'Connell, trad. (Garden City, N. J.: Doubleday & Cía., 1977), págs. 133-34.

[4] Roland Bainton, *Here I Stand* (Nashville: Abingdon, 1978), págs. 259, 292-97.

[5] Ibidem, págs. 216-17.

[6] Latourette, II, 749.

[7] Klotsche, pág., 224.

13

CUATRO ASPECTOS DE LA SALVACION

"Y esto erais algunos; mas ya habéis sido lavados, ya habéis sido santificados, ya habéis sido justificados en el nombre del Señor Jesús, y por el Espíritu de nuestro Dios" (1 Corintios 6:11).

La salvación que Dios proporciona curará todos los problemas que han sido creados por el pecado. Ultimamente, restaurará todo lo que fue perdido por Adán y aun más (Romanos 5:15-21) y nos hará de nuevo en la imagen de Cristo (Romanos 8:29; 1 Juan 3:2).

Este capítulo habla de cuatro aspectos mayores de la salvación: la justificación, la regeneración, la adopción, y la santificación.

La Justificación

La justificación es el hecho por el cual Dios declara le declara justo al pecador. El pecador no llega a ser justo en sí mismo en ese momento, mas Dios le considera o cuenta como justo, sin considerar sus pecados pasados. La justificación es un término legal que denota un cambio de posición con relación a Dios.

La justificación consiste en dos elementos: (1) Dios perdona al pecador y quita la culpa y la pena asociadas con sus pecados (Romanos 4:6-8; 8:1). (2) Dios imputa (transfiere) la justicia de Cristo al pecador, para que él pueda participar de todo lo que el Cristo puro tiene derecho a recibir debido a Su justicia (Romanos 3:22; 4:3-5; 2 Corintios 5:20-21). Como resultado de esta obra doble, el hombre justificado es reconciliado completamente a Dios (Romanos 5:1, 9-10) y tiene derecho a heredar todas Sus promesas, incluso la vida eterna (Romanos 5:9; 8:30; Gálatas 3:10-14; Tito 3:7).

La justificación que nos fue comprada por la sangre de Cristo tiene su origen en la gracia de Dios: "Siendo justificados gratuitamente por su gracia, mediante la redención que es en Jesucristo, a quien Dios puso como propiciación por medio de la fe en su sangre" (Romanos 3:24-25). Solo viene por fe en Jesucristo y no por las obras de la ley: "Concluimos, pues, que el hombre es justificado por fe sin las obras de la ley" (Romanos 3:28); "Mas al que obra, no se le cuenta el salario como gracia, sino como deuda" (Romanos 4:5).

La sangre de Cristo representa Su obra redentora total, lo que incluye Su muerte (que reunió los requisitos de la ley de Dios) y Su resurrección (sin la cual Su muerte no habría tenido efecto). "Sino también con respecto a nosotros a quienes ha de ser contada, esto es, a los que creemos en el que levantó de los muertos a Jesús, Señor nuestro, el cual fue entregado por nuestras transgresiones, y resucitado para nuestra justificación" (Romanos 4:24-25). La gracia de Dios es la fuente de la justificación, la sangre de Cristo (la muerte, la sepultura, y resurrección) es la base de la justificación, y la fe es la condición sobre la cual recibimos la justificación.

Puesto que la justificación viene por la fe, ocurre cuando una persona ejerce plenamente la fe salvadora, que incluye la obediencia al evangelio (capítulo 2). Por tanto, la obra completa de la justificación viene por la fe cuando uno se arrepiente, se bautiza en el nombre de Jesús, y recibe el Espíritu Santo.

En 1 Corintios 6:9-10 Pablo enumeró diez categorías de personas injustas que no heredarán el reino de Dios. Dijo a continuación: "Y esto erais algunos, mas ya habéis sido lavados, ya habéis sido santificados, ya habéis sido justificados en el nombre del Señor Jesús, y por el espíritu de nuestro Dios" (1 Corintios 6:11). En otras palabras, la justificación ocurrió cuando fueron bautizados en el nombre de Jesús y bautizados con el Espíritu Santo. Aunque este versículo no menciona específicamente la palabra *bautismo*, *Diccionario Smith de la Biblia* dice que se refiere al bautismo: "Generalmente se cree que aquí hay una alusión a ser bautizado en el nombre del Señor Jesucristo . . . [La] referencia al bautismo parece incuestionable."[1] Un teólogo bautista afirmó que, "La voz de erudición es unánime en afirmar la asociación con el bautismo."[2]

Un examen mas al fondo de los propósitos del arrepentimiento, del bautismo en agua, y del bautismo del Espíritu demuestra que la obra de la justificación se desarrolla en los tres. En el arrepentimiento, el hombre y Dios comienzan a formar una relación personal, lo que establece un fundamento para el bautismo en agua y el bautismo del Espíritu. En el bautismo en agua, Dios perdona el pecado (Hechos 2:38) que corresponde al primer elemento de la justificación.

El Espíritu Santo imparte la justicia de Cristo, porque

el Espíritu es Cristo en nosotros: "Para que la justicia de la ley se cumpliese en nosotros, que no andamos conforme a la carne, sino conforme al Espíritu" (Romanos 8:4); "Mas vosotros no vivís según la carne, sino según el Espíritu, si es que el Espíritu de Dios mora en vosotros. Y si alguno no tiene el Espíritu de Cristo, no es de El. Pero si Cristo está en vosotros, el cuerpo en verdad está muerto a causa del pecado, mas el espíritu vive a causa de la justicia" (Romanos 8:9-10). El Espíritu que mora en nosotros nos da el derecho de recibir la salvación futura (Romanos 8:11). Por medio del Espíritu quedamos calificados para recibir las bendiciones y las promesas de Dios (Romanos 8:15-17; Gálatas 3:14). En resumen, el bautismo del Espíritu corresponde al segundo elemento de la justificación.

La obra de la justificación empieza con el arrepentimiento inicial de los pecados y se hace completa cuando uno es bautizado de agua y del Espíritu. Por tanto, la justificación es instantánea desde el momento de completar el nuevo nacimiento. Sería incorrecto identificar a la justificación con un solo aspecto del nuevo nacimiento, porque el nuevo nacimiento debe ser considerado como una sola obra en conjunto. Sin embargo, en un cierto sentido, la justificación está disponible en una base continua para los que cometen pecados después de la experiencia del nuevo nacimiento y se arrepienten de ellos.

La Regeneración

La regeneración significa un nuevo nacimiento. Es más que una reformación de la naturaleza vieja; el hombre regenerado recibe una naturaleza nueva y santa que tiene poder sobre la naturaleza vieja y pecadora. El nuevo nacimiento incluye dos elementos: (1) La destrucción del poder de la naturaleza vieja (2 Corintios 5:17) y (2) La recepción de una nueva naturaleza que es realmente la naturaleza de Dios mismo (Efesios 4:24; Colosenses 3:10; 2 Pedro 1:4).

La nueva naturaleza trae un cambio de deseos y actitudes (Efesios 4:23-32) y el poder de vivir una vida nueva (Hechos 1:8; Romanos 8:4). El nuevo nacimiento no elimina la naturaleza pecaminosa. El cristiano tiene dos naturalezas: la carne (la naturaleza pecaminosa o carnal) y el Espíritu. Si anda conforme a los deseos de la carne o depende del poder de la carne, no puede vivir una vida santa y victoriosa (Romanos 7:21-25; 8:12-13; Gálatas 5:19-21). Si anda conforme al Espíritu, puede disfrutar una vida de victoria sobre el pecado (Romanos 8:1-4; Gálatas 5:22-23; 1 Juan 3:9). Nadie puede ser salvo sin la obra de la regeneración en su vida (Juan 3:3-7; Gálatas 6:15).

La regeneración tiene su origen en la gracia de Dios (Juan 1:13; Tito 3:5; Santiago 1:18) y viene por la fe del individuo (Juan 1:12-13). Somos engendrados (o concebidos) por la Palabra de Dios, es decir, el evangelio de Jesucristo (1 Corintios 4:15; Santiago 1:18; 1 Pedro 1:23). El oír la Palabra siembra la semilla de nuestra salvación, pero para que ésta pueda desarrollarse en el nuevo nacimiento tenemos que responder con fe por obedecer a Hechos 2:38. En el arrepentimiento y el bautismo en agua, nuestro hombre viejo se muere y es sepultado, significando esto que son destruidos nuestro viejo estilo de vida y el dominio del pecado sobre nosotros (Romanos 6:1-7). El bautismo del Espíritu Santo imparte la nueva naturaleza y el poder permanente de mantener muerto al hombre viejo (Romanos 8:8-9, 13). Así entonces el bautismo en agua y el bautismo del Espíritu corresponden a los dos elementos de la regeneración, y los dos son parte del nuevo nacimiento.

La regeneración, entonces, ocurre en el momento que nos arrepentimos, somos bautizados en el nombre de Jesús, y recibimos el Espíritu Santo. La obra de la regeneración nos beneficia a lo largo de nuestra vida cristiana al darnos los deseos piadosos, la dirección espiritual, y el poder de vencer el pecado diariamente.

La Adopción

La adopción es el hecho de escoger y de poner a un niño. La regeneración indica que somos hijos de Dios por medio de un nuevo nacimiento espiritual. La adopción significa que nos llegamos a ser los hijos adultos de Dios y herederos por Su opción consciente. La adopción, entonces, se refiere a nuestra posición como hijos de Dios con todos los derechos asociados con ese estado.

En Gálatas 4:1-7, Pablo hizo contraste entre la vida bajo la Ley antes de Cristo y la vida en el Espíritu después de Cristo. Antes de la muerte de Cristo, la gente vivía en la esclavitud al mundo. El pueblo de Dios vivía bajo sumisión a la Ley, así como un niño que todavía no ha llegado a ser mayor de edad vive bajo el mando de guardianes y tutores. Sin embargo, después de la obra redentora de Cristo, los hijos de Dios llegaron a ser mayores de edad, recibieron el Espíritu de Cristo, y recibieron el derecho a la herencia que Dios siempre había planeado para ellos. Pablo usó la palabra *adopción* para describir este cambio de estado, puesto que una adopción confiere derecho y privilegios a alguien que nunca antes los había disfrutado.

En Romanos 8:14-17, Pablo usó la analogía de la

adopción en una manera algo diferente. En nuestra conversión, fuimos adoptados en la familia de Dios y llegamos a ser hermanos y hermanas menores del hombre Cristo. Como los hijos adoptivos, obtenemos todos los privilegios y derechos legales de un hijo nacido natural. Cristo es el unigénito del Padre y el único que originalmente tenía derecho a ser un heredero, pero por la adopción nosotros también llegamos a ser herederos del Padre y, por consiguiente, coherederos con Jesucristo.

Todavía no hemos heredado todo los beneficios de la adopción. Todavía estamos esperando la revelación completa de nuestra posición como hijos de Dios y la redención de nuestros cuerpos físicos (Romanos 8:23).

La adopción tiene su origen en la gracia y la elección de Dios (Efesios 1:4-5) y viene por medio de la fe (Gálatas 3:26). Las Escrituras indican que la adopción ocurre por medio del bautismo en agua y el bautismo del Espíritu, porque esto es lo que nos coloca en la familia de Dios: "Porque todos los que habéis sido bautizados en Cristo, de Cristo estáis revestidos" (Gálatas 3:26-27); "Porque por un solo Espíritu fuimos bautizados en un cuerpo" (1 Corintios 12:13); "Pues no habéis recibido el espíritu de esclavitud para estar otra vez en temor, sino que habéis recibido el espíritu de adopción, por el cual clamamos: ¡Abba, Padre!" (Romanos 8:15). El Espíritu es tanto el agente de la adopción como el primer beneficio de la adopción.

La adopción a la familia de Dios, por tanto, ocurre instantáneamente en el momento del nuevo nacimiento. En un sentido, puesto que ya somos llamados los hijos de Dios, es un evento pasado (1 Juan 3:1). Ya disfrutamos las primicias de nuestra herencia que es el Espíritu de Dios (Romanos 8:23; Gálatas 4:6; Efesios 1:13-14), y tenemos la certeza de una herencia futura. Sin embargo, en otro sentido la adopción es todavía futura. Estamos siempre esperando la revelación de nuestra posición ante toda la creación, la redención de nuestros cuerpos, y la plenitud de nuestra herencia. Recibiremos todas estas cosas cuando regrese Cristo.

La Santificación

La santificación significa literalmente la separación. En el contexto de nuestra discusión presente, es básicamente equivalente a la santidad, lo cual significa la separación del pecado y la consagración a Dios. En el nuevo nacimiento, Dios nos separa del pecado (1 Corintios 6:11), pero esto es solo el comienzo del proceso. Dios sigue obrando en nosotros para perfeccionarnos y hacernos santos. La Biblia enseña que podemos alcanzar la madurez y la perfección en esta vida (2 Corintios 3:18; 7:1; Efesios 4:11-15; 2 Pedro 3:18). Esta no es la perfección absoluta y sin pecado ejemplificada por Jesucristo, sino una perfección relativa, porque la naturaleza pecaminosa y la posibilidad de pecar siempre moran en nosotros.

Podemos todos ser igualmente perfectos en un sentido relativo aunque podemos haber logrado diferentes niveles en un sentido absoluto, tal como dos niños en etapas diferentes de desarrollo pueden ser absolutamente normales y sanos. Dios evalúa nuestras vidas en base de dónde hemos venido, cuáles son nuestras capacidades, lo que El nos ha dado, y cuál es nuestro potencial (Mateo 13:23; 25:14-30). El espera que experimentemos por un proceso de crecimiento (Marcos 4:26-29). Si hemos nacido de nuevo, si crecemos a un ritmo debido en nuestra relación con Dios, si usamos todo lo que Dios nos ha dado, si vivimos una vida arrepentida, y si llegamos a ser progresivamente más y más como Jesucristo, podremos ser perfectos en Sus ojos. La meta que El nos ha dado y la cual debemos esforzarnos a alcanzar es la perfección absoluta (Mateo 5:48). Si nos sometemos al proceso de santificación, últimamente Jesucristo nos transformará en la perfección absoluta y pura en Su venida (Filipenses 3:12-14; 1 Tesalonicenses 3:13; 1 Juan 3:2).

Nuestra santificación viene por gracia por medio de la fe, en base del sacrificio de Cristo (Hechos 26:18; 1 Tesalonicenses 5:23; Hebreos 10:10). La obra inicial de la santificación sucede en el momento del arrepentimiento, del bautismo en agua, y del bautismo del Espíritu (1 Corintios 6:11). La obra seguida de la santificación viene por la operación del Espíritu que mora en nosotros (2 Tesalonicenses 2:13; 1 Pedro 1:2) al vivir nosotros por la fe a diario (Romanos 1:17).

En resumen, en primer lugar la santificación es un obra instantánea que ocurre cuando nacemos de nuevo, cuando primeramente somos separados del pecado para Dios. La santificación sigue progresivamente a lo largo de la vida cristiana y se hará completa al venir Cristo por la iglesia.

El Plan Eterno de Salvación de Dios

Romanos 8:28-30 describe cinco pasos en el divino plan eterno de salvación para la humanidad caída:

(1) *La Presciencia*. Dios sabía de antemano que la humanidad pecaría y que necesitaría la salvación. El también sabía de antemano que cuando El les proporcionara la salvación, algunos lo aceptarían.

(2) *La Predestinación.* Ya que Dios sabía de antemano que habría esta reacción, desde la fundación del mundo El planeó proveer la salvación por medio del sacrificio expiatorio de Cristo (1 Pedro 1:18-20; Apocalipsis 13:8). Los que escogen el plan de Dios son predestinados a ser conformados a la semejanza de Jesucristo. La iglesia tiene el mandamiento de ser exitosa, pero cada individuo tiene que escoger si va a ser parte o no de este plan preordenado.

(3) *El Llamamiento.* Poniendo Su plan en acción, Dios ha extendido un llamamiento a toda la humanidad ("a todo aquel que quiere") a ser parte de Su plan. Romanos 8 habla de un llamamiento eficaz, y solamente los que realmente responden al llamado universal de Dios pueden actualmente llegar a ser parte de la iglesia (*ekklesia* en el griego, que significa literalmente "los llamados fuera").

(4) *La Justificación.* Dios entonces justifica a los que aceptan Su llamamiento. Los declara justos y esto les da el derecho a todo los beneficios de la salvación.

(5) *La Glorificación.* El último paso es la glorificación. Esta es la última obra de la santificación. Romanos 8 habla de ella en el tiempo pasado porque en la mente de Dios es un evento predestinado y absolutamente cierto para Su iglesia. En ese momento recibiremos cuerpos glorificados con naturalezas completamente perfectas y puras. Cuando el plan de Dios esté completo, tendremos liberación completa y eterna de todo el poder y de los efectos del pecado.

En Resumen

Este capítulo ha investigado a cuatro aspectos importantes de nuestra salvación: (1) la justificación, el hecho por lo cual Dios nos declara ser justos; (2) la regeneración, el hecho por el cual nacemos de nuevo y recibimos una nueva naturaleza; (3) la adopción, el hecho por el cual somos puestos en la familia de Dios y escogidos como Sus herederos; y (4) la santificación, el hecho por el cual somos separados del pecado, y el proceso por el cual realmente llegamos a ser justos.

Todas estas obras de la salvación tienen su origen en la gracia de Dios, son adquiridas por la sangre de Jesucristo, y llegan a nosotros por medio de la fe en Jesucristo. Además, los cuatro ocurren cuando nos arrepentimos, nos bautizamos en el nombre de Jesús, y somos llenos del Espíritu Santo. Entonces nuestro estudio ha reafirmado dos verdades básicas: (1) La salvación es por gracia por medio de la fe y (2) tanto el bautismo en agua como el bautismo del Espíritu son parte de la experiencia de la salvación.

La justificación, la regeneración, la adopción, y la obra inicial de la santificación ocurren todas simultáneamente con la experiencia del nuevo nacimiento. Las hemos descrito como obras instantáneas, en reconocimiento del hecho de que Dios considera que el nuevo nacimiento es una sola cosa. Puesto que la Biblia enseña la unidad del bautismo en agua y el bautismo del Espíritu (capítulo 4), creemos que la obra no está completa hasta que ambos bautismos ocurran. El modelo normativo en los Hechos es que ambos ocurren juntos (Hechos 2:38; 10:44-48; 19:1-6).

Si la gente tiene fe y es enseñada a esperar el bautismo del Espíritu en el momento del bautismo en agua, sucederá así como sucedió en los días de los apóstoles. O ellos se bautizarán en el nombre de Jesús y recibirán el Espíritu al subir de las aguas del bautismo (Hechos 19:1-6), o recibirán el Espíritu e inmediatamente obedecerán el mandamiento de ser bautizados en el nombre de Jesús (Hechos 10:44-48).

En vista de esto, hemos basado nuestra discusión en el caso típico de uno que se arrepiente, es bautizado en agua, y es bautizado con el Espíritu, todos al mismo tiempo. Es maravilloso ver cómo Dios ha diseñado que se cumplieran todos los varios aspectos de salvación cuando obedecemos el mensaje sencillo de Juan 3:5 y Hechos 2:38.

NOTAS

[1] "El Bautismo," *SDB*, , 238.
[2] Beasley-Murray, pág., 163.

14

UNA RESPUESTA HONESTA

Al final de este libro volvemos a nuestra pregunta original: "¿Qué debo hacer para ser salvo?" La respuesta del Nuevo Testamento es que debemos ejercer fe en el Señor Jesucristo, por arrepentirnos de nuestros pecados, bautizarnos en el nombre de Jesús para perdón de nuestros pecados, recibir el Espíritu Santo con la señal inicial de hablar en lenguas, y vivir una vida santa y separada por el poder del Espíritu que mora en nosotros.

Todas las avenidas de estudio bíblico nos guían a esta respuesta. La Biblia presenta esta respuesta en respuesta a las preguntas directas en cuanto a la salvación (capítulo 1). Esta es la definición bíblica de la fe salvadora (capítulo 2). Este es el evangelio de Jesucristo, puesto que aplica Su muerte, Su sepultura, y Su resurrección a nuestras vidas, y es el evangelio que ha sido proclamado por todos los predicadores del Nuevo Testamento (capítulo 3). Este es el nuevo nacimiento, que consiste del agua y del Espíritu (capítulo 4).

El arrepentimiento es una vuelta del pecado a Dios, e involucra el intelecto, las emociones y la voluntad, e incluye el reconocimiento del pecado, la confesión del pecado, la contrición por el pecado y una decisión de abandonar al pecado (capítulo 5). El modo correcto para el bautismo cristiano en agua es por inmersión en el agua, y Dios perdona los pecados del creyente arrepentido en ese momento (capítulo 6). La fórmula correcta para el bautismo cristiano en agua incluye una invocación verbal del nombre de Jesús, puesto que Jesús es el único nombre salvador y el nombre más exaltado por el cual Dios se ha revelado a la humanidad (capítulo 7). El bautismo del Espíritu Santo es parte de la salvación, puesto que Dios imparte Su Espíritu al creyente en ese momento (capítulo 8). La evidencia bíblica del bautismo del Espíritu es el hablar en lenguas. El hablar en lenguas también está disponible como un don a los creyentes que son llenos del Espíritu, siendo tanto para la edificación personal del creyente como también para la edificación de la congregación (capítulo 9).

No sólo los apóstoles predicaban este mensaje, sino la iglesia post apostólica temprana también lo predicaba. Además, este mensaje ha aparecido a lo largo de la historia de la iglesia, y ha disfrutado de un avivamiento notable en el siglo XX (capítulos 10 y 11).

La Biblia no presenta ninguna excepción bien definida a este mensaje del evangelio completo. Como resultado, no debemos estar satisfechos con recibir o predicar nada menos (capítulo 12).

Las varias obras de la salvación, incluyendo la justificación, la regeneración, la adopción, y la santificación, todas se manifiestan en nuestras vidas cuando obedecemos al evangelio por completo (capítulo 13). Sin embargo, la experiencia del nuevo nacimiento es solo el principio de la relación de un cristiano con Dios. Después de esto él debe seguir andando por la fe y viviendo una vida santa y separada del pecado para poder disfrutar la salvación eterna en el futuro. (Véase *En Busca de la Santidad*, por Loretta Bernard y David Bernard.)

No rechazamos a los que no han recibido la experiencia neotestamentaria, sino simplemente les animamos que reciban lo que Dios tiene para ellos. En vez de perder tiempo en preguntas negativas tales como, "¿Tengo que recibir esto?," debemos más bien preguntar, "¿Es esto disponible para mí en el día de hoy?" y "¿Quiere Dios que yo reciba esto?" Vivir para Dios no debe ser una cuestión de requisitos mínimos para la salvación. En cambio, debemos buscar activamente agradarle en toda manera posible y hacer Su voluntad perfecta.

Nuestra experiencia y doctrina deben conformarse al modelo bíblico completo y apostólico. Los que sirven a Dios sin cumplir este modelo tendrán que responder a Dios. Nuestra responsabilidad está clara: debemos actuar sobre lo que sabemos es la verdad.

A veces la gente pregunta, "¿Voy al infierno si no he recibido la experiencia neotestamentaria?" No tratamos de actuar como si fuéramos Dios ni en base de nuestra propia autoridad juzgar la salvación final de nadie. Sin embargo, podemos y debemos presentar la Palabra de Dios. Cuando analizamos la Palabra de Dios, aprendemos que Dios ha instruido a todos a obedecer el mensaje sencillo de la salvación. Las palabras de Pedro todavía son verídicas en el día de hoy: "Arrepentíos, y bautícese cada uno de vosotros en el nombre de Jesucristo para perdón de los pecados; y recibiréis el Espíritu Santo. Porque para vosotros es la promesa, y para vuestros hijos, y par todos los que están lejos; para cuantos el Señor nuestro Dios llamare" (Hechos 2:38-39).

En conclusión, hemos presentado honestamente nuestra comprensión de la doctrina bíblica del nuevo nacimiento. En todo hemos procurado determinar el verdadero mensaje de la Palabra de Dios, y hemos orado que Su Espíritu iluminara Su Palabra. Nuestra presentación doctrinal afirma que la muerte expiatoria, la sepultura, y la resurrección de Jesucristo son la única base necesaria y suficiente para nuestra salvación, y que somos salvos por gracia por medio de la fe en el Señor Jesucristo. La aplicación de la gracia y la expresión de fe se nos vienen cuando obedecemos de corazón la doctrina que nos fue entregada de la Palabra de Dios, y experimentamos el nuevo nacimiento de agua y del Espíritu.

BIBLIOGRAFIA

Asimov, Isaac. *El Cuerpo Humano.* Nueva York: The New American Library, Inc., 1963.
Bainton, Roland. *Here I Stand.* Nashville: Abingdon, 1978.
"Bautismo," *Un Diccionario de la Biblia.* James Hastings (el ed.). Nueva York: Charles Scribner's Sons, 1898.
"Bautismo," *Diccionario Del Intérprete De La Biblia.* Nashville: Abingdon, 1962.
"Bautismo," *El Diccionario Smith De La Biblia.* H. B. Hackett (el ed.). 1870, Rpt. Grand Rapids: Baker Book House, 1971.
"Bautismo (Cristiano Temprano)," *Enciclopedia De Religión Y Etica.* James Hastings (ed.). Nueva York: Charles Scribner's Sons, 1951.
Barrett, David (el ed.). *Enciclopedia Cristiana Del Mundo.* Nueva York: Oxford University Press , 1982.
Basham, Don. *Encuéntrese Con Un Milagro.* Springdale, PA.: Whitaker House, 1967.
Beall, Santiago Lee. *Suba A Una Nueva Vida.* Detroit: Evangel Press, 1974.
Beasley-Murray, G., R. El Bautismo En El Nuevo Testamento. Grand Rapids: Eerdmans, 1962.
Bernard, David. *La Unicidad De Dios.* Hazelwood, Mo.: Word Aflame Press, 1983.
Bernard, Loretta y Bernard, David. *En Busca De La Santidad.* Hazelwood, Mo.: Word Aflame Press, 1981.
Bethune-Baker, J., F. *Una Introducción a la Historia Temprana de la Doctrina Cristiana.* Londres: Methuen Y Cía., 1933.
Biblia Amplificada, La. Grand Rapids: Zondervan, 1965.
Bloesch, Donald. *Esenciales de la Teología Evangélica.* San Francisco: Harper & Row, 1978.
Bonhoeffer, Dietrich. *El Costo Del Discipulado,* 2 ed., trad. R. H. El Fuller. Nueva York: Macmillan, 1959.
Bousset, Wilhelm. *La Cristiandad Kirios—Una Historia de la Creencia en Cristo del Principio de la Cristiandad a* Ireneo, 5 ed., trad. John Steely. Nueva York: Abingdon, 1970.
Brinton, Crane et al. *Una Historia de la Civilización,* 3 ed. Englewood Cliffs, N., J.: Prentice-Hall, 1967.
Bruce, F., F. *Respuestas a Preguntas.* Exeter, U., K.: Paternoster Press, 1972.

Brumback, Carl. *¿Qué Quiere Decir Esto?* Springfield, Mo.: Gospel Publishing House, 1947.
Buswell, Santiago Jr., *Una Teología Sistemática De La Religión Cristiana*. Grand Rapids: Zondervan, 1980.
"Camisardos," *Enciclopedia De Religión Y Etica*.
"Carismata," *Enciclopedia De Religión Y Etica*.
Chalfant, William. *Antiguos Campeones De La Unicidad*. Hazelwood, Mo.: Word Aflame Press, 1982.
Clark, Elmer. *Las Sectas Pequeñas en América*. Nashville: Cokesbury Press, 1937.
Clarke, Adam. *Comentario Sobre La Biblia*, abr. por Ralph Earle. Grand Rapids: Baker Book House, 1967.
"*Contando Cada Alma en el Mundo*," Revista Time. 3 de mayo de 1982.
Dalton, Robert. *Lenguas Repartidas Como De Fuego* (Springfield, Mo.: Gospel Publishing House, 1945.
Danielou, Jean. *El Desarrollo de la Doctrina Cristiana Antes del Concilio de Nicea, Vol. I: La Teología de la Cristiandad Judía*, el ed. y trad. Juan Baker. Londres: Darton, Lonman, y Todd, 1964.
Demarest, Bruce, "Cómo Conocer Al Dios Vivo," *Christianity Today*. 18 de marzo de 1983.
"Don De Hablar En Lenguas, El," *Un Diccionario de la Biblia*.
"Don De Hablar En Lenguas, El," *Diccionario Smith de la Biblia*.
Dowley, Tim et al (el eds.). *Manual Eerdmans A La Historia De La Iglesia*. Grand Rapids: Eerdmans, 1977.
Dugas, Pablo, (el ed. y compensador.). *La Vida Y Las Escrituras Del Anciano G. T. Haywood*. Stockton, Ca.: WABC The Apostolic Press, 1968.
Eaves, Santiago. "Siete Pasos A La Seguridad Bendita," *Fulness*. Noviembre-Diciembre de 1980.
Erdman, Charles. *La Epístola De Pablo A Los Romanos*. Filadelfia: La Prensa De Westminster, 1966.
Evans, William. *Grandes Doctrinas De La Biblia*. Chicago: Moody Press, 1974.
Ewart, Frank. El Fenómeno del Pentecostés, ed. rev. Hazelwood, Mo.: Word Aflame Press, 1975.
Fauss, Oliver. *El Bautismo En El Plan De Dios*. San Luis: Pentecostal Publishing House, 1955.
Fauss, Oliver. *Compra La Verdad Y No La Vendas*. San Luis:

Pentecostal Publishing House, 1965.
Flora, Cornelia Butler. *El Pentecostalismo En Colombia: Bautismo por Fuego y por el Espíritu.* Cranbury, N. J.: Associated University Presses, 1974.
Foster, Fred. Su Historia: *Los Pentecostales Del Siglo Veinte.* Hazelwood, Mo.: Word Aflame Press, 1981.
Frodsham, Stanley. *Con Señales Siguiéndoles.* Springfield, Mo.: Gospel Publishing House, 1941.
Fuller, David Otis (ed.). *¿Falsificación o Genuino? ¿Marcos 16? ¿Juan 8?* Grand Rapids: Grand Rapids International Publications (Kregel, Inc.), 1975.
Fuller, David Otis (el ed.) *¿Cuál Biblia?* Grand Rapids: Grand Rapids International Publications (Kregel, Inc.), 1975.
Geisler, Norman y Nix, William. *Una Introducción General A La Biblia.* Chicago: Moody Publishing House, 1968.
González, Justo. *Una Historia Del Pensamiento Cristiano.* Nashville: Abingdon, 1975.
Hall, William Phillips, *Un Descubrimiento Bíblico Notable o "El Nombre De Dios Según Las Escrituras.* 1929; Rpt. San Luis: Pentecostal Publishing House, 1951.
Hamilton, Miguel. *El Movimiento Carismático.* Grand Rapids: Eerdmans, 1977.
Heick, el Otto. *Una Historia Del Pensamiento Cristiano.* Filadelfia: La Prensa La Fortaleza, 1965.
Henry, Matthew. Comentario. Old Tappan, N., J.: Fleming H. Revell, n.d.
Hesselgrave, David. *Comunicando A Cristo entre las Culturas.* Grand Rapids: Zondervan, 1978.
Hoekema, Antonio. *El Bautismo Del Espíritu Santo.* Grand Rapids: Eerdmans, 1972.
Hoekema, Antonio. *¿Qué Del Hablar En Lenguas?* Grand Rapids: Eerdmans, 1966.
Hollenweger, Walter. Los *Pentecostales*, trad. R. À. Wilson. Minneapolis: Augsburg Publishing House, 1972.
"Iglesias Pentecostales," *Enciclopedia Britannica.* Chicago: William Benton, 1976.
Informes Financieros, Iglesia Pentecostal Unida Internacional, Año que terminó el 30 de junio de 1983. Hazelwood, Mo.: Pentecostal Publishing House, 1983.
"Irving y las Iglesias Apostólicas Católicas," *Enciclopedia De*

Religión Y Etica.
Klotsche, E., H. *La Historia De La Doctrina Cristiana*, ed. rev. Grand Rapids: Baker Book House, 1979.
Lange, Juan Pedro. *Comentario Sobre Las Sagradas Escrituras.* Grand Rapids: Zondervan, 1960.
"*Las Iglesias En La China: Floreciendo De Casa En Casa,*" Christianity Today. El 18 de junio de 1982.
Latourette, Kenneth. *Una Historia de la Cristiandad.* Nueva York: Harper & Row, 1953.
Laurentin, René. *El Pentecostalismo Católico*, trad. Matthew J. O'Connell. Garden City, N. J.: Doubleday y Compañía, 1977.
Laurin, Robert. "*Interpretación Tipológica del Antiguo Testamento,*" en Bernard Ramm et al, *La Hermenéutica*. Grand Rapids: Baker Book House, 1967.
Marshall, Alfred (el ed.). *El Nuevo Testamento Interlineal Griego-Inglés.* Grand Rapids: Zondervan, 1958.
Melton, J. Gordon. *La Enciclopedia de Religiones Americanas.* Wilmington, N. C.:
McGrath Publishing Company, 1978.
Morris, Henry III. *El Bautismo: ¿Cuán Importante Es?* Denver: Accent Books, 1978.
Murk, W. H. *Cuatro Tipos de Bautismo en Agua.* San Pablo, Minn.: Northland Publishing Co., 1947.
Nicoll, W. Robertson (ed.). *La Biblia Del Expositor.* Grand Rapids: Eerdmans, 1956.
Padres Antenicenes, Los. Alexander Roberts y James Donaldson (eds.). Rpt. Grand Rapids: Eerdmans, 1977.
Padres Nicences y Postnicences, Los. Philip Schaff y Henry Wace (eds.). Rpt. Grand Rapids: Eerdmans, 1976.
Palmer, Donald. *The Explosion of People Evangelism.* Chicago: Moody Press, 1974.
Paterson, John. *La Verdad Real acerca del Bautismo en el Nombre de Jesús.* San Luis:
Pentecostal Publishing House, 1953.
Pentecostés, J. Dwight. *Las Palabras y Obras de Jesucristo.* Grand Rapids: Zondervan, 1981.
Piepkorn, Arthur. *Reseñas Biográficas en laCreencia: Los Cuerpos Religiosos de los Estados Unidos y Canadá.* San Francisco: Harper & Row, 1979.
Pugh, J. T. *Cómo Recibir el Espíritu Santo.* Hazelwood, Mo.:

Pentecostal Publishing House, 1969.
Reed, David Arthur. *Orígenes y Desarrollo de la Teología de los Pentecostales de la Unicidad en los Estados Unidos.* Ann Arbor, Mich.: University Microfilms International, 1978.
Reynolds, Ralph. *La Verdad Triunfará.* Hazelwood, Mo.: Word Aflame Press, 1965.
Rushdoony, Rousas John. "*El Bautismo Y La Ciudadanía,*" Chalcedon Position Paper No. 37. Vallecito, Ca.: Chalcedon, n.d.
Sawatsky, Walter. *Los Evangélicos Soviéticos desde la Segunda Guerra Mundial.* Scottsdale, PA.: Herald Press, 1981.
Schaff, Felipe. *Historia de la Iglesia Cristiana,* 3ra ed. 1890; Rpt. Grand Rapids: Eerdmans, 1958.
Sherrill, John. *Hablan en Otras Lenguas.* Nueva York: McGraw Hill, 1964.
Smedes, Lewis. *Unión Con Cristo.* Grand Rapids: Eerdmans, 1983.
Snyder, Howard. *El Radical Wesley.* Downers Grove, Ill.: InterVarsity Press, 1980.
Solomon, Charles. "Rincón Del Consejero," *Fulness.* Noviembre - Diciembre de 1980. Spence, H. D. M. y Exell, José (eds.). *El Comentario del Púlpito.* Rpt. Grand Rapids: Eerdmans, 1977.
Strong, James. *Concordancia Exhaustiva De La Biblia.* Nashville: Abingdon, 1890.
Sweet, William. *La Historia de la Religión en América.* Grand Rapids: Baker Book House, 1950.
Synan, Vinson (ed.). *Aspectos de los Orígenes Pentecostales Carismáticos.* Plainfield, N. J.: Logos Internacional, 1975.
Synan, Vinson. *El Movimiento Pentecostal de Santidad en los Estados Unidos.* Grand Rapids: Eerdmans, 1971.
Tasker, R. V. G. (el ed.). *Los Comentarios Tyndale del Nuevo Testamento.* Grand Rapids: Eerdmans, 1960-80.
Tercer Nuevo Diccionario Internacional Webster del Idioma Inglés , íntegro. Felipe Gove et al (eds.). Springfield, MA.: G. & C. Merriam Co., 1976.
Thiessen, Henry. *Disertaciones sobre la Teología Sistemática.* Grand Rapids: Eerdmans, 1979.
Thomas, W. H. Griffith. *La Epístola de San Pablo a los Romanos.* Grand Rapids: Eerdmans, 1974.
Urshan, Andrew. *La Doctrina de la Fe Apostólica del Nuevo Nacimiento.* Portland, Or.: Apostolic Book Publishers, n.d.
Urshan, Andrew. *La Vida de Andrew Bar David Urshan.* Stockton,

Ca.: Apostolic Press, 1967.
Vaughan, Curtis (el ed.). *El Nuevo Testamento de 26 Traducciones.* Grand Rapids: Zondervan, 1967.
Vine, W. E. *Un Diccionario Expositorio de Palabras del Nuevo Testamento.* Old Tappan, N. J.: Fleming H. Revell, 1940.
Walker, Williston. *Una Historia de la Iglesia Cristiana.* Nueva York: Charles Scribner's Sons, 1947.
Weisser, Thomas. *Según el Camino Llamado Herejía.* N.P., 1981.
Wesley, John. *Las Obras de John Wesley*, 3ra. ed. Grand Rapids: Baker Book House, 1950.
"Y Ahora—Está Ocurriendo La Desprogramación De Los Cristianos," *Christianity Today.* 22 de abril de 1983.
Yang, John. *Las Doctrinas Esenciales en la Santa Biblia*, trad. M. H. Tsai, Taichung, Taiwán: Asamblea General de la Iglesia del Verdadero Jesús en Taiwán, 1970.

Índice de Referencia de Escrituras

Génesis
1:27   17
3:9-13 119
6:6   110
11:1-9 247
15:6   50
17:10-14 143
22:16-18 50
22:18   181
27:34-38 110

Exodo
4:24-26 143
7:10-12 251
12   48
12-14   84
12:43-44 143
19:10-11 84
19:16-19 236
25:10-22 86
25:23-40 85
26:33-35 85
27:1-8   84
29:1-7   86
30:1-10 85
30:17-21 85
30:20   137
40:6   84
40:7   85
40:17-35 86
40:36-38 86

Levítico
1:1-13   87
4:13-35 150
5:7-18   150
6:1-7   150
14   87
14:1-7   145
15   145
16:4, 24 144
17:14   160
17:15-16 145

19:22   150

Números
8:7   144
15:22-28 150
19   87, 145
19:1-5   145
19:9   145
19:13   145
19:20   145
31:1-18 87
31:21-24 88

Deuteronomio
21:1-8   150
30:14   60

Josué
5:2-9   143

1 Samuel
15:22   326

1 Reyes
8:29   167
8:30-50 150
8:46   16
18:33-39 87

2 Reyes
5:10-14 144

1 Crónicas
28:9   323

2 Crónicas
6:21-39 150
6:36   16
7:14   150

Esdras
2:61-62 168

Los Salmos
14:1-3   16
22:22   182
25:18   150
34:18   323
51:1-12 117
51:5   334
51:17   112, 323
100:5   321
110:4   110

Proverbios
20:9   16
22:6   335
28:13   111, 113

Eclesiastés
8:11   127

Isaías
9:6   187
28:11   297
28:11-12 78, 83, 227, 230, 231
42:8   185
43:25   112
52:6   185
64:6   16

Jeremías
1:5   206
17:9-10 326
29:13-14 323
31:31-33 203, 205, 206
31:34   105, 106

Ezequiel
11:19   105, 205, 207
18:30-32 119
33:11   120
36:25   91, 145
36:26   91, 145
39:29   207

Daniel
9:19 150

Joel
2:28 62, 206, 221
2:29 62, 206
2:30-31 62
2:32 62

Amós
7:2 150

Jonás
3:10 110

Habacuc
2:4 37, 52

Zacarías
14:9 185, 188

Mateo
1:21 182, 187-88, 193
3:1 203
3:1-11 120
3:2 82, 203
3:6 82, 130, 154
3:8 82, 154
3:11 75, 82, 87, 130, 198, 203, 207
3:15 131
3:16 134
4:6-7 232
4:17 82, 120
5:3 111
5:14 85
5:23-24 115
5:48 347
6:12-15 151
7:1-5 318
7:7 323
7:7-11 252
7:21-27 45, 47, 59, 250, 318, 327

8:4 220
8:29 46, 59
9:2-6 151
10:22 20
10:40-42 337
11:11-13 203
11:28 40
12:31-32 150
12:43-45 337
13:23 344
15:1-20 132
15:6 136
16:18 203
16:19 77
18:1-10 334
18:18-19 77
18:21 150
18:21-22 125
19:14 334
19:16-19 220
20:16 40
21:22 261, 282
22:11-14 127
22:14 40
23:1-3 220
23:23 63, 220
25:14-30 344
26:28 138, 151
28:18 169, 183, 192
28:19 82, 133, 177-81, 183-88, 192, 276-77, 282, 288
28:20 75-6, 180, 210

Marcos
1:2-4 130
1:4 75, 137, 151
1:4-5 112, 120
1:5 130, 134, 154
1:8 82, 100
1:9 134
1:10 123
1:14 23
1:15 54, 82, 120
2:7 112

2:17 111
3:29 151
4:12 150
4:26-29 346
6:12 120
7:1-23 132
7:8 136
9:39-40 318
9:41 337
11:22-24 261
12:30 109
12:38-40 337
16:8 234
16:9-20 233, 235
16:15-17 82
16:15-18 76, 180
16:16 55, 82, 129, 133, 139, 156
16:17-18 176, 210, 231-35, 246, 261
16:20 262-63

Lucas
1:15 206
1:41 206
1:57-63 168
1:67 206
1:77 151
2:21 168
3:3 82, 137, 151
3:3-4 130
3:3-9 120
3:7-8 114
3:8 75, 82, 154, 156
3:12-14 118
3:16 82, 206
4:4 85
4:18 151
5:32 111
6:37 318
7:28 202, 206
7:30 133
7:47 151
8:4-15 75

8:11	95, 328	3:9	91	20:23	152
10:19	233	3:16	20, 29, 40, 52	21:25	222
10:25-28	220	3:17	318		
11:13	82, 207, 222, 223	3:22	96-97, 132	**Hechos**	
		3:23	96, 134	1	15, 19
11:24-26	123	3:27	39	1:4-5	29, 76, 197, 209
12:42-48	337	4:1	93		
13:3	54, 75, 82, 108	4:1-2	96	1:5	195-96, 200
		4:1-3	132	1:8	76, 82, 122, 197, 209, 227, 343
13:3-5	75, 82, 120	4:14	93, 198, 208		
13:23-24	321	4:24	54, 195, 326		
13:25-27	327	5:28-29	331	1:12-26	212
15:11-32	116	5:39-40	319	2	25, 218, 229, 238-39, 243, 257
15:17	116	5:43	168, 182, 188, 193		
15:18-19	116				
15:20-21	116	6:44	39, 118	2:1-4	204, 212, 235
16:16	203	6:51	85	2:3	87, 235
17:3-4	112, 128	7:37-39	208	2:4	61, 76, 82, 87, 100, 195-97, 229-30, 236, 257, 265
17:14	220	7:38	54, 56, 99, 198		
17:20-21	23				
18:9-14	116	7:38-39	82, 99, 222-23		
19:8	114	7:39	29, 56, 204	2:5-11	213, 236
20:1-7	97	8:11	220	2:10	174, 213
23:34	150	8:12	85	2:11	239
24:46-49	76, 82	8:24	17, 75, 322	2:14	165, 179
24:47	120, 152, 180	11:39	148	2:14-40	77, 237
24:47-49	180, 204	12:42-43	45	2:16-18	100, 206, 212
24:49	203, 209	13:34-35	249	2:21	62, 169
		14:6	17, 322	2:25-32	332
Juan		14:6-11	172, 193	2:33	196-97, 204, 237
1:12	42, 343	14:12-14	77, 252, 261		
1:13	343	14:14	169	2:36-38	171
1:16-17	203	14:15	47	2:37	15, 25, 118, 137, 165, 179
1:17	63	14:16-17	86, 196		
1:25-34	96	14:16-18	76, 209	2:38	26, 76-78, 82-83, 101-02, 108, 110, 120, 122, 129, 133, 137, 149, 152-53, 156, 162, 164, 168, 178-81, 188, 192, 210, 212, 230, 284, 288, 327, 338, 341, 343, 349-50, 353
1:31	130	14:23	47		
1:31-34	131	14:26	86, 182, 188, 193, 209, 227		
1:33	207				
2:7	148				
2:23-25	45	15:1-14	20		
3	24, 92	15:7	261		
3:3	22, 90	15:26	209		
3:3-7	343	16:7	204, 209		
3:5	22, 74-75, 82	16:8	118		
3:5-8	99	16:13	190, 209, 227		
3:8	198, 245	17:6, 26	182		
		20:22	82, 209		

2:38-39	101, 197, 212, 353	8:36-39	83, 103, 134	14:3	260
		8:37	153, 155-156	15:1	238
2:39	221	8:39	28	15:11	19
2:41	55, 133, 165, 171, 212-13	9	79-80, 148, 214	15:17	175
				16	26, 28, 30, 222
3:6	170, 173, 176, 192	9:6	215		
		9:17	79, 82, 216	16:14-15	56
3:16	170, 172-73, 177	9:17-18	83, 261	16:15	134, 157
		9:18	56, 134, 216	16:25-33	146
3:19	78, 82-83, 120, 227, 230	10	36, 78, 148, 213, 215, 218, 238, 243	16:28	27
4:4	222			16:30	15
4:7	169, 192	10:1-2	323	16:30-31	28
4:8	198	10:3-6	323	16:31	28
4:10	169, 177, 192	10:24	157	16:31-33	157
4:12	30, 169, 193, 282	10:28	174	16:31-34	56, 83, 103
		10:34	36, 174	16:32-34	27
4:31	198, 213	10:34-48	79	16:33	134
5:3-4	195	10:43	152-153, 169, 172, 192	16:34	27, 157
5:31	149, 152			17:30	40, 54, 83, 120
5:32	223	10:44	40, 196		
6:3	198	10:44-46	157, 217, 237	18:8	40, 56, 134, 157
6:5	174, 198	10:44-47	197, 229		
6:7	46	10:44-48	78, 83, 101-102, 161, 350	18:24-28	327
6:8	260			19	214, 218, 239, 243
7:59	175	10:45	174, 196, 264		
8	218, 222, 240-41, 243	10:46	259, 264-65	19:1-5	130, 146, 190
		10:47	96, 153, 196	19:1-6	82-83, 102, 206, 210, 349
8:5	78	10:47-48	56, 134, 146	19:2	57, 79, 82, 197, 217
8:6-7	260	10:48	82, 165, 178, 188, 192		
8:6-16	214			19:3	79, 82, 217
8:12	40, 55, 78, 82, 126, 165, 171	11	213	19:4-5	171
		11:1-3	174	19:5	56, 79, 134, 165, 167, 188, 192
8:12-17	45, 161	11:13-14	324		
8:14-17	77	11:14	216		
8:15-16	82	11:14-17	157	19:6	79, 197, 217, 229, 238, 265
8:15-17	74, 83, 102	11:15	238		
8:16	133, 165, 167, 171, 178, 188, 192	11:15-17	28, 57, 101, 217, 222	19:14-17	173
				19:18	112
		11:15-18	83	22:16	61-62, 79, 82-83, 94, 98, 134, 140, 165, 169, 175
8:17	214	11:16-18	78		
8:18-19	45	11:17	83		
8:21-23	46	11:18	110, 117, 174		
8:22	151	13:9	198	26:18	109, 152, 347
8:26-39	146	13:38	152	26:20	109, 114, 120
8:35-38	56, 134	13:38-39	37	28:1-6	232

Romanos

1:5	46
1:16	20, 88
1:17	20, 37, 52, 347
1:19-20	39, 322
1:21	322
1:32	323
2:4	40, 117, 127
2:6-16	337
2:12-16	16, 120, 323
2:16	317
2:25	143
2:29	63
3:3-4	321
3:9	16
3:10	16, 323
3:10-12	39, 325
3:19	16
3:20	323
3:20-25	38
3:21-31	36
3:22	340
3:23	16, 323, 325
3:23-26	18
3:24-25	34, 340
3:25	64, 106
3:27-28	325
3:28	340
4	38
4:1-3	50
4:3-5	340
4:5	340
4:6-8	340
4:7	150
4:11-16	63
4:12	143
4:16-17	53
4:16-22	63
4:18-21	51
4:24-25	204, 340
4:25	61
5:1	340
5:5	227, 299
5:9	340
5:10	19, 61, 340
5:12-21	334, 339
6	74
6:1-2	35, 71
6:1-4	162
6:1-7	343
6:1-14	71
6:2	72
6:3	142, 166, 178, 192
6:3-4	73, 79, 83, 102, 142, 162
6:3-5	65, 70, 159, 272
6:4	74, 134-135, 166, 192
6:4-5	61, 74
6:11	74
6:15	35
6:23	16
7:6	94, 83, 106
7:7-25	106
7:15-25	123
7:21-25	343
8	86, 348
8:1	126
8:1-4	343
8:2	74
8:2-4	106, 123
8:3	106
8:3-4	36, 205, 207, 343
8:4	199, 227, 249, 342
8:8-9	343
8:9	74, 195, 197, 201, 210, 215, 226
8:10	123
8:11	74, 227, 342
8:12	343
8:13	72, 123, 227
8:14	249
8:14-17	344
8:15	226, 342, 345
8:16	226, 245, 342
8:17	342
8:23	19, 345
8:24	21
8:26-27	227
8:28-30	347
8:29	131, 339
8:30	19
8:32	34
9:14-24	319
9:15	318
9:30-33	63
10:7	332
10:8-10	59-61
10:9-10	245
10:9-13	30
10:9-17	319
10:12	62
10:13	59, 61-62
10:13-17	148, 325
10:16	47, 59
10:17	40, 119
11:22	21
11:29	250
12:3	39
13:11	19
14:17	23, 28, 83, 210, 227
15:18	46
16:26	46

1 Corintios

1:2	252, 261-62
1:7	261-62
1:11-13	147
1:13	166-67, 188, 192
1:14-16	147
1:17	147
1:18, 21	148
1:25-29	246
3:11-15	337
3:16-17	167, 195
4:15	343
6:9-10	341
6:11	80, 83, 140, 226, 339, 341, 347

6:19-20	195	14:27	264	4:1-7	344
7:14	335	14:28	266	4:5-6	226
10:1-2	83-4	14:31	256	4:6	345
11:4-5	239	14:32-33	256	5:4	21
11:5-6	256	14:34-35	256	5:16-17	71
12	229, 252-53, 256, 295, 297-98	14:36-38	256	5:16-18	106
		14:39	256	5:19-21	343
		14:40	256	5:22	39
12:1-4	229, 252, 256	15	74, 158	5:22-23	227, 249, 343
12:1	253	15:1-2	21	6:15	343
12:2	253	15:1-4	65, 69		
12:3	48, 61, 245, 253	15:29	158	**Efesios**	
		15:31	72	1:4-5	345
12:4-11	253	15:51-57	19	1:7	152
12:8-10	242, 252, 261, 266			1:13	57, 226
		2 Corintios		1:13-14	23, 86, 226, 345
12:8-11	297	2:10	150		
12:9	39	3:3-6	203-04	2:5	19
12:10	239	3:6	74	2:8	36
12:12-27	253	3:17-18	187, 201	2:8-9	16, 30, 33-35, 323, 325
12:13	101, 200-01, 226, 252, 345	3:18	346		
		5:7	42	2:13-17	17
12:28	261	5:17	343	2:18	227
12:28-30	258, 266	5:20-21	340	3:14-15	168, 192
12:30	253	6:17-7:1	127, 224	3:16-17	201, 226
12:31	252-54	7:1	346	4:4	195, 201
13	254, 299	7:10	31, 113, 117	4:5	97, 102
13:1	230, 257	9:8	35	4:8-10	332
13:8-10	262-63	12:13	150	4:11-15	346
13:11-13	263	13:1	180	4:23-32	343
14:1	254			4:24	343
14:1-5	266	**Gálatas**		5:18	199
14:2-4	254	1:8-9	268, 319	5:26	93
14:5	254, 266	2:16	38		
14:6-11	254	3	38	**Filipenses**	
14:12-13	266	3:6	63	1:15-18	318
14:12-14	254	3:10-14	340	2:9-10	171, 186
14:14-18	266	3:11	37, 52	2:9-11	192, 282
14:15-19	255	3:14	57, 342	2:12	21, 34
14:18	242, 252, 263	3:16	181	2:13	34, 40
14:20	255	3:23-25	63	3:5-7	326
14:21-22	231, 255	3:24	83	3:12-14	347
14:22	259	3:26	345	3:20-21	19
14:23	266	3:27	102, 142, 162, 166-67, 178, 192, 345		
14:23-25	255			**Colosenses**	
14:26-31	255			1:14	152

1:19-22	17	**Hebreos**		12:14-15	21
2:6	50	1:4	168, 182	12:16-17	110
2:8	268	2:3-4	317	12:23	317
2:9	187, 193	2:4	262-63	12:24	135
2:9-10	172	2:12	182	12:29	87
2:11-12	157, 168	4:15	131		
2:11-13	102, 143, 162	4:15-16	112	**Santiago**	
2:12	73, 83, 134, 142, 162, 166, 172, 192	5:9	31, 47	1:15	16
		6:1	80. 82, 109, 126	1:17	50
				1:18	343
2:17	83	6:1-2	80, 82-3	1:26	246
3:10	343	6:4-5	23	2:7	167
3:17	170, 192	8:6	204	2:14-26	49
		9:1-5	86	2:19	46, 59
1 Tesalonicenses		9:7	86	2:20-24	63
3:13	347	9:8-9	84	2:21-26	51
4:14-17	19	9:13	135, 145	3:2-8	246
5:8	21	9:14	233	5:14	176, 261
5:23	347	9:15-16	204	5:15	151, 261
		9:18-20	84	5:16	112, 261
2 Tesalonicenses		9:19	145	5:19-20	21
1:7-10	47	9:22	17, 64, 150, 152		
2:11-12	42			**1 Pedro**	
2:13	31, 347	9:27	331	1:2	226, 347
		9:28	19	1:10-12	205-06
1 Timoteo		10:1	83	1:16	195
2:4	323	10:1-18	63, 106	1:18-20	348
2:5	112	10:4	17	1:23	95, 328, 343
4:16	21	10:10	347	2:24	71
5:12	21	10:14-18	106	3:18-20	332
		10:15	77	3:20	140
2 Timoteo		10:15-16	80, 86	3:20-21	88
1:7	227	10:15-23	83	3:21	140-41
2:25	117	10:18	152	4:6	332
3:15-17	319	10:22	80, 82, 135	4:17	47
3:16-17	268	10:38	37		
		11	52	**2 Pedro**	
Tito		11:6	37, 153, 223, 323	1:1	172
2:11	40			1:4	343
2:11-12	35	11:8-10	63	1:10	21
3:5	19, 80, 83, 85, 97, 99, 139, 162, 273, 343	11:17-18	63	1:21	205
		11:28	48, 135	2:1	21
		11:28-29	63	2:4	332
3:7	340	11:39-40	205	2:20-22	21, 337
3:8	49	12:1	268, 294	3:5-7	88
		12:2	39	3:9	40, 120, 127,

		20:4-6	23
	324	20:11-15	36
3:18	346	20:13	331
		22:1-3	24
1 Juan		22:3-4	185, 188
1:9	112, 125, 151, 159	22:4	167
2:1	125, 151, 159 151	22:17	40, 221
2:3-5	47, 249		
2:20, 27	86		
3:1	345		
3:2	19, 339, 343, 347		
3:9	105, 329		
3:24; 4:2	105		
4:4	19		
4:7	105		
4:13, 15	105		
5:1	105		
5:1-3	47		
5:3	40		
5:4	105		
5:5-6	81		
5:6-8	96		
5:8	81, 93, 96, 102		
5:8-10	82-3, 105		
5:10	81		
5:18	105		

Judas

25	172

Apocalipsis

1:18	332
3:5	21
3:12	167
5:8	85
8:3	85
11:15	23
13:2-15	251
13:8	348
14:1	167
15:3	321
19:6	24
19:10	239
19:16	24

EL ÍNDICE DE TEMAS

Abraham, 49-51, 53, 57, 63, 143, 246
Aceite, 86-87
Adopción, 168, 192, 339, 344-46, 349, 352
Agustino, 234, 273, 299
Albigenses, 299
Altar (en el Tabernáculo), 84-86
Ambrosio, 234, 282-83, 298
Anabautistas, 285, 300-01, 312, 329
Ananías, 62, 79, 82, 94, 98, 134, 148, 165, 169, 214-16, 260
Antiguo Pacto, el Antiguo Testamento. *Véase* Pacto, antiguo,
Antitrinitarios, 283-285, 312
Aphesis, aphiemi, 122, 149-53
Apocalipsis, Libro de, 23, 40, 167, 185, 211
Apologistas griegos, 273
Apolos, 147, 165, 327
Apóstoles, doce, 25-26, 136, 152-153, 165, 179, 186, 189, 212-214, 221
Apropiación, La, 43-44, 58-59, 64, 70, 88
Aquino, Tomás, 284
Arca Del Pacto, 85
Argue, A. H., 286
Arrepentimiento, El, 30-31, 54-55, 57-58, 65, 88, 108-128, 349-50;
y el bautismo 121-23, 153-56; y los cristianos, 125-26, 159; mandado, 78, 119-20; una definición, 108-11, 120; los elementos de, 111-16; los ejemplos de, 111-16; y el perdón, 121-23, 149-53; la fuente de, 117-19; y el Bautismo del Espíritu, 123, 223-26; un resumen, 81-82, 126-28, 351-52
Asamblea Apostólica de la Fe en Jesucristo, 306, 309
Asambleas de Dios, Las, 286-88
Asambleas del Señor Jesucristo, Las, 306
Asambleas Pentecostales de Canadá, 288
Asambleas Pentecostales del Mundo, 307
Asentimiento, 42-44, 51, 208
Aspersión, 135-36, 272
Ayudar en el altar, 117-18, 123-25

Bapto, 134, 272
Bartleman, Frank, 286
Bautismo del Espíritu (*también véase* el Espíritu Santo; el hablar en lenguas, hablando en lenguas), 28, 56-57, 74-79, 86, 123, 161, 195-228; los sinónimos bíblicos para, 196-197; el nacimiento del Espíritu, 99-101; cómo recibir, 223-226; promesas y mandamientos en el NT, 207-10; las profecías en relación con el ES en el OT, 206-07; y la salvación, 88, 200-02, 342-44, 345, 347, 349-50, 352; resumen, 82-83, 227-28, 244, 265-66; y lenguas, 235-49, 263-65; la Tipología, 84-88,
Bautismo, en agua (*véase también* la fórmula bautismal), 73, 78-80, 101, 129-93; el nacimiento de agua, 95-99; Cristo, 131-32; mandado, 75-78, 133; para los muertos, 158-59; una definición, 129; temprano, por los discípulos, 125; la fe y, 52-53, 55, 58, 132, 145; las ideas históricas; 260-64; de los infantes, 132-33; de los prosélitos judíos, 96, 177; por Juan, 74-75, 96, 130-32, 177; el modo, 134-37; y perdón, 137-40, 151-52; y el arrepentimiento, 122, 153-56; y la salvación, 88, 139-49, 161-63, 341, 343, 345, 347, 350, 352; el resumen, 82-83; 161-63; la Tipología, 84-88, 143-45
Bautismo, Una definición de la palabra, 134, 196
Beall, James Lee, 187, 288
Bede, 283
Bell, E. N., 286-87
Bernabé, 260
Bernabé, Epístola de, 262 273
Biblia, 31-32, 40, 54, 118-19, 190, 319-21, 330, 337
Bloesch, Donald, 43, 98-100, 200, 216, 275
Booth-Clibborn, William, 287
Bruce, F. F., 61, 94, 142, 147

Calisto, 285
Calvino, Juan, 54, 272, 285, 305, 329-30
Camisardos, 301
Campamentos, 303
Carcelero filipense, 26-28, 55, 83, 102, 133, 136, 146, 157, 222-23
Carismata, 295, 297
Carismáticos, 285, 288, 305-07
Castigo eterno, El, 17-18, 336-37
Catolicismo romano, el, 191, 270-72, 280-81, 298-304

Celso, 296
Ceremonia de la purificación, La, 88, 134-35, 143-45
Cipriano, 272-73, 279-81
Circuncisión, 142-44, 148, 157, 168, 192, 237
Clarke, Adam, 100
Clemente de Roma, 279, 285, 295
Cleómenes, 285
Clowes, John, 285
Código Justiniano, 283
Comodiano, 285
Concepción espiritual, 95, 328, 343
Conciencia, La, 16, 80, 85, 140-41, 247, 322-23, 337
Concilio de Freyo, 283
Concilio de Nicea, 183, 278, 282
Confesión: y el bautismo, La, 61, 94, 140-52, 155; de Cristo, 58-62, 326-30; del pecado, 110-13, 125, 128, 352
Congregacionalistas, los, 285
Constantinopla, Concilio de (año 381), 278, 283
Constantinopla, Concilio de (año 553), 283
Constituciones de los Santos Apóstoles, Las, 272, 283
Contrición, 109-10, 112, 117, 128
Conversión, La, 83, 97, 112, 151, 201-02, 211, 215-16, 223, 258-59, 265, 300
Cook, Glenn, 286-287
Corinto, Corintios, 40, 56, 79, 133, 147, 165-66, 255, 261, 265, 295
Cornelio, 40, 56, 83, 96, 101-02, 109, 133-34, 146, 148, 323; el bautismo del Espíritu, 157, 161, 165, 190, 215-17, 224, 226, 237-38, 243-44, 260, 264; su bautismo en agua, 96, 102, 109, 133-34, 146, 148, 161, 165, 174, 190
Creyentes de la Unicidad, 284-89, 306-11
Crisóstomo, Juan, 234, 298
Crispo, 157
Cristianos de la Fe Evangélica, 310-11
Cristianos Evangélicos en el Espíritu Apostólico, Los, 310-11
Cristianos Pentecostales Evangélicos Sionistas, Los, 310
Cuáqueres, Los, 285, 301

David, 65, 116-18
Deidad, La, 75-76, 172-73, 187, 191, 193, 278-79, 322, 329, 333

Dejar al pecado, 110, 113-14, 121, 128
Didache, el, 270, 272, 277, 295
Dios: juicio por, 318-26; reino de, 22-24; nombre y la Unicidad, 184-89; naturaleza de, 195-96; y salvación de, 16-17, 33-40, 53-54, 245-46, 339-50
Dones espirituales, 253-57, 261-63, 297
Dumiun, Martín, 283

Edad de la Responsabilidad, La,
Efeso, discípulos de Juan en: su fe, 57; Bautismo del Espíritu, 102, 217, 219, 238-39; bautismo en agua, 133, 165, 217, 336
Elisabet, 205
Entusiastas, 329
Epígono, 285
Epikaleomai, 175
Epístolas, Las, 197
Esaú, 110
Espíritu Santo (*también véase* el Bautismo, Espíritu), El, 23, 74, 81, 93, 99-101; una definición del título, 195-96; lleno con, 197-99; el fruto del, 227, 249; los dones del, 252-58, 262-63; el nombre del, 182, 185, 188-89; la obra del, 86, 117-18, 124, 190, 226-28, 342, 347
Espíritu, El. *Véase* el Espíritu Santo
Espíritus encarcelados, 332
Esteban, 175, 260
Esteban, Obispo de Roma, 279-81
Euangelion, euangelizo, 69, 332
Eunuco etíope, 83, 102, 133-34, 136, 146, 155, 222-23
Eusebio, 183
Evangelio, el, 64, 69-88, 322-25; la aplicación, 70-74, 88; una definición, 69-70; los predicadores del NT, 74-83; propuestas excepciones al, 317-38; resumen, 81-83, 88; tipología, 82-88
Evangelios, los, 71, 202, 211-12,
Ewart, Frank, 286-87
Expiación, día de la, 18, 58-61, 64, 86, 103, 132, 144-45, 334

Fariseos, 23, 132-136
Fe, la: y el bautismo, 55-58, 138, 153-56; continua, 20-21, 52; una definición, 36, 41-44, 64; insuficiente, 45-46; y la justificación, 37-38, 341; y la obediencia, 46-48, 63-67, 147-49; el objeto de,

53-54; y el arrepentimiento, 54-55, 57; y la salvación, 17, 26-28, 30, 43-44, 58-61, 64-67, 348-50, 354; la fuente de, 38-40; y el Bautismo del Espíritu, 56-57, 217, 223-26; y las obras, 49-52
Felipe el evangelista, 45, 55, 78, 82, 133-36, 153-55, 165, 171, 214-15, 240, 260
Filipense, carcelero, *véase* Carcelero Filipense
Fórmula bautismal, 164-93; registro bíblico 164-66; evidencia histórica, 177-78, 275-89; Mateo 28:19, 178-79; invocación verbal del nombre, 174-78; importancia del nombre, 166-74, 189-92; resumen, 186, 188-89, 192-93
Fórmula, La. *Véase* Fórmula Bautismal
Fotino, 285
Franciscanos, 300
Fuego, 75, 86-88, 198, 207, 235-36, 238, 243-44, 322

Gentile, Ernest, 283
Gentiles, Los, 16, 28, 46, 57, 77-78, 83, 109, 120, 165-66, 174-76, 213, 216-17, 237-39, 280, 282
Glorificación, La, 19, 208, 348
Glossolalia, 218-19, 229, 294
Goss, Howard, 287
Gracia, 17-19, 30-31, 33-52, 56, 58, 63, 65-71, 99, 117, 141, 190, 202-05, 274, 280, 325, 336, 340, 343, 345-54; "barata," 43; una definición, 33; preveniente, 40
Gran Comisión, La, 75-76, 133, 180-81, 210, 234, 261-62
Gran Despertar, El, 290,

Hagión, Pneuma, 187,
Hall, L. C , 287
Hall, William Phillips, 185
Haywood, G. T., 287, 328
Hebreos, Libro a los, 52, 80
Hechos de Pablo y Tecla, Los, A, 24
Hechos, Libro de los, 279
Hermandad Asociada de Cristianos, La, 100-01, 165, 210-11, 243-44, 264
Hermanos de Plymouth, Los, 284, 304, 312
Hermas, 272, 273, 276-77, 279, 289
Hijo pródigo, 116
Hijo, El, 177-78, 180-82, 184-88

Hijos de Esceva, Los, 173
Hilario, 298
Hipócritas, 250, 337
Hipólito, 234, 273
Historia de la iglesia, estudio de la, 189, 259, 268-69
Hoekema, Anthony, 200, 215-16, 218, 242, 258
Hoekstra, R. G., 287
Hombre viejo, 72, 128, 142-43, 160-62, 343

Iglesia Apostólica de Pentecostés en Canadá, 308
Iglesia de Nuestro Señor Jesucristo de la Fe Apostólica, 307
Iglesia del Espíritu de Jesús, La, 309
Iglesia del Verdadero Jesús, 286, 309
Iglesia La Luz del Mundo, 309
Iglesia neotestamentaria. *Véase* la Iglesia, Nuevo Testamento; Pacto Nuevo
Iglesia Pentecostal de Indonesia, 288, 309
Iglesia Pentecostal Unida de Colombia, 309
Iglesia Pentecostal Unida Internacional, La, 307
Iglesia, del Nuevo Testamento, 22, 29, 77, 96-100, 130, 138, 151-52, 174, 179, 202-22, 231, 236, 239, 256, 265, 328
Iglesias Camino Bíblico de Nuestro Señor Jesucristo a Nivel Mundial,
Iglesias de Cristo, Las, 275
Ignacio, 279, 285, 295
Imposición de manos, 214-15, 225, 260, 276, 280, 295, 299
Incompetentes mentalmente Los, 334-36
Infantes, 156-157, 272, 275, 334-36
Inmersión, 73, 134-37, 160, 196, 271-83
Invocar al Señor, 59-62, 164, 168-77, 186, 191, 325
Ireneo, 234, 272-73, 279, 285, 295
Irving, Edward, y los irvingitas, 304

Jansenitas, 301
Jesucristo: Su bautismo, 131-32, 136; la obra salvadora, 16-18, 69-70, 191, 354; la importancia del nombre, 151-52, 166-72, 182-86, 188, 193; enseñaza, 22, 29, 75-76, 82, 90-97, 120, 133, 139, 178-80, 207-10, 220
Juan, Apóstol, 45, 47, 56, 78, 81, 82, 93, 96, 104-05, 169, 214, 240
Juan el Bautista (*véase también* Efeso, discípulos de Juan en): el bautismo de, 97, 130-31, 137; lleno con el Espíritu, 206; y la

iglesia del NT, 202-04; enseñanza, 74-75, 82, 100, 114, 120, 207
Judíos, 16, 27-29, 45, 63, 75, 77-78, 91, 97, 109, 120, 143, 166, 173, 212-13, 217-18, 235-42, 280, 282, 319, 326, 329
Justificación, 37-38, 46-53, 64, 148, 199, 274-75, 339, 340-42, 348-49
Justino Mártir, 273, 276, 278, 295

Kenyon, Essex, 185
Kerusso, 332

Ladrón en la cruz, 151, 220-21, 333
Lavadero (en el Tabernáculo), El, 85-86, 144
Lawrence, B. F., 287
Lectores (Lasare), Los, 304
Lengua, 230
Lenguas, el hablar en, 229-66, 294-312; el registro bíblico, 235-45, 252-56; la cesación de, 262-63; y la vida cristiana, 249-58; una definición, 229-30; el don de lenguas,252-57, 265-66; la evidencia histórica, 294-312; respondiendo a las objeciones, 258-63; predichas, 230-35; las razones para, 245-49; y el Bautismo del Espíritu, 235-45, 257-58, 263-65; un resumen, 243-45, 265-66
Leproso, la lepra, 87, 144, 145, 220
Ley de Moisés, 16, 36-38, 50, 87, 120, 122, 220, 323, 326
Lidia, 133, 157, 222-23
Limbo, 334
Llamamiento: de Dios, 348
Llaves del reino, las, 76-77
Lombard, Peter, 283
Lugar santo y el lugar santisimo (en el Tabernáculo), El, 85
Lutero, Martín, y los luteranos, 49, 54, 95, 148, 272, 274-75, 284-85, 300, 305, 329

Mar Rojo, El, 84
Marcelo de Ancira, 285
Marción, 279, 296-97
María, la madre de Jesús, 212, 235
Mateo, 178-84, 183-93
McAlister, R. E., 286-87
McPherson, Aimee Semple, 287

Menonitas y Simón Menno, Los, 300
Metanoeo, 109
Metodistas, Los, 302-03
Milagros Los, 45, 148, 214, 222, 240-43, 250-63, 299, 317, 327
Miller, John, 285
Ministerios Universitarios Maranatha, 288
Montano y los Montanistas, 285, 296-97, 312
Moody, Dwight, 305
Moravios, 301
Movimiento Santidad, 202, 305
Muerte: de Jesucristo, 17, 19, 34, 61-66, 69, 76, 88, 103-06; como la pena del pecado, 16-18; al pecado 70-72, 84, 108

Naamán, 144
Nacido de nuevo, 22, 24, 91-92, 106, 199-200, 327-28, 346
Nacimiento de agua (*también véase* Bautismo, agua), 30-32, 90-99, 105, 273, 309, 354
Nacimiento del Espíritu (*también véase* Bautismo, Espíritu), 30, 92-93, 97, 99-101, 200, 278, 309
Nacimiento natural,
Nicodemo, 22, 24, 29, 75, 90-100
Nínive, 110, 118-19, 333
Niños, 226, 301, 306, 334-35, 345-46
Noé, 88, 119, 140-44, 160, 246, 321, 325, 332
Noeto, 285
Nombre, El. *Véase* la Fórmula bautismal; Cristo Jesús
Novaciano, 297

Obediencia, 16-17, 28-31, 36, 42-48, 54, 58-66, 99, 136, 144-51, 173, 189, 190-93, 326, 341
Offiler, W., H., 288
Opperman, D. C. O., 287
Origen, 273, 296
Ortodoxia oriental, 272, 305
Ozman, Agnes, 305

Pablo: conversión de, 79, 94, 134, 148, 165-69, 214-16, 242-44; milagros, 260; enseñanza, 26-28, 30, 37, 49-52, 57, 79-80, 82, 120, 146-47, 166, 217-19
Pacto, antiguo, 84, 105-06, 151, 220-21

Pacto, nuevo, 80-83, 86, 105-06, 138, 203-06, 220
Padre, el, 182, 184-86, 188
Padres postapostólicos, Los, 270, 272, 275, 279, 285, 295
Paganos, 322-25
Papa Nicolás I, 283
Parham, Charles, 187, 286, 305
Pascua, 48, 84, 143, 212
Pecado, El, 16-25, 31; muerte al, 70-72; naturaleza del, 38, 71, 342-43
Pedro: y Cornelio, 56, 101, 216-17, 237-38; en el día de Pentecostés, 24-6, 28-9, 100, 165, 179, 212; un resumen de su predicación, 25-6, 76-78, 82, 120; y los samaritanos, 214, 240
Penn, William, 285
Pentecostales, Los, 285-89, 305-12
Pentecostés, 211-213
Pentecostés, Día de: el comienzo de la iglesia, 202-07; el mensaje de Pedro, 24-29, 66, 77, 118, 179; el Bautismo del Espíritu, 62, 100, 210, 211-13, 226, 235-37, 242-43; el bautismo en agua, 55, 130, 136
Perdón de los pecados, 17, 74, 106, 121-22, 130, 137-38, 149-54, 168-69, 192
Perdón, 17-19, 25-26, 37, 66, 75-77, 104-06, 112, 114-16, 121-22, 125-26, 129, 162, 168-69, 181, 190, 192, 203, 224, 246, 259, 273-75, 280, 309, 311, 353
Pietistas, Los, 301
Pisteuo, pistis, 41-42
Policarpo, 279, 285, 295
Praxeas, 285
Predestinación, La, 329, 348
Presciencia, La, 334
Prisciliano, 285
Profecía, La, 210, 231, 239-40, 253-63, 298, 301, 329
Propiciación, La, 34, 64, 340
Protestantismo, El, 259, 272, 274-75, 300, 305

Reconocimiento del pecado, 110-11, 116, 118, 155
Reformación, La, 284-85, 300, 328-29
Regeneración bautismal, 138-39
Regeneración, 80, 85, 90, 105, 138-39, 196-201, 273-75, 297, 339, 341-42, 349, 352

Reincidentes, 337
Reino de Dios, 22-28
Restitución, La, 114-115
Resurrección, La, 17, 19, 61, 65, 69-70, 73-76, 88, 140, 143, 158-59, 191, 203-10, 227, 234, 340, 351, 354
Rodgers, H. G., 287

Sabatarianos, Los, 285
Sabelio y los sabelianos, 283-85, 297, 311-12
Salvación: una definición, 18-22; en los Evangelios, 220-21; en la iglesia del NT, 24-28, 119, 140-41, 200-02, 222-23; un plan, 63-64, 347-48; un resumen, 31-32, 348-54
Samaritanos, Los, 40, 77-78, 83, 174; el Bautismo del Espíritu, 45, 102, 213-18, 224, 240-42; el bautismo en agua, 55, 102, 165-66, 171
Sangre, 17, 34, 38, 48, 63-64, 81-87, 93, 96, 102-06, 127, 135-38, 145, 148-52; la aplicación de, 84-87, 103-04, 135-38, 160; y la justificación, 34, 349; y agua, 81-83, 96, 102, 135-38, 145
Santa Iglesia Apostólica Vencedora de Dios, 306
Santiago, Libro de, 49, 329
Santificación, La, 202, 280, 339, 346-49, 352
Schomann, Jorge, 284
Segundo Despertamento, El, 303
Sepultura: el bautismo como, 69-70 72-73, 132, 134, 137, 142-43, 154, 162, 166, 190-92, 286; Cristo, 17, 65, 69-70, 88, 204, 351, 354
Serveto, Miguel, 285, 329-30
Shatrov, Peter, 310
Silas, 26-27, 30, 146
Simón el mago, 45, 215, 241
Sinceridad, La, 326-27
Swedenborg, Emmanuel, 285

Tabernáculo en el Desierto, 84-87, 144-45
Teleion, 262
Tertuliano, 234, 272-73, 285, 296-97
Tipología, 83-85, 143-45
Tomando serpientes, 231
Torre de Babel,
Tradición, La, 136, 189, 247

Tratado por un escritor anónimo acerca de ser bautizado de nuevo, Un, 281
Trinidad, La, 186-88, 276-78, 280-85
Tristeza divina, La, 112-17

Unicidad, La. *Véase* la Deidad
Unión de Bautistas y Cristianos Evangélicos (UCBE), La, 310
Urbano, Asterio, 297-98
Urshan, Andrew D., 206, 310, 328

Van Loon, Harry, 287
Víctor, Hugo, 283